陈总编爱车热线书系

图解汽车大百科
精装珍藏版

陈新亚 编著

机械工业出版社
CHINA MACHINE PRESS

本书以时间年代为序，用大量精彩图片和讲故事的方式，介绍130多年来汽车发展历程以及汽车技术进步和汽车造型演化过程。书中收集了1000多款世界著名车型的构造图和外观图，近100个汽车品牌的传奇故事，30多位汽车先驱的创业经历等。全书总计1400多张图片，就像是一座世界汽车博物馆，使读者从中获得丰富的汽车知识并体验奇妙的爱车乐趣。

本书以高清彩图为主，以通俗文字为辅，适合各个年龄的汽车爱好者阅读使用。

图书在版编目（CIP）数据

图解汽车大百科：精装珍藏版 / 陈新亚编著. —北京：机械工业出版社，2017.8
（陈总编爱车热线书系）
ISBN 978-7-111-57518-4

Ⅰ.①图… Ⅱ.①陈… Ⅲ.①汽车—世界—图集 Ⅳ.①U469-64

中国版本图书馆CIP数据核字（2017）第177875号

机械工业出版社（北京市百万庄大街22号 邮政编码100037）
策划编辑：李 军　责任编辑：李 军
责任校对：朱继文　责任印制：李 飞
北京新华印刷有限公司印刷
2017年9月第1版第1次印刷
210mm×270mm·24印张·2插页·714千字
0001—4000册
标准书号：ISBN 978-7-111-57518-4
定价：199.00元

凡购本书，如有缺页、倒页、脱页，由本社发行部调换

电话服务　　　　　　　　　网络服务
服务咨询热线：010-88361066　机 工 官 网：www.cmpbook.com
读者购书热线：010-68326294　机 工 官 博：weibo.com/cmp1952
　　　　　　　010-88379203　金 书 网：www.golden-book.com
封面无防伪标均为盗版　　　　教育服务网：www.cmpedu.com

前言

一种机械动物的成长历程

我喜欢汽车,尤其喜欢经典汽车。本书就是讲述世界著名经典汽车故事的百科全书。其实经典汽车(Classic Car)与我们常说的老爷车还是有所区别的。经典汽车一般是指在历史上较为著名的汽车,但它今天不一定还存在于世;而老爷车则是指生产时间较早且仍存在于世的汽车,它在历史上是否著名无关紧要。

关于经典汽车及老爷车的定义一直很混乱,不同国家、不同俱乐部对经典的定义和分类都有所不同。国内就有老爷车、古典车、古董车、经典车等称呼,我们在这儿就不添乱了,都统一称它们为经典汽车(Classic Car)或经典车。

为什么那么多人喜欢经典汽车?因为从它身上可以欣赏到传统汽车文化、技术和艺术,可以让我们穿越回到过去,能够认识汽车造型演变过程,可以欣赏汽车进化传奇故事,从而可以对现代汽车有更深刻的认识和理解。

现代汽车都是由经典汽车演化而来的。经典汽车与现代汽车相比,就像是繁体字与简体字的关系。简体字是由繁体字简化而来的,虽然简体字用起来更方便和简明,但繁体字看起来更有文化和内涵,难怪书法作品都是繁体字。

昔日的汽车业要比现在更热闹有趣,不仅汽车制造商远比现在多,而且特立独行的奇葩汽车也多,名留青史的汽车天才更多,现在名牌汽车名称几乎都是这些传奇人物的姓。另外,由于早期汽车笨重而庞大且安全技术有限,20世纪的赛车场也比现在的场面更惊险、更刺激。这些有意思的汽车故事都收纳于本书中。

阅读本书就像是在欣赏汽车历史戏剧,近1000款经典汽车在剧中分别扮演不同角色,它们共同为我们上演一部精彩的传奇故事,向我们讲述汽车这种机械动物的成长历程,让我们在欣赏中开阔眼界、增长知识。

270963083@qq.com

2017年10月于北京

目录

前言

1900年以前 蹒跚起步 ... 2

汽车简历（1900年以前） ... 4
蒸汽车辆出现 ... 4
蒸汽汽车（1900年以前） ... 6
内燃机之父：尼古拉斯·奥托 ... 7
戈特利布·戴姆勒 ... 8
卡尔·奔驰 ... 10
第一次自驾游 ... 11
四轮汽车诞生（1900年以前） ... 12
"面对面"与"背靠背"座椅设计 ... 13
红旗法与吵人的喇叭 ... 14
"公路机器"专利权案 ... 15
阿曼德·标致 ... 16
标致汽车标志演变 ... 17
1900年以前的标致汽车 ... 18
1900年以前的汽车 ... 20
路易斯·雷诺 ... 22
雷诺汽车标志演变 ... 23
法国总统座驾：潘哈德（Panhard） ... 24
亚当·欧宝 ... 26
欧宝汽车标志演变 ... 27
菲亚特创始人：乔瓦尼·阿涅利 ... 28
菲亚特汽车标志演变 ... 29

1900—1909年 车轮滚滚 ... 30

汽车简历（1900—1909） ... 32
首起冠名案例 ... 32
法国达拉克（Darracq） ... 34
美国刺箭（Pierce—Arrow） ... 35
美国帕卡德（Packard） ... 36
法国德迪恩-布顿（De Dion-Bouton） ... 37
美国奥兹莫比尔 ... 38
兰塞姆·奥兹 ... 39
奥兹莫比尔标志演变 ... 39
豪华汽车（1900—1909） ... 40
美国豪车之父：亨利·利兰 ... 42
凯迪拉克标志演变 ... 43
托马斯（Thomas）飞行者（Flyer） ... 44
1908年纽约到巴黎穿越赛 ... 45
查尔斯·斯图尔特·劳斯 ... 46
亨利·莱斯 ... 46
"飞天女神"与美女秘书 ... 47
劳斯莱斯标志演变 ... 47
银色幽灵从眼前一晃而过 ... 48
谁是银灵 ... 49
蒸汽汽车（1900—1909） ... 50
电动汽车（1896—1902） ... 52
赛车（1900—1909） ... 54
世爵汽车标志 ... 55
赛车（1900—1909） ... 56
为什么早期赛车都有两个座位 ... 57
赛车（1900—1909） ... 58
"英国绿"来历 ... 59
大卫·别克 命运不济 ... 60
别克标志演变 ... 61
赛车先锋维琴佐·蓝旗亚 ... 62
蓝旗亚标志演变 ... 63
亨利·福特和T型车 ... 64
福特标志演变 ... 67
斯柯达从自行车起家 ... 68
斯柯达标志演变 ... 69

1910—1919年 英才辈出 ... 70

汽车简历（1910—1919） ... 72
赛车（1910—1919） ... 72
阿斯顿·马丁传奇 ... 75
技术大师埃托雷·布加迪 ... 76
布加迪是哪国的 ... 77
豪华汽车（1910—1919） ... 78
100年前的混合动力 ... 81
一起事故引起的革新 ... 81
豪华汽车（1910—1919） ... 82
道奇兄弟为人作嫁衣 ... 84
道奇标志演变 ... 85
平民汽车（1910—1919） ... 86
雪佛兰三兄弟共闯天下 ... 88
雪佛兰汽车标志演变 ... 89

1920—1929年 极速前进 ... 90

汽车简历（1920—1929） ... 92
安德·雪铁龙 ... 92
雪铁龙标志演变 ... 93

目 录

布加迪35型（1924—1927）	94
赛车（1920—1929）	96
赛车狂人沃特·宾利	98
宾利汽车标志	98
赛车（1920—1929）	100
沃尔特·克莱斯勒	102
克莱斯勒标志演变	103
豪华汽车（1920—1929）	104
平民汽车（1920—1929）	108
宝马坎坷路	110
宝马标志演变	111
敞篷汽车（1920—1929）	112
伟大的合并	114
梅赛德斯-奔驰标志	115
威廉·迈巴赫	116

1930—1939年 动力为王　118

汽车简历（1930—1939）	120
布加迪41型	120
凯迪拉克V16	122
捷豹之父：威廉·莱昂斯	124
捷豹标志演变	125
大奖赛赛车（1930—1939）	126
赛车（1930—1939）	128
汽车联盟"银箭"（1934—1937）	130
梅赛德斯-奔驰770	132
770型防弹车	133
豪华汽车（1930—1939）	134
流线形汽车（1930—1939）	142
把手伸出车窗外，就能感受到空气阻力	143
跑车（1930—1939）	144
高性能车（1930—1939）	148
敞篷汽车（1930—1939）	150
平民汽车（1930—1939）	152
前脸造型（1930—1939）	156
工业设计天才：费迪南德·保时捷	158
保时捷标志	161

1940—1949年 战争洗礼　162

汽车简历（1940—1949）	164
吉普传奇	164
吉普名字的来历	165
战争中的吉普	166
四轮驱动，可以让汽车去更偏僻的地方	167
两栖车辆（1940—1949）	168
跑车之王：恩佐·法拉利	170
"腾马"传奇	171
法拉利赛车队标志	171
法拉利AAC 815型（1940）	172
高性能车（1940—1949）	174
赛车（1940—1949）	176
高性能车（1940—1949）	178
豪华汽车（1940—1949）	180
流线形车身（1940—1949）	182
保时捷品牌跑车创始人：费利·保时捷	184
第一辆叫保时捷的汽车：356	185
小型车（1940—1949）	186
"CV"是什么意思	186
莫里斯汽车标志	187
小型车（1940—1949）	188
MG汽车标志	189

1950—1959年 赛车疯狂　190

汽车简历（1950—1959）	192
赛车（1950—1959）	192
梅赛德斯-奔驰300SLR	196
赛车（1950—1959）	198
库伯是谁	201
跑车（1950—1959）	202
阿斯顿·马丁DB2/4	204
跑车（1950—1959）	206
前脸造型（1950—1959）	210
概念车之父：哈利·厄尔	212
汽车尾鳍	214
豪华汽车（1950—1959）	216
新中国汽车起步	218
中国汽车之父：饶斌	219
越野汽车（1950—1959）	220
雪铁龙DS19（1955—1968）	222
平民汽车（1950—1959）	224
阿莱克·伊西戈尼斯	226
小型汽车（1950—1959）	228
微型汽车（1950—1959）	230

1960—1969年 跑车时代　232

汽车简历（1960—1969）	234

捷豹E型（1961）	234
法拉利250GTO（1962）	236
车身上的"孔洞"有什么作用	237
AC 眼镜蛇（1962）	238
丰田2000GT（1967）	240
跑车（1960—1969）	242
阿斯顿·马丁标志	243
保时捷911之父：亚历山大·保时捷	244
第一代保时捷911（1964—1973）	245
跑车（1960—1969）	246
车坛猛牛：费鲁西奥·兰博基尼	252
兰博基尼标志来历	253
福特野马第1代（1964—1973）	254
野马标志来历	254
眼镜蛇标志来历	255
赛车（1960—1969）	256
"德通纳"是什么	257
赛车（1960—1969）	258
F1赛车（1960—1969）	260
耐力赛车（1960—1969）	262
阿尔法·罗密欧标志	263
豪华汽车（1960—1969）	264
林肯汽车标志	266
转子发动机汽车（1960—1969）	268
安全带的发明	270
沃尔沃汽车标志	271
平民汽车（1960—1969）	272
本田宗一郎	276

1970—1979年 直线潮流 — 278

汽车简历（1970—1979）	280
赛车（1970—1979）	280
蓝旗亚 斯特拉托斯	286
高性能汽车（1970—1979）	288
路特斯汽车标志	291
玛莎拉蒂汽车标志	293
超级跑车（1970—1979）	296
跑车（1970—1979）	298
双门车型（1970—1979）	302
四门轿车（1970—1979）	304
沃克斯豪尔标志	304
萨博汽车标志	305
豪华汽车（1970—1979）	306
Landaulette车身形式	307
越野汽车（1970—1979）	308
掀背汽车（1970—1979）	310
微型汽车（1970—1979）	312

1980—1989年 奇葩争艳 — 314

汽车简历（1980—1989）	316
赛车（1980—1989）	316
四环沉浮 奥迪汽车历史	320
奥迪标志演变	321
跑车（1980—1989）	324
奇葩车（1980—1989）	326
轿车（1980—1989）	328
掀背轿车（1980—1989）	330
越野汽车（1980—1989）	332

1990—1999年 合纵连横 — 334

汽车简历（1990—1999）	336
赛车（1990—1999）	336
超级跑车（1990—1999）	338
运动轿车（1990—1999）	340
敞篷跑车（1990—1999）	342
马自达汽车标志	343
豪华轿车（1990—1999）	344
越野汽车（1990—1999）	346

2000—2009年 经典复兴 — 348

汽车简历（2000—2009）	350
豪华轿车（2000—2009）	350
跑车（2000—2009）	354
越野汽车（2000—2009）	358
SUV汽车（2000—2009）	360

2010年以后 奔向未来 — 362

汽车简历（2010年以后）	364
豪华汽车（2010年以后）	364
纯电动和混合动力汽车（2010年以后）	366
概念汽车（2010年以后）	368
超级跑车极速排行榜	370

技术图解 — 372

发动机原理	372
名词术语	374

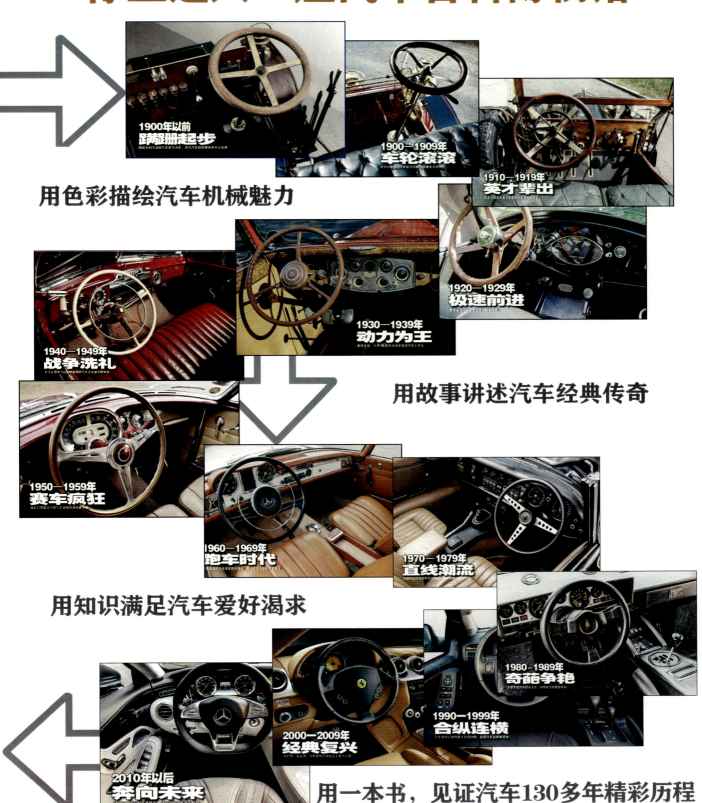

1900年以前
踽踽册走起步

刚诞生的汽油机汽车在与马车、蒸汽汽车的竞争中并不占优势。

汽车简历（1900年以前）

1769年 法国人尼古拉斯·约瑟夫·库诺制造了一辆蒸汽汽车，这是世界上的第一辆机动车。

1859年 埃特纳·里诺尔研制成功一台天然气内燃机。

1876年 尼古拉斯·奥托制造了第一台四冲程发动机。

1885年 戈特利布·戴姆勒制成了第一辆用汽油发动机驱动的两轮摩托车。

1886年 卡尔·奔驰制造出世界首辆三轮汽车；戈特利布·戴姆勒制成四冲程汽油机驱动的四轮汽车。

1888年 奔驰生产出世界上第一辆供出售的汽车。

1889年 法国标致汽车公司成立。

1893年 世界上第一个汽车牌照和驾驶证在法国颁发。

1893年 P·狄塞尔展示第一台实用柴油发动机。

1895年 世界上首次官方举办的公路汽车赛在巴黎—波尔多之间举行。

1896年 亨利·福特生产出第一辆汽车。

1896年 为了庆祝英国法律将机动车限速提高到19千米/时，举行了首届伦敦–布莱顿汽车赛。

1897年 奥兹汽车公司成立，并生产出第一辆奥兹汽车。

1897年 美国的哥伦比亚号汽车首先使用电灯照明，用于前灯和尾灯。

1897年 查斯洛普·劳博特伯爵创造出63千米/时的车速纪录。

1899年 菲亚特汽车公司成立。

1899年 雷诺汽车公司成立。

1899年 第一辆欧宝汽车出厂。

1899年 比利时人凯米利·耶拿兹（Camille Jenatzy）驾驶一辆电动车三次创造最高车速纪录，达到109千米/时的速度，并且是突破100千米/时车速的第一人。

故事传奇
蒸汽车辆出现

18世纪是蒸汽时代。就像现在是信息时代一样，那时西方世界的热闹话题便是蒸汽机的发明和使用。最早是英格兰人发现利用煤炭的能量可以替代马匹驱动车辆前进，用煤炭将水烧开冒出水蒸气，而水蒸气具有向上蒸发的力量，如果将这种向上升的力量收集起来，就可以推动物体运动，然后再将直线运动转化为旋转运动，就可以驱动车辆前进。这就是蒸汽发动机的

1769年世界第一辆可以依靠自身动力行走的车辆

第一辆机动车是木框架车身，长7.3米，高2.2米，前轮直径1.28米，后轮直径1.5米。配有直径1.34米的梨形锅炉和两个11加仑（1英制加仑=4.55升）的气缸，前轮驱动并控制转向，最高车速4千米/时

第一辆蒸汽汽车操作起来非常困难，最后还是撞墙而毁

工作原理。

世界最早的蒸汽汽车是1769年由法国的陆军技术官尼古拉斯·约瑟夫·库诺（Nicolas Joseph Cugnot）制造的。库诺生于1725年，他是法国炮兵大尉，1769年在法国陆军大臣资助下，经过6年苦心研究，他成功地制造出世界上第一辆完全依靠自身动力行驶的蒸汽汽车。它是三轮汽车，木制车身，车上装用的双活塞蒸汽机，是库诺根据法国物理学家巴本的理论独立设计的。锅炉后面装有容积为50升的气缸两个，由蒸汽推动里面的活塞上下运动，然后通过连杆传给前轮，使车轮转动。单个前轮兼作驱动和转向，最高车速4千米/时，每行驶15分钟需要停一次，加热15分钟后再继续慢慢行走。这辆车是为拖带法国火炮而制造的，后来在一次试车时撞到兵工厂的墙而毁坏。

1771年，库诺又研制成功了更大型的蒸汽机汽车，车速增加到9.5千米/时，可牵引四五吨的货物。该车现珍藏在巴黎国家艺术及机械陈列馆。1804年库诺去世。此后80多年，才出现真正意义上的汽车。

由于蒸汽机要使用煤炭和水，加上沉重的钢制气缸、活塞等，重量非常大，很难在普通路面上行走，只好让它们在钢轨上运动，这便是蒸汽火车的发明。我国是淘汰蒸汽火车最晚的国家之一，一直到2006年年底我国才完全弃用蒸汽火车。

19世纪的蒸汽汽车

1884年法国德迪恩－布顿（De Dion-Bouton）公司制造的"面对面"式蒸汽汽车，车尾那位是负责蒸汽锅炉操作的"司炉"

1896年Salvesen蒸汽汽车

←1828年，英国工程师威廉·詹姆斯（W.H. James）设计的蒸汽汽车，15~20马力（1马力≈0.735千瓦），可以8~12英里/时（1英里/时≈1.61千米/时）的速度行驶，可以承载18位乘客，其中6位在车内，12位在车外

1828年英国蒸汽公共汽车

经典名车
蒸汽汽车（1900年以前）

→ 这是美国罗可（Locomobile）汽车公司在1899年打造的第一款蒸汽汽车，有幸吸引到当时的美国总统威廉·麦金莱（William Mckinley）乘坐，从而使罗可汽车一举成名。这辆汽车采用双缸蒸汽发动机作为动力，功率只有3.5马力。

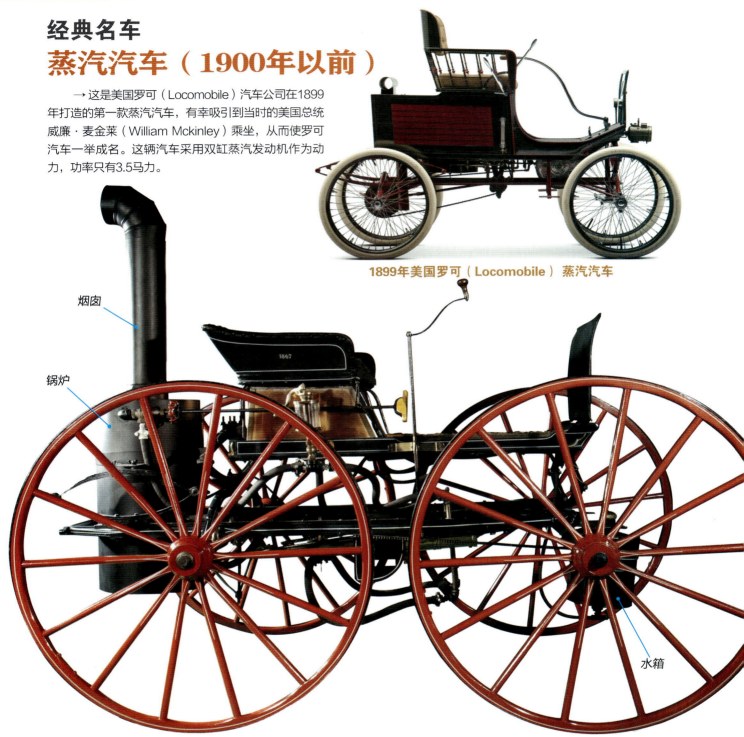

1899年美国罗可（Locomobile）蒸汽汽车

1867年亨利·塞思泰勒（Henry Seth Taylor）蒸汽汽车（复制品）

↑ 亨利·泰勒（Henry Seth Taylor）蒸汽汽车是由加拿大的钟表和珠宝商人亨利·塞思泰勒于1867年制造的。它采用两缸式锅炉作为产生蒸汽的装置，并通过一个活塞来驱动后轮旋转。

这辆蒸汽汽车没有倒档和制动装置，可以24千米/时的速度持续行驶。车轮是全金属式的，而且直径巨大，上面没有覆盖橡胶材料。6加仑（1加仑约等于3.8升）容量的水箱装置在两个前轮之间，而烧煤的立式锅炉放置在车尾部，两者之间通过一根胶管相连。从外表看不到储煤箱，只是在座椅下有个隐藏式的储物格，可以放些块煤或木头。

1900年以前

先驱人物
内燃机之父：尼古拉斯·奥托

这就是汽车发动机的鼻祖，今天的汽车发动机仍采用这台发动机当初的原理：奥托循环

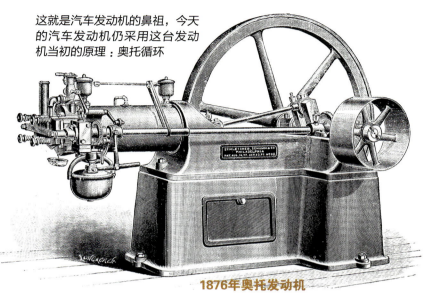

1876年奥托发动机

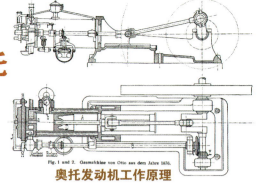

奥托发动机工作原理

前面所说的蒸汽发动机都是外燃发动机，因为它们的基本原理都是燃料在气缸外面燃烧，产生蒸汽后再推动气缸内的活塞运动。这种外燃式的发动机体积较大，而且笨重，更为重要的是工作效率非常低，比如蒸汽发动机只能把6%～8%的能量转化为动能。

多种力量竞争车用动力的历史长达上百年，直到一位名为尼古拉斯·奥古斯特·奥托（Nikolaus August Otto）的德国人出现后，才逐渐分出胜负，一种四冲程汽油内燃机成为最后的胜利者。

奥托于1832年在德国出生，他没受过什么专业技术训练，曾靠杂货批发生意为生。他在1861年从报上看到雷诺尔研制煤气发动机的消息后，产生了极大兴趣，他也变成了发动机迷，并且花费了他几乎所有的金钱和业余时间来研究和试验发动机。在此之前，曾有人发明过内燃机，但都不实用，用现代观点来看，甚至都不能叫内燃机。

尼古拉斯·奥托（1832—1891）

印有尼古拉斯·奥托头像的纪念邮票

1861年，奥托开始试验一种带有压缩行程的发动机，它有常规的曲轴和各自独立的进气、压缩、做功、排气四个行程。这就是热力学中的"奥托循环"，这也是现代发动机乃至汽车的运动理论基础。但当时这台发动机的燃烧过于猛烈，以至于无法正常工作。

为了有更好的经济条件支持发动机的研制，1864年，奥托和企业家兰根合伙创办了发动机厂。奥托尝试用增大空燃比来减轻燃烧的猛烈程度，但这导致了混合气不能被可靠地点燃。后来他想了一个巧妙的办法解决了这个难题，这就是今天分层供气燃烧室的雏形。在吸气行程阶段，气缸吸入的只是空气，然后才是混合气。这样既保证了可靠的点火，又不会产生过高的燃烧压力。

1867年，在巴黎的一个展览中，奥托向世人推出了世界上第一台真正的内燃机，不过它是一台煤气内燃机。1876年，奥托终于推出一款可以使用汽油的发动机，从此开创了现代汽车用发动机的先河。

1891年，奥托离开了人世，终年59岁。现在的内燃机早已今非昔比，但它们仍然按照奥托的原理在运转着。

先驱人物
戈特利布·戴姆勒

1834年3月7日，世界汽车之父之一的戈特利布·戴姆勒（Gottlieb Daimler）出生于德国符腾堡雷姆斯河畔的绍恩多夫，他的父亲是位面包师。戴姆勒中学毕业后曾当过制枪匠学徒和火车头制造厂工人，后来又到斯图加特技术学校进修。

1861年，戈特利布·戴姆勒先后到法国、英国工作和学习，1862年回到德国并结婚，后来到道依茨燃气发动机公司当工程师。1882年他与好友威廉·迈巴赫（Wilhelm Maybach）共同在迈巴赫家里制造发动机。他们将奥托四冲程发动机改进后，于1883年推出他们的首台戴姆勒卧式发动机。1884年又推出性能更好的立式发动机。随后，戴姆勒将新发动机安装于一辆两轮车上，并于1885年8月29日取得了这辆"骑式双轮车"的德国专利。这实际上是世界上第一辆两轮摩托车。

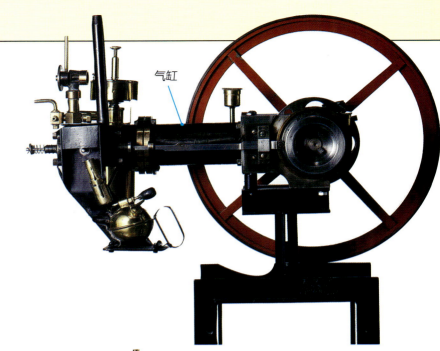

1883年戈特利布·戴姆勒模仿奥托发动机设计的卧式单缸汽油发动机

1884年戴姆勒单缸立式汽油发动机
↑世界第一台立式发动机，由戴姆勒和好友迈巴赫共同研制成功。由于它的外形像是个老式的立钟，因此绰号"大座钟"（Grandfather Clock）。这台发动机为空气冷却，1/4马力，最大转速600转/分。

戈特利布·戴姆勒（1834—1900）

1900年以前

威廉·迈巴赫骑在第一辆二轮汽油机动车上，其胯下的发动机是他与戈特利布·戴姆勒共同研制的

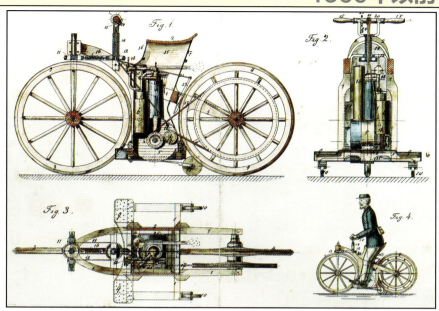

戈特利布·戴姆勒二轮汽油机动车专利彩图

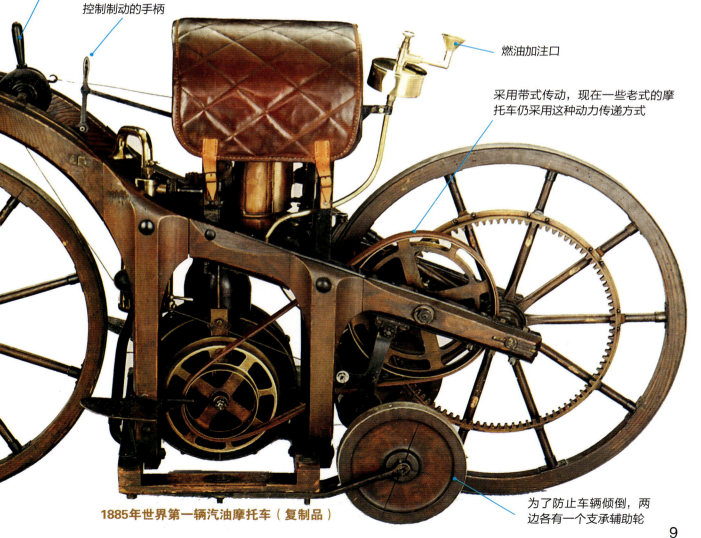

- 控制油门的手柄
- 控制制动的手柄
- 燃油加注口
- 采用带式传动，现在一些老式的摩托车仍采用这种动力传递方式
- 为了防止车辆倾倒，两边各有一个支承辅助轮

1885年世界第一辆汽油摩托车（复制品）

先驱人物
卡尔·奔驰

虽然发明了两轮和四轮汽车，但戈特利布·戴姆勒很不走运，更多的人却将汽车发明者的称号给了发明三轮汽车的卡尔·奔驰（Karl Benz），因为最先投入实际生产的是奔驰的三轮汽车。

1844年在德国出生的卡尔·奔驰从未见过父亲，因在他出生之前当火车司机的父亲在一次事故中不幸身亡。卡尔·奔驰于1860年中学毕业后即上了当地一所技术学校。在学校他对机械原理特别感兴趣，尤其是偏爱研究热力发动机和蒸汽发动机。

从技校毕业后，奔驰先是到一家机械厂当学徒工，后又到曼海姆建筑公司当工长，不久又到部队服役。1871年初退役的卡尔·奔驰到处寻找工作却无着落，一直到第二年才找朋友借钱成立了卡尔·奔驰铁器铸造和机械工厂。由于经营一直不景气，到1877年时卡尔·奔驰的工厂濒临倒闭，欠别人的2000马克也无力偿还，催债人频频上门。

被逼上绝路的奔驰并没有退缩，否则也就不会有今天的奔驰汽车。他决定转到发展潜力巨大的发动机制造业，并于1879年12月31日终于研制成功一台单缸二冲程发动机。

由于发动机在当时没有多大用处，人们还不知道将它用于代步工具上，因此卡尔·奔驰的工厂仍不景气，没有人专门去买一台发动机。那几年是卡尔·奔驰最困难的时期，他的妻子只好靠变卖嫁妆首饰来维持一家人的生计。1882年，卡尔·奔驰终于取得一位商人及一位银行家的支持，联合成立曼海姆燃气发动机有限股份公司。但一个月后，由于他与商人及银行家合不来，卡尔·奔驰不能放手开展工

卡尔·奔驰（1844—1929）

首辆汽车采用单缸发动机，水冷，立式，排量为0.985升，功率为0.75马力。到正式生产时奔驰又将发动机排量增加到1.7升，最大功率也增加到2.5马力，最高车速达到了19千米/时

卡尔·奔驰（Karl Benz）发明的世界第一辆三轮汽车（复制品）

作，便愤然退出公司。作为提前退出公司的处罚和赔偿，卡尔·奔驰搭进去了所有的设备和机器。

几经磨难，奔驰明白只有开发发动机的实际用途，发动机才会有销路。于是他将燃气发动机改为汽油发动机，又将汽油发动机装在三轮车上，反复改进后终于在1885年造出第一辆汽车，并于1886年1月29日获得汽车制造专利权，注册号是37435。后来人们就把1886年1月29日定为世界首辆汽车诞生日。

1888年9月，卡尔·奔驰发明的汽车在慕尼黑机械展览会上震惊了所有人。当时的报纸写道："星期六下午，人们怀着惊奇的目光看到一辆三轮马车在街上行走，前面没有马，也没有辕杆，车上只有一个男人，马车在自己行走，大街上所有的行人都惊奇万分。"

贝塔在两个儿子的帮助下，悄悄将汽车推出车棚，开始世界第一次自驾游

1888年8月，贝塔·奔驰（Bertha Benz）和她的两个儿子在长途旅行中曾在一家药店为汽车添加汽油，因此这家药店也成了"世界第一家加油站"

第一次自驾游

那是1888年8月暑假的一天，卡尔·奔驰（Karl Benz）的两个儿子欧根（15岁）与理查德（13岁）很想坐爸爸发明的三轮汽车远行，正好妈妈贝塔（38岁）也想回趟娘家，于是三人便趁卡尔·奔驰还未起床之际，悄悄将汽车推出车棚，又推出院子，估计发动机声音不会惊醒卡尔·奔驰时他们才将汽车起动。

汽车由大儿子欧根驾驶，妈妈坐在一旁辅助，他们缓缓驶出曼海姆，向目的地普福尔茨海姆前进。由于出来较早，马路上空无一人。当时道路较简陋，汽车稳定性也差，因此一路上颠簸不断。

过了威恩海姆后，马路上渐渐热闹起来，他们开始遇到一些马车。汽车发动机的"突突"声及硬车轮与地面相挤压的"咯吱"声，吸引了沿途的行人和车夫驻足观看。一辆没有马的马车竟能自动行走，令人们惊奇万分。一些马匹因受惊吓竟使马车翻落路旁。

在上一个土坡时，汽车突然熄火。经贝塔检查，发现是输油管堵塞。贝塔灵机一动，用帽子上的饰针疏通了油管，发动机又转起来。不久，传动链又断了，他们摆弄了好大一会儿才重新接上。走着走着，电线又出现短路，贝塔截下长袜上的松紧带充当绝缘体。不一会儿，制动片又磨坏，这次他们不得不求助一位鞋匠才将制动片重新修好。

这就是世界上的第一次汽车长途旅行。现在看来不算什么，但在当时确实需要巨大的勇气和胆量。贝塔及两个未成年儿子不仅为奔驰日后改进汽车提供了"实验数据"，而且为奔驰汽车做了一次很好的广告。

经典名车
四轮汽车诞生（1900年以前）

→1886年3月8日，为了庆祝妻子伯塔（Berta）的43岁生日，戈特利布·戴姆勒（Gottlieb Daimler）花了795金币订购了一辆四轮马车，改装后装上他研制的立式发动机，并在1886年申请了发明专利，从此世界第一辆四轮汽车诞生。

这辆汽车的发动机放置在后轴前方，实际上占用了后排乘客的脚部空间。立式发动机利用带传动来驱动后轮。此台发动机在650转/分时可以输出最大1.1马力的动力，驱动车辆可以达到20千米/时的最高车速。该车设置有两个档位，但需要将车辆完全停止后才可以手动换档。

从外形上看起来这仍是一辆马车，双排式座椅布置、钢板弹簧悬架结构、外挂式车灯等，均保持了马车原型，因此，此车当时又被称为"无马马车"。

→在1894年之前，汽车都像工艺品那样实行单件生产，每辆车都不相同，直到奔驰（Benz）Velo出现。Velo是奔驰的第一款批量生产的汽车，从1894年开始生产，到1897年结束，共生产了381辆。当时买一辆这样的汽车需要花费2200个金币。

1886年世界第一辆四轮汽车

1894年最先批量生产的汽车：奔驰Velo

1900年以前

→1889年戴姆勒（Daimler）在巴黎博览会上展出一辆采用钢质车轮的汽车，并且将此车永远留在了法国。V2型发动机放置在后轴前方，也就是在座位下方。所谓的V2型发动机实际上就是将两个戴姆勒的"大座钟"发动机组合在一起工作，两缸之间呈17°夹角放置，在转速达到920转/分时可以输出1.65马力的最大功率。

1889年世界第一辆钢质车轮汽车

"面对面"与"背靠背"座椅设计

1893年，卡尔·奔驰设计了一套新型枢轴转向系统，它可以允许两个前轮以不同的角度转向。据此，卡尔·奔驰设计出一款可以面对面乘坐的四轮折篷汽车，并取名为维多里亚（Victoria），从此开启"面对面"座位汽车的先河。

→卡尔·奔驰携夫人、女儿及朋友，面对面乘坐奔驰维多里亚汽车出行，坐在前排的朋友会本能地扭头观看道路前方。

奔驰维多里亚（Victoria）汽车

1899年奔驰"背靠背"车型

↑为了便于"背靠背"式汽车的布局设计，奔驰将动力系统设计成水平对置式2缸发动机。

故事传奇
红旗法与吵人的喇叭

汽车喇叭

1865年英国议会针对蒸汽汽车制订出世界上最早的机动车交通安全法规"机动车道路法案"——《红旗法》。其中第3条规定，每一辆在道路上行驶的机动车辆必须遵守两个原则：第一是至少要由3个人来驾驶一辆车；第二是3个人中必须有1个人在车前60码处（约55米）步行作引导，并且要手持红旗不断摇动，为机动车开道。

德国肯尼兹市萨克森城的警察在1899年立法："蒸汽汽车或汽油车一定要会发出声音，并准许使用汽车喇叭。"

那时买得起车的有钱人，都花得起钱雇佣一个副驾驶人，专门让他做按喇叭的工作，只要他发现路上有行人，就要使劲按喇叭警告他们。

自从20世纪以来，道路上充斥着尖声作响的汽车、以汽笛吸引人注意的跑车，还有隆隆作响的大货车，喇叭已征服了汽车世界。

1901年，德国更是规定所有车子上都要装备喇叭，于是古典的球形喇叭出现了，只要按压后面的黑色橡皮球，就可让空气通过号角状的喇叭发出声音。这些被比喻成铜制号角的"乐器"有时有3个喇叭、数个橡皮球，甚至还有一个风箱，声音听起来很像小羊叫，但效果不大。

更吵人的还有以拉索控制并能排出废气的排气鸣笛。人们听到这强力的汽笛声，会吓得从椅子上跳起来。任何能制造噪声的东西都可以当作汽车喇叭，而且是越吵越好。

有的喇叭发出狼嚎般的声音，有的喇叭响着各种曲调的铃铛声，甚至还有发出机关枪声音或狗叫声音的喇叭，最后这种无聊的举动终于遭到禁止。德国高速公路法规定："车辆发出警告声响，必须是用来警告，而不能具有惊吓他人的用途。"

《红旗法》规定，必须有一人在车前手持红旗不断摇动，步行引导车辆

1900年以前

> 你知道吗？

"公路机器"专利权案

众所周知，汽车专利权属德国人卡尔·奔驰与戈特利布·戴姆勒两人共同拥有。他们两人于1886年同时发明了汽车，并申请注册了专利。然而，在9年之后的1895年11月5日，美国专利局却为乔治B.塞尔登（George B.Selden）注册了"公路机器"即汽车的专利，使塞尔登大发专利财，并引起了持续16年的争吵。

实际上，塞尔登的职业并非发明家，而是一名专利局官员。他从未根据自己的专利制造出一辆汽车，但他很会"纸上谈兵"，描述得绘声绘色，几乎包括了汽车技术的方方面面。如在第一章中就写道："公路机器"的组成包括一个由驱动轮和转向机构组成的可变速的行驶系统，一台有一个或更多气缸的带压缩比的汽油发动机，一个液体燃料的容器，一个可使驱动轮旋转的驱动轴，一个位于中间的离合器或其他脱离装置，一个用于运输人员或货物的车厢等。

塞尔登凭借此专利向所有汽车制造商收取专利权税，仅威廉·杜兰特（通用汽车公司创始人之一）就支付了近百万美元，并使通用公司的财政一度陷入困境。然而，只有福特汽车公司一家拒付专利权税。1903年6月，福特在报上公开批评汽车专利："那个专利并不涉及任何现实中的机器，根据它也造不出任何实际的东西，现在不会，将来也不会。"

1908年10月，福特推出T型车，由于产品畅销，福特公司效益剧增。一年后，福特被"公路机器"专利拥有者告上法庭。一开始福特打输了官司，但随后又上诉，终于在1911年作出判决："公路机器"的专利只限于二冲程发动机的汽车。而当时四冲程发动机已成汽车主流，没人再生产二冲程发动机汽车。这实际上是终止了"公路机器"专利。

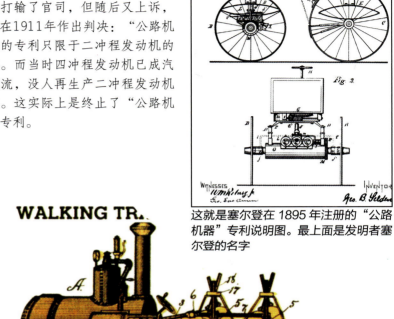

这就是塞尔登在1895年注册的"公路机器"专利说明图。最上面是发明者塞尔登的名字

1886年汽车就已发明，但美国在1891年居然还有人申请了"行走机器"的专利

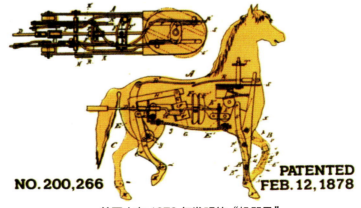

美国人在1878年发明的"机器马"

先驱人物
阿曼德·标致

阿曼德·标致（1849—1915）

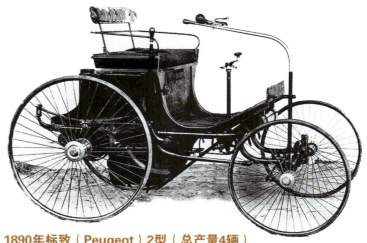

1890年标致（Peugeot）2型（总产量4辆）

标致（Peugeot）汽车公司于1889年由阿曼德·标致（Armand Peugeot）创立，他曾制造了法国第一辆汽车。在第一次世界大战中，阿曼德·标致及时调整经营方针，依靠战争使公司发展起来，到1930年即年产汽车4.3万辆。第二次世界大战后标致及时推出新车型，使汽车产量猛增。1976年标致凭借自己的经济实力，将当时陷入困境的雪铁龙汽车公司吞并，从而一跃成为法国最大的汽车厂商。

1949年，阿曼德·标致生于法国的瓦伦梯格内。其家族从经营水磨坊起家，1810年改行生产冷轧钢板和钢带，用以制作当地伐木者用的锯条等。

阿曼德·标致先是在巴黎著名的中央高等工艺制造学校接受技术教育，后来又到英国的利兹继续深造。在那里他不仅学习了工业生产技术，而且接触了当时还处于初期的自行车工业。

1871年阿曼德·标致返回故乡，他认为当时的标致兄弟公司应改产自行车。1882年第一批标致自行车出产。后来，标致又和蒸汽动力车辆的先驱者莱昂·塞波莱合作，制造了4辆名为标致·塞波莱的蒸汽汽车，这4辆汽车又名标致1型。标致1型有三个车轮，用奔驰公司的转向机构，装有25马力的蒸汽发动机。

1888年，德国的戴姆勒发动机传到法国。阿曼德·标致瞅准时机，购买戴姆勒的汽油发动机，于1890年制造出第一批内燃机汽车，命名为标致2型。标致2型共生产4辆，该车仿戴姆勒的"钢轮"四轮车型制作，发动机采用戴姆勒V2型双缸发动机，最高车速20千米/时。

1891年9月6日，阿曼德·标致又推出改进后的标致3型汽车，并参加巴黎布列斯特（俄国）–巴黎汽车拉力赛，全程2045千米。标致3型汽车取得了巨大成功，从此，标致汽车扬名法国，乃至欧洲。

从1896年开始，已经在汽车业站稳脚跟的阿曼德·标致开始自己生产发动机，不再仰仗戴姆勒的供应了。标致汽车此后又多次参加比赛，成绩优异，从而使标致汽车公司不断壮大。

1915年，阿曼德·标致去世，终年66岁。

1900年标致（Peugeot）28型

标致汽车标志演变

> **你知道吗？**

狮子的故事起始于1847年，当时标致两兄弟于勒和埃米尔委托蒙贝利亚市的首饰匠Justin Blazer设计一个标识，作为自己制造钢锯等工具产品的品牌。他们想要设计成狮子形状，这是蒙贝利亚市的纹章图案，主要还是因为狮子能够代表标致锯条的三种品质：锯齿经久耐用，像狮子的牙齿一样；锯条柔韧不易折断，像狮子的脊柱；切割的速度，像腾跃的狮子一样迅捷。在众多设计方案中，两兄弟选择了行于箭上的狮子侧影。1850年起，标致锯条开始打上狮子印记。1858年11月20日，狮子标识在法国皇家工艺博物馆注册。此后狮子的形象不断变化，最后成为现在比较简单的立狮形象。

2010年开始使用的狮子标志

图解汽车大百科 精装珍藏版

经典名车
1900年以前的标致汽车

↓标致（Peugeot）5型是标致在1894—1896年间制造的一款小型汽车。它是在标致3型的基础上改进而来的，座位仍采取"面对面"式设计，发动机和主要机械结构都没有太大变化，但却变得更短、更轻，而且发动机功率还增加了2马力。然而与标致当时制造的大型汽车相比，其销售情况并不是很好，最后只卖出14辆。

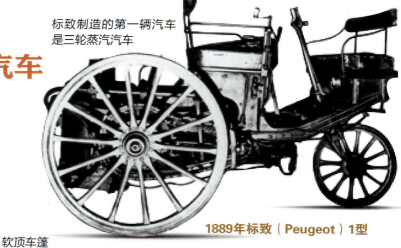

标致制造的第一辆汽车是三轮蒸汽汽车

1889年标致（Peugeot）1型

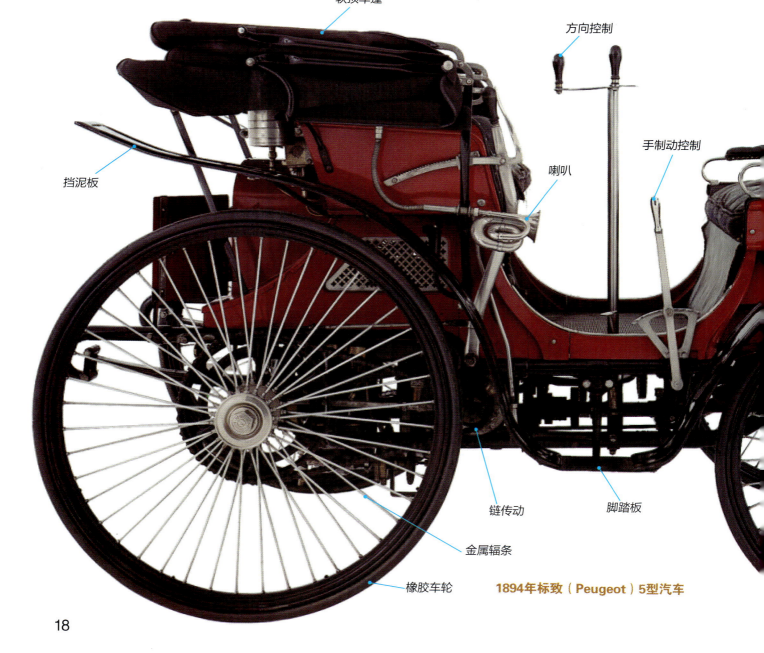

软顶车篷　方向控制　喇叭　手制动控制　挡泥板　链传动　脚踏板　金属辐条　橡胶车轮

1894年标致（Peugeot）5型汽车

1900年以前

→标致（Peugeot）6型是标致在1894年制造的产品，仍然采用德国戴姆勒的两缸发动机。此车的总产量只有7辆。

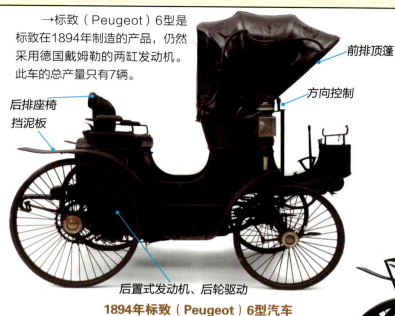

后排座椅挡泥板

前排顶篷

方向控制

后置式发动机、后轮驱动

1894年标致（Peugeot）6型汽车

↓标致（Peugeot）9型是标致在1895年开始制造的车型，其发动机布置、座位布置等与同时期的其他标致车型基本一样，只是发动机动力调整为3.75马力。

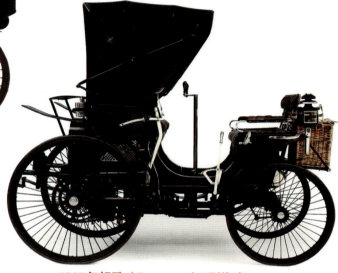

面对面式前排座椅

行李箱

1895年标致（Peugeot）9型汽车

1899年标致（Peugeot）31型汽车

↑标致（Peugeot）31型是标致汽车在1899—1902年间制造的一款小型汽车，总共只制造了7辆。

这款车在后部装备一台由标致自己制造的4行程发动机。这台发动机为2缸，但并不是以V形方式布局，而是平行组合在一起。发动机最大功率为8马力，链式后轮驱动。

31型是标致投入生产的车身最短的汽车，车长仅2.1米，座位采用"面对面"式布局。

经典名车
1900年以前的汽车

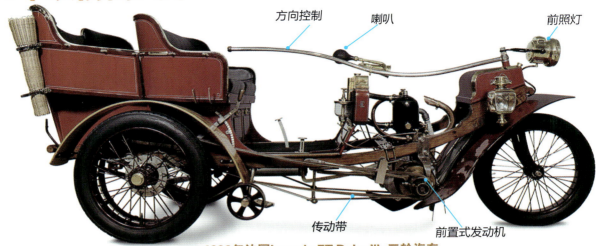

1898年法国Lacroix ET Delaville三轮汽车

↑这辆三轮汽车更像是一艘机动船。它那长长的转向操纵杆好似船舵，不仅长而且转动范围较小，特别是当驾驶人旁边坐有乘客时转向更难。此车配备法国德迪恩-布顿（De Dion-Bouton）的单缸发动机，通过一条长传动带驱动后轮。首款车型连变速器都没有配备。

此车由法国Lacroix ET Delaville公司打造，该公司于1896年成立，终结于1914年。

1899年美国芝加哥汽车公司沃斯（Worth）牌汽车

↑这是美国芝加哥汽车公司于1899年制造的沃斯（Worth）牌汽车。据称此车总共生产了15辆，现仅存2辆。此车拥有当时非常先进的技术，包括钢质底盘、万向节传动轴，以及可以吸收转向轮振动的弹簧等。

此车的车身与底盘的区分能够很容易辨识，因为它们的颜色都不一样。车轮也比较高大，以便能在道路崎岖的美国西部行驶。

↓法国德迪恩-布顿（De Dion-Bouton）汽车公司在1899年制造的一款"面对面"汽车。这种座位设计在当时非常流行。发动机放置在后部，配备2速手动变速器。

1899年法国德迪恩-布顿（De Dion-Bouton）35HP"面对面"汽车

1900年以前

↓英国戴姆勒（Daimler）公司于1891年获得德国戴姆勒发动机的英国销售代理权，主要业务是将德国戴姆勒的发动机卖给英国的汽车或船舶制造商。然而4年后，代理商成立了自己的"戴姆勒汽车公司"，并于1897年制造出第一辆英国戴姆勒汽车。

此车为6座设计，采用德国戴姆勒的2缸发动机。

美国第一辆4缸发动机汽车

1895年美国巴法姆（Buffum）4缸发动机汽车

↑这辆巴法姆（Buffum）汽车是美国最早的4缸发动机汽车。美国巴法姆汽车公司只制造了少量汽车，但却拥有数项突破性技术：他们制造了第一辆美国4缸发动机汽车，制造了世界第一款V8发动机汽车。

制动控制　方向控制

脚踏板　木制车轮

1897年英国戴姆勒（Daimler）6HP 6座汽车

↓这不是德国奔驰（Benz）汽车，而是英国利用奔驰汽车部件组装的汽车。它由英国"国际汽车公司"制造，其老板是奥斯卡 E.赛义德（Oscar E.Seyd）。他从1898年开始组装奔驰汽车在英国销售。此车的主要部件来自于德国奔驰VELO车型，然而其车身却具有英伦风格。

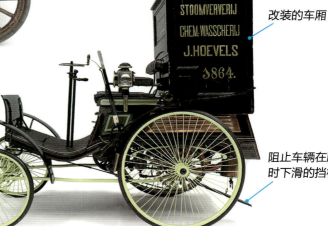

改装的车厢

阻止车辆在爬坡时下滑的挡板

1894年英国组装的奔驰（Benz）3HP厢式车

↑这是1894年英国商人根据德国奔驰制造的VELO型汽车改装的厢式汽车。其实改装很容易，就是在奔驰VELO的后部放个车厢即可。

为了防止在爬坡时由于载重较大而导致车辆下滑，在车尾部有个挡板，在需要时可以降下来阻止车辆下滑。

1899年英国组装的奔驰（Benz）35HP汽车

先驱人物
路易斯·雷诺

1887年出生于富裕人家的路易斯·雷诺（Louis Renault），是一位才华横溢的机械工程师与经营者，在汽车工业萌芽的时代，起初只不过是在自家后院制造四轮脚踏车。由于他的两位兄弟费尔南德与马塞尔（Fernand & Marcel）提供财务与精神方面的全力支持，触角因而延伸到当时才刚起步的汽车工业。1898年，路易斯·雷诺把一具现成的0.27升单缸发动机装到车上，雷诺的第一辆汽车"Voiturette"由此诞生。由于配备独创的"直接驱动系统"，雷诺汽车登上了巴黎Rue Lepic街坡度为13%的斜坡，使汽车界受到震惊，雷诺从此登上了世界汽车的舞台。不过，一开始工厂只有6人，年产汽车6辆。

不久，雷诺汽车的业务迅速扩张，随即从后院加工业升格为正式工厂，不到一年员工人数便激增为60人，产量达71辆之多，到了20世纪初，业务已经扩展到意大利、德国、瑞士乃至美国。不过这时候各地的销售量都还是零零星星，直到1905年获得制造巴黎出租车的合同，才因此扩张为法国最大汽车工厂。1911年路易斯·雷诺前往美国会见亨利·福特，并领会了分工制造、大量生产的诀窍，并趁着1914年建厂扩张的机会实施这套工作流程，成为法国第一家利用流水线进行生产的工厂。

第一次世界大战爆发以后，雷诺并没有因此而业务萎缩，反而因为制造军用物资，包括弹壳、担架乃至坦克、飞机，获得进一步的发展，遂在战后成为法国最具规模的民营工业集团。

巴黎的雷诺出租车除了是让雷诺立足的源头，也是帮助法国打赢第一次世界大战的功臣。1914年玛恩（Marne）一役，原来法军势单力孤，幸而1200位巴黎出租车司机响应爱国号召，紧急载送6500位后备兵赶赴前线，战局才得以扭转，"Texis de la Marne"（玛恩出租车）的美名不胫而走。

国际形势在1940年转趋紧张，嗅觉敏锐的路易斯·雷诺特地前往美国学习最新的坦克制造技术，积极求战，没想到第二次世界大战爆发后，纳粹迅速占领法国，拥有先进坦克制造技术的雷诺公司因此被迫为德军生产军备。位于巴黎近郊的雷诺总厂也因此从1942年开始成为盟军的主要轰炸目标，几经炮火摧残几乎被夷为平地。第二次世界大战结束后，路易斯·雷诺却因"通敌"罪名遭逮捕入狱，1945年病死狱中，雷诺汽车也被法国政府收归国有。这也是后来雷诺汽车公司成为法国国营企业的缘由。

1898年法国雷诺（Renault）A型

1899年路易斯·雷诺驾驶自己制造的汽车

1926年时的路易斯·雷诺

1909年雷诺制造的出租汽车

1900年以前

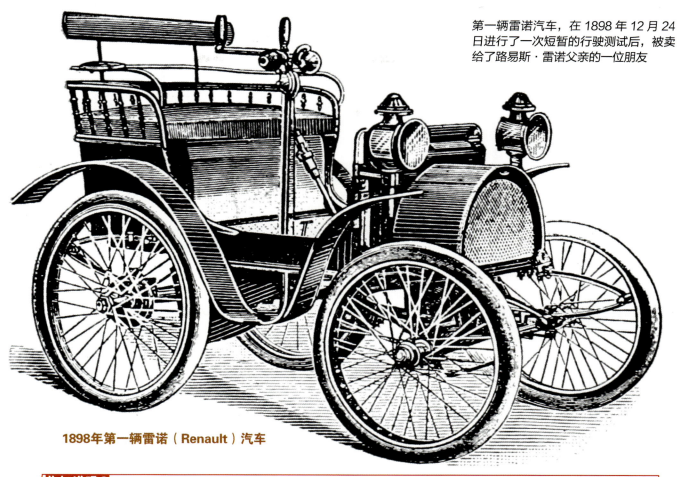

第一辆雷诺汽车,在1898年12月24日进行了一次短暂的行驶测试后,被卖给了路易斯·雷诺父亲的一位朋友

1898年第一辆雷诺(Renault)汽车

你知道吗？

雷诺汽车标志演变

雷诺(Renault)汽车现在采用银色菱形图案作为标志,表示雷诺汽车在四维空间中竞争、生存、发展。雷诺名称取自公司创始人路易斯·雷诺(Louis Renault)的姓氏。

雷诺汽车发展道路坎坷,曾在两次世界大战中为军事服务,生产过坦克、飞机等,因此在1919年曾采用坦克作为公司徽标。后来基本是菱形图案中间放置雷诺公司名称。从1972年起,才把公司名称从菱形框中拿到框外。现在的菱形标志是从2004年开始使用的,立体感和金属感更强。

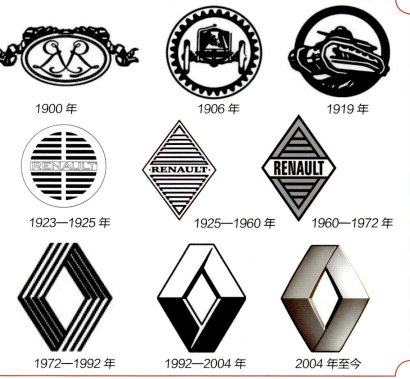

1900年　　1906年　　1919年

1923—1925年　　1925—1960年　　1960—1972年

1972—1992年　　1992—2004年　　2004年至今

昨日明星
法国总统座驾：潘哈德（Panhard）
（1890—1967）

潘哈德－莱瓦索尔 标志

法国潘哈德（Panhard）汽车公司在1890年成立时曾称为潘哈德-莱瓦索尔（Panhard & Levassor），由潘哈德和莱瓦索尔两人创立。该公司在1890年就根据戴姆勒发动机制造出第一辆汽车，但就是这辆汽车也有不少创新，如最先采用离合器脚踏板来操纵变速器，采用前置式散热器等。1895年潘哈德-莱瓦索尔公司还制造出第一台现代齿轮变速器。

1895年，1.205升排量的潘哈德-莱瓦索尔汽车在巴黎汽车赛中勇夺冠军和季军，并从此一直到1903年还取得过很多次汽车赛胜利。

1913—1920年期间，潘哈德-莱瓦索尔汽车还曾成为法国总统的官方座驾。

在第一次世界大战期间，潘哈德-莱瓦索尔与其他汽车企业一样，也转产军工产品，制造过军用货车、V12航空发动机、枪炮部件等。第一次世界大战后潘哈德-莱瓦索尔迅速恢复汽车生产，并在1919年的巴黎车展上推出四款新车型，全部采用4缸发动机。

1925年，配备4.8升发动机的潘哈德-莱瓦索尔汽车，曾创下世界最快汽车速度纪录：185.51 千米/时。

第二次世界大战后，潘哈德-莱瓦索尔公司更名为潘哈德公司，并且开始制造采用铝材的轻质汽车。在20世纪50年代，潘哈德汽车在汽车赛事中多次取得胜利，但叫好不叫座，汽车销售不佳，到20世纪60年代销量一路下滑，公司经营步履维艰，潘哈德公司只好在1967年将其民用产品业务转卖给雪铁龙汽车公司，潘哈德作为一个汽车品牌从此消失。潘哈德公司从此只生产军用车辆（见左下图），并一直保持至今。

1897年潘哈德-莱瓦索尔（Panhard & Levassor）6HP汽车

1941年潘哈德（Panhard）110 旅行轿车

2005年潘哈德（Panhard）VPS-1型军用车辆

1936年潘哈德（Panhard）X77 型轿车

1900年以前

1902年潘哈德-莱瓦索尔（Panhard & Levassor）B1型12HP车型

1907年潘哈德-莱瓦索尔（Panhard & Levassor）双排座轿车

→↓由显赫一时的法国潘哈德-莱瓦索尔（Panhard & Levassor）汽车公司在1899年制造的这款4HP双座汽车，装备的发动机是由德国戴姆勒制造的，2个气缸，缸径和行程分别为80毫米和120毫米，总排量为1.201升。

如图所示的这辆M2E型是一辆修复后的经典车，在网上拍卖报价为44万~51万美元。

1899年潘哈德-莱瓦索尔M2E型4HP双座汽车

1899年潘哈德-莱瓦索尔M2E型4HP双座汽车

1959年潘哈德（Panhard）PL17型轿车

1899年潘哈德-莱瓦索尔M2E型4HP双座汽车

先驱人物
亚当·欧宝

德国欧宝公司（Adam Opel AG）的创办人是亚当·欧宝（Adam Opel）。他最早只是一个工匠，早年游历于欧洲各地。在巴黎期间，深为缝纫机这种新产品着迷，回到故乡便在其叔叔废弃的牛棚里开始研制缝纫机。

在开发缝纫机成功之后，1884年亚当·欧宝在英国又发现了另一种新产品——自行车。他立即又投

亚当·欧宝（1837—1895）

入了自行车的研制，并于1887年推出自行车，不久欧宝便成为全世界最大的自行车厂之一。亚当·欧宝于1895年去世后，公司继续由其遗孀及已成年的两个儿子经营。由于预见到自行车的销售即将衰退，欧宝公司便又投入汽车的研制和生产，但仍保留缝纫机和自行车的生产。1898年，欧宝车厂推出了第一辆汽车，但当年的总产量仅有11辆。由于拥有制造自行车的精良技术及熟练的员工，虽然当时刚刚起步，并纯以手工制造的汽车，但欧宝具有其他车厂所没有的优势，因此到1912年欧宝已累计生产汽车超万辆。1928年，欧宝已拥有员工8000名，生产汽车4万多辆。但由于发展太快，欧宝陷入严重的财政困难，1929年，美国通用汽车公司乘机吞并了欧宝公司。

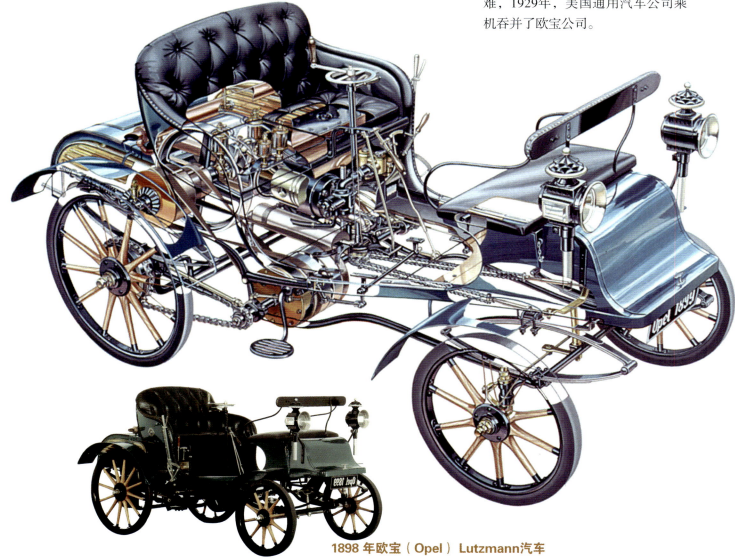

1898年欧宝（Opel）Lutzmann汽车

1900年以前

你知道吗？

欧宝汽车标志演变

欧宝曾是世界上最大的自行车制造商

1862年欧宝使用创始人亚当·欧宝（Adam Opel）名字的大写字母A和O形图案作为标志

1862年，欧宝使用创始人亚当·欧宝（Adam Opel）名字的大写字母A和O形图案作为标志。在1910—1935年曾使用"欧宝眼"作为标志。但从1937年起，欧宝逐渐向"闪电"标志过渡，直到1964年闪电才清晰出现在欧宝汽车上。

1886年欧宝自行车标志

1899年欧宝自行车标志

1902年在第一辆机动车上使用的标志

1909年

1910—1935年

欧宝缝纫机

1937年

1938年

1959年

1963—1964年

1964年

1987年

1898年欧宝生产的第一辆汽车

现在欧宝汽车使用的标志

先驱人物
菲亚特创始人：乔瓦尼·阿涅利

乔瓦尼·阿涅利（1899—1945）

1899年7月11日在意大利都灵市，9名意大利人合伙创建了"意大利都灵汽车制造厂"（Fabbrica Italiana di Automobili Torino），简称FIAT。当时公司仅有50名工人，同年第一辆菲亚特汽车4HP诞生，第一年仅生产了8辆汽车。

1902年，乔瓦尼·阿涅利（Giovanni Agnelli）被推举为公司领导人，从此菲亚特在阿涅利家族的管理下快速成长。菲亚特依靠自己的实力，先后吞并了几乎所有的意大利汽车厂，如依维柯、蓝旗亚、边赤、阿巴斯、法拉利、阿尔法和玛莎拉蒂。

菲亚特汽车公司的缔造者之一乔瓦尼·阿涅利是位农场主的儿子，5岁丧父，其母让他先跟神父学习，然后按当地风俗又让他到军队锻炼。他母亲勤俭持家，不仅保住了父亲留下的遗产，而且因做饲料和牲畜生意而使家族更加兴旺。1899年，阿涅利与几个股东合伙成立意大利都灵汽车制造厂（即FIAT），并于1902年成为常务董事，主持公司的日常事务。阿涅利眼光独到，思路开阔，他领导着菲亚特朝多元化发展，从生产轿车到重型货车，从拖拉机到火车，从船用发动机到飞机等，菲亚特都有涉足。阿涅利还具有国际眼光，他早

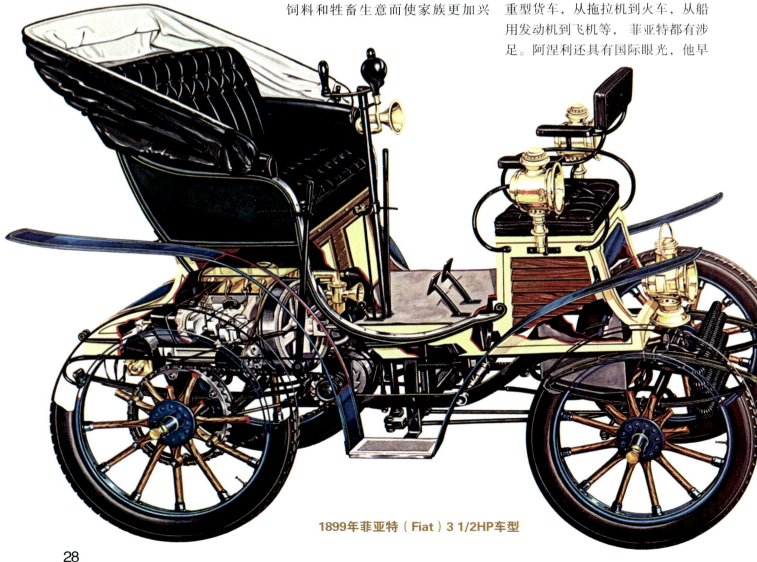

1899年菲亚特（Fiat）3 1/2HP车型

1900年以前

在1908年就在美国建立分厂，生产菲亚特汽车。

1920年，乔瓦尼·阿涅利当选为菲亚特汽车公司董事长。1923年坐落在都灵的汽车装配厂竣工，这是阿涅利从美国考察归来后，参照福特的流水线设计的工厂，它成为当时欧洲最大的汽车装配厂。

在阿涅利的积极倡导下，1936年诞生了菲亚特500型微型轿车，它是菲亚特以生产小型轿车为特色的开端。第二次世界大战的突然爆发曾中止了菲亚特500车型的发展。

1945年乔瓦尼·阿涅利去世。

1905年菲亚特（Fiat）60 HP车型

你知道吗？

菲亚特汽车标志演变

可以说菲亚特汽车的标志是最没创意的意大利车标，只是简单的四个大写字母。FIAT是"意大利都灵汽车制造厂"（Fabbrica Italiana di Automobili Torino）的缩写。

菲亚特（FIAT）车标曾作过多次改动，甚至曾用"五斜杠"为标志，1999年又改回圆形车标，周围是花环，中间是菲亚特名FIAT。现在使用的标志是2006年重新设计的。

1899年

1901年

1904年

1921年

1925年

1929年

1931年

1965年

1931年

1932年

1938年

1959年

1968年

1999年

2006年

1900—1909年
车轮滚滚

欧洲和美国的汽车制造商数目呈爆发式增长。

汽车简历（1900—1909）

1900年 美国《星期六晚邮报》登出全球第一份汽车广告。

1901年 奥兹莫比尔汽车公司首先给汽车安装车速表。

1901年 美国帕卡德汽车上出现了第一个手控点火提前装置。

1901年 戴姆勒用"梅赛德斯"为自己的汽车命名。

1901年 一辆罗克蒸汽汽车征服了美国科罗拉多州海拔4312米的派克斯峰。

1902年 凯迪拉克汽车公司成立。

1903年 福特汽车公司成立。

1903年 别克汽车公司成立。

1903年 一辆温顿汽车用65天时间横穿美国。

1903年 欧洲出现V形8缸发动机。

1904年 劳斯莱斯汽车公司成立。

1904年 美国的汽车产量超过法国而跃居世界最大汽车生产国。

1905年 美国汽车工程师协会（SAE）成立。

1905年 法国达拉克（Darracq）200HP汽车在法国创下176千米/时的世界最快陆上速度纪录。

1906年 汽车"大奖赛"首次在法国举办。

1906年 蓝旗亚汽车公司成立。

1907年 日本生产出第一辆汽车。

1907年 庞蒂克汽车公司前身—奥克兰汽车公司成立。

1908年 福特推出T型车。

1908年 杜兰特组建通用汽车公司。

1909年 布加迪汽车公司成立。

1909年 一辆名为布利琛·奔驰（Blizen Benz）的改装特制车辆，突破了200千米/时的速度大关，达到创纪录的202.7千米/时。

故事传奇
首起冠名案例

1900年对戴姆勒（Daimler）汽车公司来讲是个不平凡的年头。这年公司创始人戈特利布·戴姆勒去世。正当人们担心公司发展前景之时，威廉·迈巴赫开发出一款革命性的车型，即35HP车型。此车型是现代汽车的雏形，成为其他汽车品牌争相模仿的对象。因为它的发动机为前置，并用铁皮将发动机"包"起来，一改它之前的"马车"设计模式；而且它还装备了变

15岁时的少女梅赛德斯（Mercedes），她的名字含义是"温文尔雅"

梅赛德斯35HP车型

速杆和加速踏板，并且采用方向盘来操纵汽车转向。

这款35HP的戴姆勒车型一经亮相，就被慧眼识珠的商人艾米尔·杰利内克（Emil Jellinek）看中，一举购买了36辆35HP汽车，并且预先支付了一半的资金。这在当时，36辆汽车已经相当于戴姆勒汽车公司一年的汽车产量。但作为一举购买36辆汽车的条件，艾米尔向戴姆勒公司提出了两点要求：第一是他要取得戴姆勒汽车公司在奥匈帝国、法国、美国的汽车独家代理销售权；第二是今后戴姆勒汽车公司生产的全部汽车都要用他当时11岁的小女儿梅赛德斯·杰利内克（Mercedes Jellinek）的名字，即"梅赛德斯"（Mercedes）作为车名。当然，刚失去创始人的戴姆勒公司很痛快地就答应了这个条件，况且这个名字也非常好听。因此，从1901年开始，戴姆勒汽车公司生产的全部汽车都用"梅赛德斯"来命名。这也可能是汽车行业第一起冠名案例。

1926年，戴姆勒和奔驰两家汽车公司成功合并，组建了戴姆勒-奔驰汽车公司，生产的汽车品牌也就变为梅赛德斯-奔驰（Mercedes-Benz），并一直沿用至今。

1900—1909年

在起动发动机前,必须为燃油箱和机油箱加压。这是加压用的手动泵,旁边是压力表,用来监测压力状态

1902年梅赛德斯40HP 技术参数

发动机气缸数:4
发动机排量:6.785升
输出功率:40马力(29千瓦)
对应发动机转速:1100转/分
最高车速:80千米/时
生产时期:1902—1910年

↓这是1902年的梅赛德斯40HP汽车(Mercedes-Simplex 40HP),它率先采用了低重心底盘、蜂巢状散热器格栅、倾斜式方向盘柱、等尺寸车轮、充气橡胶轮胎,前照灯也安装在车头上。这些在今天看来再普通不过了,但在当时,却是创新和新潮。

1902年梅赛德斯(Mercedes)40HP汽车

昨日明星
法国 达拉克（Darracq）
（1896—1920）

达拉克（Darracq）是个法国汽车品牌，成立于1896年，当时是由亚历山大·达拉克（Alexandre Darracq）出售其Gladiator自行车公司后成立的。由于公司发展过于迅猛，曾于1905年在英国、西班牙和意大利建立了分支机构，然后还扩展到航空发动机行业，因此后来陷入经营危机。1920年经过一系列复杂的资产重组后，达拉克被兼并，并且从1935年起不再作为一个独立的品牌出现。

达拉克（Darracq）汽车标志

1901年达拉克（Darracq）8 HP双座汽车

1905年达拉克（Darracq）200HP Sprint

↑达拉克200HP Sprint是法国最早使用V8发动机的汽车，曾于1905年在法国创下176千米/时的世界最快陆上速度纪录。

1904年法国达拉克（Darracq）12 HP 汽车

1900—1909年

昨日明星
美国 刺箭（Pierce-Arrow）
（1901—1938）

刺箭（Pierce-Arrow）汽车公司设在美国纽约州，成立于1901年，消失于1938年。虽然它以制造豪华昂贵的汽车著称，但它也制造商用货车、消防车、露营车、摩托车和自行车等交通工具。

1909年，美国总统威廉·霍华德·塔夫脱（William Howard Taft）购买了两辆刺箭汽车作为其官方座驾，这也是白宫正式启用的第一辆总统汽油发动机座驾。

1937—1938年美国发生严重经济危机，只会生产豪华汽车的刺箭汽车公司没能躲过这一劫，于1938年倒闭。

1909年刺箭（Pierce-Arrow）PP系列40HP车型

刺箭（Pierce-Arrow）汽车标志

1908年刺箭 Great Arrow Touring

1910年刺箭（Pierce-Arrow）48型汽车

20世纪30年代刺箭汽车标志

20世纪一二十年代刺箭汽车标志

20世纪30年代刺箭汽车标志

昨日明星
美国 帕卡德（Packard）
（1899—1962）

帕卡德（Packard）汽车标志

1904年帕卡德（Packard）L型汽车

早期的汽车车身采用木制，并像马车那样将其刷漆

工具箱

马车式板式弹簧

帕卡德（Packard）曾是与凯迪拉克、林肯等豪华汽车齐名的美国汽车品牌，它创始于1899年，由杰姆斯·沃德·帕卡德（James Ward Packard）与其兄弟及另一个合伙人创办。其创办的起因则是杰姆斯·沃德·帕卡德购买了一辆温顿（Winton）牌汽车，当发现车辆存在一定毛病后向温顿牌汽车的老板亚力山大·温顿（Alexander Winton）提出改进意见，但却被反唇相讥。帕卡德兄弟决定打造比温顿汽车更优良的汽车。

1955年，帕卡德与美国另一个汽车巨头史蒂倍克（Studebaker）合并，而且帕卡德的名字还在史蒂倍克旗下生存了几年。而到了1962年，史蒂倍克-帕卡德集团完全放弃了帕卡德汽车品牌。

1932年帕卡德（Packard）汽车

1900—1909年

昨日明星
法国 德迪恩-布顿（De Dion-Bouton）
（1883—1932）

起动摇柄

德迪恩-布顿（De Dion-Bouton）是一个法国汽车品牌，成立于1883年，消失于1932年。品牌名称De Dion-Bouton是创始人姓氏的组合。德迪恩-布顿以制造蒸汽汽车为开端，后来又开始制造脚踏三轮车，到1900年才开始制造四轮汽车。但在1900年就生产了400辆汽车和3200台发动机，一跃成为当时世界上最大的汽车公司。

第一次世界大战结束后，德迪恩-布顿公司开始衰落，甚至在1923年还制造过V8发动机的汽车，但勉强撑到1932年就彻底关门了。

德迪恩-布顿（De Dion-Bouton）标志

德迪恩-布顿（De Dion-Bouton）海报

手制动杆　点火提前和延迟控制　加速控制（油门）　转向柱　进气控制　脚制动踏板　倒档踏板　散热孔

将动力由变速器传递到后轮的传动轴

1902年法国德迪恩-布顿（De Dion-Bouton）Q型汽车

昨日明星
美国 奥兹莫比尔
（1897—2004）

1897年，兰塞姆·奥兹（Ransom Eli Olds）在美国建立了奥兹汽车厂（Olds Motor Works）。从创建时间上，奥兹汽车是仅晚于德国戴姆勒、法国标致和奥地利太脱拉（Tatra）的世界第四个汽车生产厂。

奥兹汽车厂在1908年并入通用汽车公司（GM）后改名为奥兹莫比尔（Oldsmobile）分部。然而发展到2004年时，奥兹莫比尔品牌被削减，从此消失。

在107年的历史中，共生产了3520万辆挂奥兹标志的汽车。现在奥兹汽车商标仍归通用汽车所有。

1904年奥兹（Olds）French

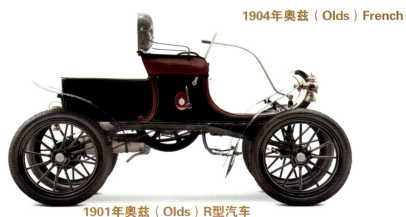

1901年奥兹（Olds）R型汽车

↑↓奥兹莫比尔（Oldsmobile）R型安装有一个侧置式摇把，驾驶人从座位上就可以起动发动机。此车采用单缸发动机，最大功率4.5马力，2速变速器，链传动，当年售价650美元。

侧置式起动摇把，驾驶人不用下车就可起动车辆

链传动

1901年奥兹（Olds）R型

1900—1909年

先驱人物
兰塞姆·奥兹

兰塞姆·奥兹（1864—1950）

兰塞姆·奥兹（Ransom Eli Olds）是美国奥兹汽车品牌的创始人。奥兹是英国移民后代，祖父是个牧师。1880年，16岁的奥兹在他父亲开设的一家造铁厂里学习机器修理。1892年，他将自己的发动机装在马车上。1897年8月，奥兹在地处兰辛的造铁厂中成立了奥兹汽车厂，但只造出了4辆汽车。1900年3月，奥兹在史密斯的资助下，在底特律又建一个新厂，号称"世界最大的汽车厂"。在底特律生产的汽车为2气缸、7马力。奥兹为新厂新车大做广告宣传，结果订单纷纷涌入，使奥兹汽车厂连续3年超过了当时的福特公司。

1901年3月9日，刚度假回底特律的奥兹就听到一则骇人新闻："因瓦斯爆炸起火，奥兹车厂已化为灰烬。"不过塞翁失马，焉知非福？由于重新建厂很困难，奥兹就天才般地想出让他人代加工零部件，也就是今天仍然采用的零部件采购方式，然后自己总装配汽车。这种做法在遭灾之前是不可思议的，因为怕泄露商业机密，汽车厂家都是自己生产全部零件。奥兹的"代加工"方法使奥兹迅速恢复生产，并使产量激增。

正当奥兹汽车发展势头正旺时期，1904年由于受到资助者史密斯家族的排挤，奥兹竟被奥兹汽车公司炒了鱿鱼，不得不以每股30美元的起低价格将手中持有的公司股票卖掉。

1950年奥兹莫比尔88型轿跑车

↑↓奥兹莫比尔（Oldsmobile）88型最早于1949年推出（见上图），下图是1954年推出的第2代88型轿车，它采用5.3升V8发动机，3速手动或4速自动变速器。

1954年奥兹莫比尔（Oldsmobile）88型轿跑车

你知道吗？
奥兹莫比尔标志演变

奥兹莫比尔（Oldsmobile）是由"Olds"与"mobile"组成。"Olds"是创始人奥兹的姓，"mobile"在英文中是机动车的意思。

早期的奥兹莫比尔汽车标志

1963年开始采用的奥兹莫比尔汽车标志

在2004年停止生产之前，奥兹莫比尔汽车采用的标志。可以看出图案中包括O、L、D三个字母，同时代表积极向上和勇往直前的创新精神

经典名车
豪华汽车（1900—1909）

↓英国沃尔斯利（Wolseley）汽车公司成立于1901年，曾在1921年发展成为英国最大的豪华汽车制造公司，一年制造12000辆豪华汽车。但由于发展速度过快，到1927年开始陷入经营危机，被迫多次转卖，沃尔斯利品牌最终在1975年彻底消失。

↓侯斯曼（Holsman）是美国芝加哥的一家汽车公司，其生命期很短，1901年诞生，1910年终了。这家公司专门从事制造"高车轮"汽车，如图所示就是1903年制造的一款高轮跑车。

1903年美国侯斯曼（Holsman）汽车

1904年英国沃尔斯利（Wolseley）12 HP汽车

↓世爵（Spyker）15/22HP是在世爵14/18HP成功的基础上改进的，主要是为发动机装备了低压润滑系统，驾驶人可以通过仪表板上的旋钮来控制机油的流动，这样可以使机油的消耗量减少8%左右。

到1905年，荷兰的世爵汽车公司已发展成每年制造上百辆汽车的厂商，1906年年产量又猛增到250辆。1907年，法国代理商突然取消了500辆的订单，然而世爵已购买了用来制造这些汽车的部件和材料，搞得世爵措手不及，最终导致世爵宣告破产。

1907年世爵（Spyker）15/22HP双排座轿车

1900—1909年

1904年英国莫尔斯（Mors）14/19HP城市客车

↑这是当时英国典型的城市豪华客车，驾驶人是在一个半开放的顶篷下，而后面的乘客则置身于完全封闭的车厢内，但后面的软篷也可以打开。

↓杜里埃（Duryea）曾是美国最先商业化生产的汽车品牌，于1893年制造出杜里埃第一辆汽油汽车。这辆汽车的侧面是一个来自基督教的鱼形图案（基督教有"五饼二鱼"的故事），反映出其老板弗兰克·杜里埃（Frank Duryea）是一位虔诚的基督教徒。其实，他还曾喜欢制造三轮汽车，采用三缸发动机，以体现"三位一体"的基督信仰。此车采用3.5升的三缸发动机，座位中间的操纵杆可以操作转向、加速及变速，而且左右座位上的人都可以操作。

1903年美国杜里埃（Duryea）Surrey

1900年法国雷诺（Renault）C型

↑雷诺（Renault）C型被认为是第一辆真正的雷诺汽车，虽然它和前面的雷诺汽车一样仍然采用法国德迪恩-布顿（De Dion-Bouton）制造的发动机，但汽车的所有功能该车都已具备，尤其是该车的发动机散热器形状比较正常，而此前雷诺汽车的散热器形状都比较怪异。

↓这是世爵（Spyker）在1905年生产的双排座敞篷轿车，采用2.544升4缸发动机，最高车速72千米/时。

1905年荷兰世爵（Spyker）12/16HP双排座轿车

先驱人物
美国豪车之父：亨利·利兰

亨利·利兰（1843—1932）

亨利·利兰（Henry Leland）原是一家兵工厂的设计师，是位机械天才，据说能够制造误差极其微小的机械。当1902年亨利·福特离开底特律汽车公司后，该公司的投资人聘请亨利·利兰主持汽车生产。亨利·利兰掌管公司后，将其更名为凯迪拉克（Cadillac）汽车公司，专门生产高档豪华汽车。亨利·利兰率先使汽车零部件可以互换，并制造了第一辆V8发动机汽车。

1909年，凯迪拉克公司被通用公司收购。在第一次世界大战中，亨利·利兰打算将工厂转产飞机发动机，但遭到通用总裁杜兰特的反对。一气之下，亨利·利兰离开凯迪拉克公司，另组建林肯（Lincoln）公司生产飞机发动机。亨利·利兰之所以用"林肯"作为公司名，是因他在1864年投过亚伯拉罕·林肯的总统选举票，对林肯非常敬仰。

第一次世界大战结束后，利兰决定生产汽车。1920年，第一辆林肯牌汽车问世，好评如潮。然而随后到来的经济萧条使林肯公司陷入危机。1922年，濒临破产的林肯公司被福特汽车公司以800万美元买走。

1903年凯迪拉克（Cadillac）A型车

1905年凯迪拉克（Cadillac）E型车

1907年凯迪拉克（Cadillac）K型车

1900—1909年

你知道吗？

凯迪拉克（Cadillac）标志演变示意图

凯迪拉克标志演变

凯迪拉克（Cadillac）最新车标由原来的凯迪拉克家族"皇冠+盾牌"的徽章演变而来，去掉了皇冠以及盾牌上的无脚雁鸭后，化繁为简，增添了现代金属质感，与现在凯迪拉克车身造型追求的"钻石切割"艺术相吻合。

"凯迪拉克"其实是一位法国贵族的姓氏，他的全名是安东尼·门斯·凯迪拉克（Antoine de la Mothe Cadillac）。他也是一位探险家，并在1701年建立了底特律城。1902年，美国汽车生产大师亨利·利兰以凯迪拉克来命名自己的新汽车厂，并采用凯迪拉克家族的徽章作为汽车标志。

皇冠上的七颗珍珠，象征法国王室贵族的尊贵血统

皇冠下的盾牌被十字分为四部分。盾牌意为坚贞不屈、勇猛顽强；十字代表英勇胆识与敢于接受挑战的骑士精神

徽标外围的桂冠，代表永远领先、不断取胜的冠军地位

盾牌右上与左下部分的红色色块，代表勇猛和赤胆

盾牌的左上与右下部分，各有三只黑色的无脚雁鸭，取自基督教圣父、圣子、圣灵三位一体的宗教意义。而无脚雁鸭则寓意即使是身为贵族后裔，也须不停地飞翔去追寻美丽新天地

将三只鸟上下分开的黑色腰带，是智慧与荣耀的象征，表示永远肩负为大众服务的使命

早期凯迪拉克（Cadillac）标志含义

昨日明星
托马斯（Thomas）飞行者（Flyer）
（1902—1919）

美国托马斯（Thomas）汽车公司从1902年开始制造汽车，到1909年达到高峰，年产7500辆汽车，然而后来日渐衰落，到1919年停止生产汽车。

托马斯只生产一种车型，虽然型号不一样，但外形基本差不多，只是发动机有所变化。从1904年开始使用Flyer（飞行者）来命名其制造的轿车。

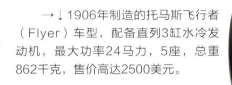

→↓1906年制造的托马斯飞行者（Flyer）车型，配备直列3缸水冷发动机，最大功率24马力，5座，总重862千克，售价高达2500美元。

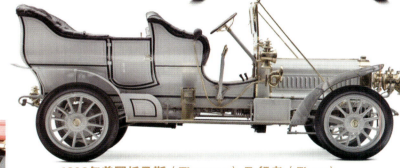

1906年美国托马斯（Thomas）飞行者（Flyer）

1909年托马斯（Thomas）Flyer Flyabout 发动机舱

1909年托马斯（Thomas）Flyer Flyabout 驾驶室

←↑1909年，托马斯（Thomas）推出一款配备直列6缸发动机的车型Flyer Flyabout，最大功率40马力。

1909年托马斯（Thomas）Flyer Flyabout

1900—1909年

你知道吗？
1908年纽约到巴黎穿越赛

1907年，托马斯（Thomas）推出35型4缸60马力汽车，仍然使用飞行者作为车名，并参加了首次环球汽车穿越赛：1908纽约到巴黎穿越赛。这项比赛共有6辆汽车代表4个国家参赛（意大利1辆、德国1辆、法国3辆，以及美国托马斯飞行者赛车）。6辆赛车于1908年2月12日从纽约时代广场出发，奔向35000千米之外的欧洲巴黎。

托马斯飞行者行驶41天8小时15分钟率先穿越美国，到达阿拉斯加南部港口城市瓦尔迪兹，然后车和人一起乘轮船跨越太平洋，经日本海到达西伯利亚，登陆后再驾车继续前行。

当托马斯飞行者经169天的艰苦行程于6月30日抵达巴黎市郊时，由于坏了一个前照灯灯泡而被警察阻拦不让进城。一个路人给了车队一个自行车的灯泡，但由于缺乏灯泡装卸工具，最后不得已将自行车绑在汽车上作为前照灯，才勉强允许驶入巴黎市区并赢得最后的胜利。

虽然德国赛车已提前4天到巴黎，但由于德国赛车没有到达阿拉斯加，并且在途中还乘坐火车，因此被处罚30天，只能居亚军。第三名是1908年9月份才到达巴黎的意大利赛车，而法国参赛的3辆汽车全军覆没，没有一辆抵达终点。

托马斯飞行者在比赛途中

1907年托马斯（Thomas）汽车上的"大鹏展翅"标志

先驱人物
查尔斯·斯图尔特·劳斯

英国人查尔斯·斯图尔特·劳斯（Charles Steward Rolls）是劳斯莱斯汽车公司创始人之一，生于1878年。劳斯自幼生活优越，毕业于剑桥大学，获机械工程和应用科学的学位。劳斯酷爱赛车和热气球运动。1903年，他在都柏林驾驶一辆80马力的莫里斯汽车，以150千米/时的

1904年劳斯莱斯汽车，配10马力、2缸发动机，产量17辆

查尔斯·斯图尔特·劳斯（1878—1910）

成绩打破了当时的世界速度纪录。

1902年，劳斯成立了一家汽车销售公司，并很快站稳了脚跟，生意越做越大。但劳斯有两个心愿，一是希望他自己的名字能与汽车联结在一起；另一个是想找到比他当时经销的那些进口车更好的英国汽车。1904年，劳斯试开了亨利·莱斯打造的汽车后，赞不绝口，满心欢喜地表示他的两个心愿可以实现了。两人合伙成立劳斯莱斯汽车公司，从此世界上最名贵的汽车就诞生了。

劳斯经常驾驶他们的汽车在比赛中获胜，两人配合默契，公司声名大振。1910年，劳斯在一次飞行事故中不幸遇难，年仅32岁。

亨利·莱斯

弗雷德里克·亨利·莱斯（Frederick Henry Royce）是磨坊工人的儿子，生于1863年。10岁时莱斯就卖报补贴家用，后在制铁公司当学徒，初涉机械领域。他勤奋好学，曾自学几何学与电学等相关知识，后又分别在机械工具厂、电灯厂和电器公司做工或当技术员。22岁那年他与友人合伙成立了灯具公司，事业扶摇直上。

1903年，莱斯买了一辆二手的法国车，由于常常起动不了，使莱斯非常苦恼，于是便自己动手制造了一辆更好的双缸发动机汽车。莱斯的汽车起动方便，行驶平稳快速，在当时轰动四方。

1904年，他与劳斯相遇，共同

亨利·莱斯（1863—1933）

组成劳斯莱斯汽车公司。1910年劳斯去世后，亨利·莱斯非常痛心，但他仍潜心设计汽车。1933年，70岁的莱斯也走完人生之路。

1925年劳斯莱斯（Rolls-Royce）20HP车型

你知道吗？

"飞天女神"与美女秘书

劳斯莱斯的立体车标是一位众所周知的"飞天女神"。她弯腰站立在尊贵的劳斯莱斯车头上，双臂后伸，身披轻纱，迎风前行，光彩夺目。在飞天女神车徽出现之前，许多劳斯莱斯的车主们喜欢在他们的车上随意加上各种各样的雕像。劳斯莱斯的商务部经理克劳德·约翰逊（Claude Johnson，他也被人们誉为是Rolls-Royce中间的连字符）认识到，人们添加的那些雕像根本不适合放在如此名贵高雅的车身上。为此，约翰逊找到好朋友《CAR》杂志的创办人蒙塔古帮忙，蒙塔古就向约翰逊推荐该杂志的特约插图作者，同时也是一位优秀的雕塑家和画家查尔斯·赛克斯（Charls Sykes）来设计车徽。赛克斯则以约翰逊漂亮的女秘书埃莉诺·索恩顿（Eleanor Thornton）为模特，设计并雕琢了"飞天女神"塑像，并于1911年2月6日正式成为劳斯莱斯的车徽。

曾谣传飞天女神由纯银打制而成，所以遭到许多小偷的觊觎。其实飞天女神曾以铜、锌、锡等合金制成，唯独没有银。为了防止盗窃，车厂在车徽底座上设计了一个巧妙机关，当有人用力扳动女神像时，它会自动缩入，而且还会起动报警系统，吓走偷盗者。

"飞天女神"的原型人物埃莉诺·索恩顿（Eleanor Thornton）

劳斯莱斯标志演变

劳斯莱斯（Rolls-Royce）的标志由"双R"平面标志和"飞天女神"立体标志组成。

镶嵌在进气格栅上端中央位置的劳斯莱斯的平面车标，以两个重叠的"R"为中心，上面写有公司创始人劳斯（Rolls）的名字，下方是另一位创始人莱斯（Royce）的名字。两个"R"叠合在一起，说明两人紧密合作，相互支持。当两位创始人先后去世后，公司的继承人将"RR"商标由红色改为黑色，以示纪念。

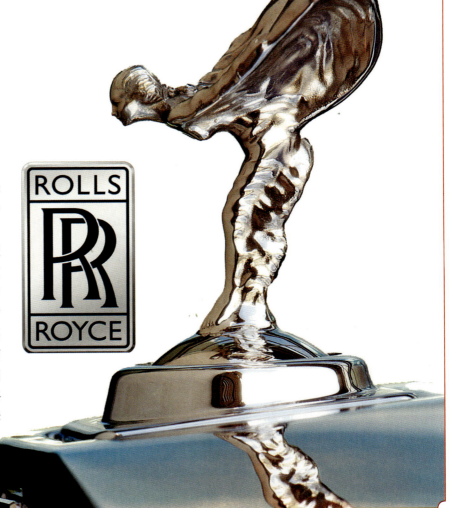

故事传奇
银色幽灵从眼前一晃而过

最初银灵只是特指这辆劳斯莱斯 40/50HP 汽车，它全身银光闪闪，平稳安静，就像幽灵一样从身边闪过

劳斯莱斯（Rolls-Royce）的创始人是查尔斯·斯图尔特·劳斯和亨利·莱斯（参看前页）。1904年春天，莱斯自己设计制造了第一辆双缸汽车。做汽车销售的劳斯在试驾了莱斯的新车后，两人一拍即合，随即签订合约，共同成立劳斯莱斯汽车公司，莱斯负责汽车生产，劳斯负责销售。

1904年底，劳斯莱斯公司的第一批车共10辆终于面世了，参加了在法国巴黎举行的世界汽车展览会，并在展会上一举扬名。面对雪片一样的订单，公司一直坚持手工制作，只追求质量而不追求数量。

当时，制作一辆车一般需要25个工人8个月的时间，从车身到内饰无不匠心独运，精雕细琢。

1906年，劳斯莱斯公司生产的一辆4缸、20马力（14.7千瓦）的轿车，赢得了英国举行的"男人岛旅行者杯"汽车大赛的胜利，劳斯莱斯轿车一时轰动了英国皇室，英国女王亲自出席授奖仪式并亲手颁发奖牌。劳斯莱斯公司在英国的名气越来越大。

1907年，劳斯莱斯公司制造出了一款新的轿车。该车车身涂用银色漆，发动机为直列6缸，排量为7.046升（1910年又改为7.428升），最大功率48马力，3速手动变速器（1913年起改为4速手动变速器），最高车速80千米/时，4座位，敞篷车身。车身涂上银色油漆，除了汽车轮胎和真皮座椅之外，全车上下闪出耀眼的银光。据说这辆轿车在试车时，听不见一点噪声，车行驶在乡间的林荫大道上时，人们仿佛

1909年前的汽车前风窗上并没有刮水器，只是为了挡风和尘土

手制动杆

1907年劳斯莱斯银灵（Silver Ghost）

早期的备胎只是轮胎而没有备用车轮，因此更换轮胎后还必须为其打气

1900—1909年

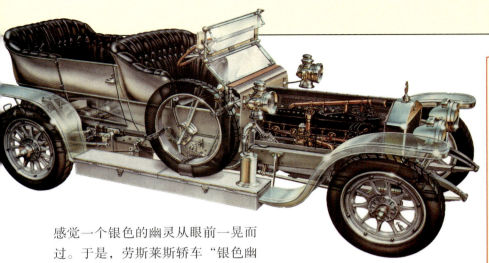

1907年劳斯莱斯银灵（Silver Ghost）

感觉一个银色的幽灵从眼前一晃而过。于是，劳斯莱斯轿车"银色幽灵"这一美称便不胫而走，公司后来也正式将这款车定名为劳斯莱斯银灵（Silver Ghost）。英国女王正式向全国宣布：今后将改坐银灵轿车。从此，银灵为劳斯莱斯轿车奠定了高档车的地位，公司的轿车也披上了贵族的外套。

从1906年开始生产到1926年停产，劳斯莱斯40/50HP型（即银灵）共生产7874辆。

劳斯莱斯公司产量极低，但这正是劳斯莱斯轿车的骄傲所在，因为它追求的是完美无缺，每一辆车经过5000英里的测试后才交给用户使用。

尽管劳斯莱斯轿车拥有耀人的光环，但这些并不意味公司总是一帆风顺。在众多厂家扩大销售市场的情况下，劳斯莱斯公司依然按照客户的订购数量进行生产，因此产量极低。公司对买主的挑剔也是其他厂商无法做到的。也许是曲高和寡，劳斯莱斯轿车在全球销量并不好，经营遇到困难。1998年3月，劳斯莱斯的母公司英国维克斯集团宣布，德国宝马公司以10亿马克（约合5.7亿美元）的价钱，买下劳斯莱斯公司及汽车品牌。

> **你知道吗？**
>
> ## 谁是银灵
>
> 劳斯莱斯银灵（Silver Ghost）的名称包含两个意思，一是特指一辆型号为40/50HP的劳斯莱斯汽车，它的底盘编号是60551，车牌号是AX201（如左图）；二是指所有型号为40/50HP的劳斯莱斯汽车。
>
> 银灵的称呼最早出于媒体。一辆车牌号为AX201的劳斯莱斯汽车，由于性能出色而被媒体誉为银灵（Silver Ghost），后来媒体又将其他40/50HP型的劳斯莱斯汽车也都称为银灵。但这个称呼只限于媒体，并没得到劳斯莱斯的官方认可，直到1925年，当劳斯莱斯推出新车型幻影（Phantom）时，才最终将40/50HP车型正式称为银灵（Silver Ghost）。

木制车轮

1907年劳斯莱斯银灵（Silver Ghost）

经典名车
蒸汽汽车（1900—1909）
美国总统第一辆机动车专用座驾

↓1907年，美国白宫从军方借用两辆怀特（White）汽车公司出产的G型蒸汽汽车，作为西奥多·罗斯福总统的座驾。罗斯福总统曾用这两辆蒸汽汽车接送家人及访客。虽然使用次数并不多，但怀特G型蒸汽汽车也成为第一辆美国总统机动车专用座驾。

1907年美国怀特（White）G型Touring蒸汽汽车

↓20世纪初，美国怀特（White）成为美国最著名的蒸汽汽车制造商。1910年，怀特推出一款名为"O-O"的蒸汽汽车，采用双缸蒸汽发动机，最大功率高达20马力，轴距长达2.794米。此时的蒸汽汽车在外形上已与燃油汽车没有太大区别了。

1910年美国怀特（White）O-O型蒸汽汽车

1900—1909年

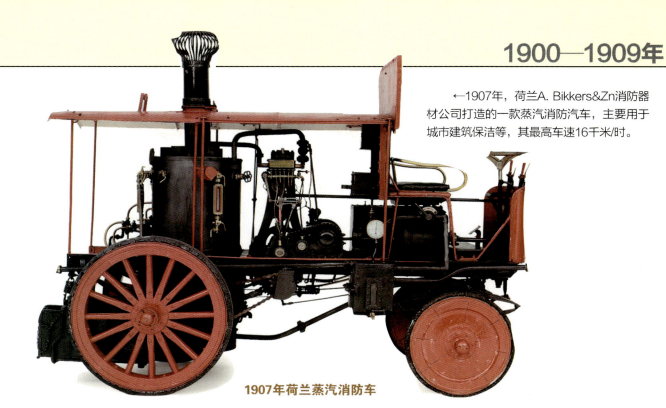

←1907年，荷兰A. Bikkers&Zn消防器材公司打造的一款蒸汽消防汽车，主要用于城市建筑保洁等，其最高车速16千米/时。

1907年荷兰蒸汽消防车

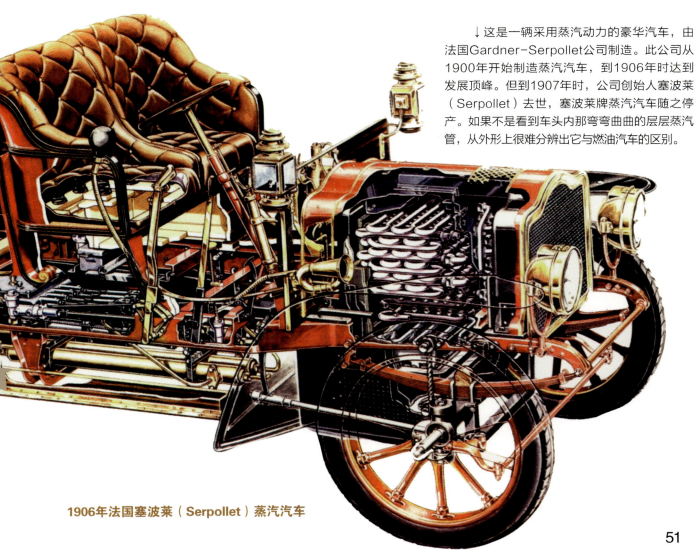

↓这是一辆采用蒸汽动力的豪华汽车，由法国Gardner-Serpollet公司制造。此公司从1900年开始制造蒸汽汽车，到1906年时达到发展顶峰。但到1907年时，公司创始人塞波莱（Serpollet）去世，塞波莱牌蒸汽汽车随之停产。如果不是看到车头内那弯弯曲曲的层层蒸汽管，从外形上很难分辨出它与燃油汽车的区别。

1906年法国塞波莱（Serpollet）蒸汽汽车

经典名车
电动汽车（1896—1902）

1895—1905年是美国早期电动汽车的黄金时代。这个时期的电动汽车是汽车制造技术的先进代表。而那时的蒸汽汽车很容易受寒冷天气的影响，不仅生产蒸汽的过程缓慢，而且每加一次水的续航里程较短。同时，汽油汽车也会受寒冷天气影响，不仅不容易起动，而且夜晚还必须将水放出，更要命的是，当时还没有消声器，汽车的噪声非常大，往往会使马匹受到惊吓。因此，在与蒸汽汽车、燃油汽车、马车的同路竞争中，电动汽车一时稍占上风。

然而进入到20世纪20年代，随着内燃机技术的发展，电动汽车逐渐失宠。汽油汽车加一次燃油的续航里程，是电动汽车充一次电的续航里程的3倍，而电动汽车技术并没有太大进步。在这种背景之下，电动汽车被淘汰也是必然的。

1896年美国赖克（Riker）电动三轮车

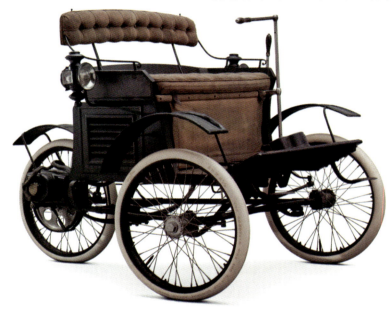

1896年美国赖克（Riker）电动三轮车

1899年美国哥伦比亚Mark XXXV电动汽车

←此车采用两个电动机，最高车速可以达到21千米/时。

1900—1909年

←↓ 美国哥伦比亚（Columbia）汽车公司成立于1899年，专业从事电动汽车的制造。在1901年制造的这款电动汽车，最高速度为45千米/时，续航里程72千米，变速器有3个前进档、2个倒档。这款名为XXXI的电动汽车当年售价为650美元。

这款电动汽车的驾驶座在乘客座的后方，座位较高，很是奇特。

电压和电流表。左侧是电压值（伏特）显示，右侧是电流值（安培）显示。当指针在"0"下时就表明应该充电了

↓ 美国贝克（Baker）公司专业从事电动汽车生产，创建于1899年，关门于1914年。它制造的第一批电动汽车售价850美元，据说曾将其中一辆卖给了发明家爱迪生作为他的第一辆汽车。

贝克汽车创始人是沃尔特C.贝克（Walter C. Baker），他曾亲自驾驶自己打造的"陆上鱼雷"电动汽车（如图）创下167.3千米/时的最快陆上速度纪录。但在后来的电动汽车测试中，沃尔特·贝克驾驶的电动汽车失控并撞到观众群中，导致两名观众死亡，从此他再也没有冲击更高的速度纪录。

1901年美国哥伦比亚Mark XXXI 电动汽车

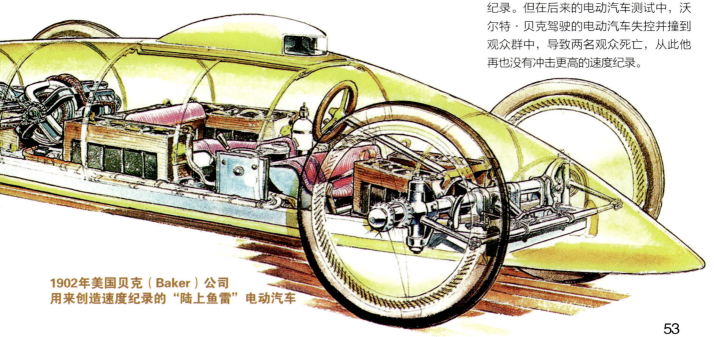

1902年美国贝克（Baker）公司用来创造速度纪录的"陆上鱼雷"电动汽车

经典名车
赛车（1900—1909）

↓这辆大奖赛（Grand Prix）赛车由荷兰世爵（Spyker）汽车公司于1903年制造，最先亮相于1903年的巴黎汽车展，最高车速可达80英里/时（128.7千米/时）。

此车创造了三个世界第一：第一辆四轮驱动的汽车，它采用前、中、后三个差速器来传递动力，全时四轮驱动；第一辆6缸发动机汽车，气缸直列布局，总排量高达8.676升，最大功率60马力；第一辆采用四轮制动的汽车。

这辆汽车创三项世界第一：
世界第一辆四轮驱动汽车
世界第一辆6缸发动机汽车
世界第一辆四轮制动汽车

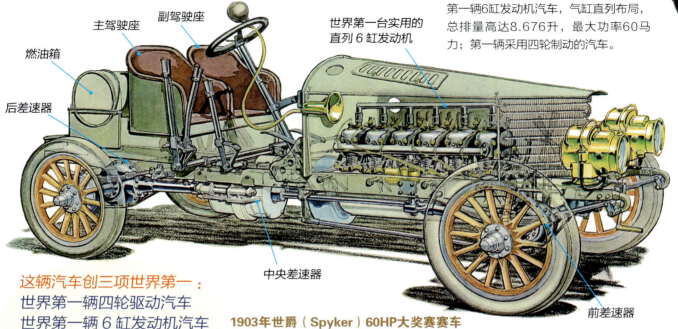

1903年世爵（Spyker）60HP大奖赛赛车

1903年荷兰世爵（Spyker）60HP大奖赛赛车

1900—1909年

1908年意大利伊泰莱（Itala）4座大奖赛赛车

←意大利伊泰莱（Itala）汽车公司在1908年推出的一款4座大奖赛赛车，是专为参加1908年的法国汽车大奖赛而特别设计的，其直列4缸发动机排量高达12.045升，可以输出100马力的动力，配备4速变速器。此款赛车共制造了3辆。

大奖赛赛车都是2座，独有它是4座

1908年伊泰莱（Itala）4座大奖赛赛车

伊泰莱汽车标志

你知道吗？

世爵汽车标志

世爵（Spyker）汽车标志是由一个水平的飞机螺旋桨穿越镌刻公司拉丁文座右铭的辐轮组成的。公司座右铭"NULLA TENACI INVIA EST VIA"的意思是：执着前进，一切皆有可能。飞机螺旋桨代表世爵曾制造过飞机，在空气动力学方面拥有领先技术。

世爵的名字来自于品牌创始人斯派克兄弟的名字。1898年，马车生产商雅各布斯·斯派克（Jacobus Spijker）和亨德里克-简·斯派克（Hendrik-Jan Spijker）兄弟俩，用奔驰发动机在荷兰开始制造汽车，由于工艺水平极高而赢得人们喝彩，这也成了斯派克公司的转折点，他们开始进入汽车制造领域，并命名为Spijker。为了使品牌更加适应国外市场，遂在1903年将公司名称Spijker中的"ij"替换为"y"，就成了今天的Spyker。

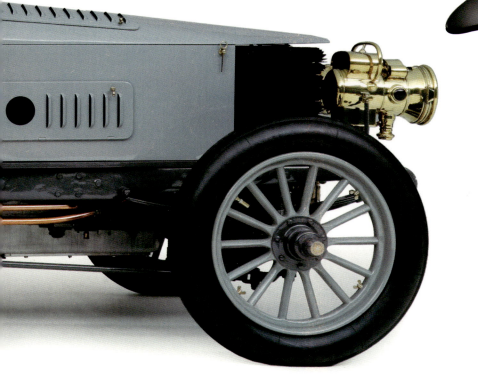

经典名车
赛车（1900—1909）

1908年梅赛德斯（Mercedes）大奖赛赛车

↑梅赛德斯（Mercedes）为1908年法国汽车大奖赛而设计的赛车1908GP，装备直列4缸发动机，排量为12.781升，最大功率135马力（1400转/分），轴距2.7米。此车勇夺1908年法国汽车大奖赛冠军。

↓伊泰莱（Itala）是一家位于意大利都灵的汽车制造商，创立于1903年，终止于1934年。和其他意大利汽车制造商一样，伊泰莱也非常热衷于打造赛车，参加汽车比赛，其中以1907年推出的这辆大奖赛赛车最为著名。此赛车采用14.75升直列4缸发动机，最高速度可以达到171千米/时，0—100千米/时的加速时间为16秒，这在当年就算是极快了，因此在国际赛场也表现优异。此车的百公里油耗也高达21升，是个典型的"油老虎"。

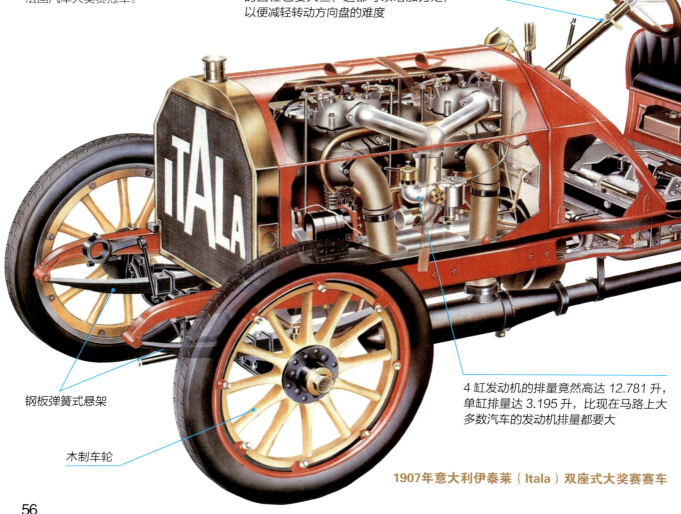

由于早期的汽车没有转向助力，因此必须将转向柱设计得较长些，而且方向盘的直径也要大些，这都可以增加力矩，以便减轻转动方向盘的难度

钢板弹簧式悬架

木制车轮

4缸发动机的排量竟然高达12.781升，单缸排量达3.195升，比现在马路上大多数汽车的发动机排量都要大

1907年意大利伊泰莱（Itala）双座式大奖赛赛车

1900—1909年

主驾驶座椅　副驾驶座椅

1907年菲亚特（Fiat）130HP大奖赛赛车

16.288升4缸发动机，单缸排量4升多

钢板弹簧式悬架还是当年最流行的设计

当年的"副驾驶"是真正的驾驶人之一，它不仅辅助主驾驶操控车辆，而且其主要任务是帮主驾驶观察周围情况，及时提醒主驾驶注意

1907年菲亚特130HP大奖赛赛车

↑1906年左右，菲亚特在赛场上很少能够取得胜利，主要赛事的冠军都被拥有大功率发动机的法国雷诺90马力的赛车霸占，而菲亚特赛车的最大功率只有60马力。为此，菲亚特急需一辆超过90马力的赛车来挑战法国对手。正巧，1907年大奖赛的规则有所松动，允许采用更大更重的发动机参与竞争。新规则甚至将燃油消耗限制提高到每100千米30升。正是在这种背景之下，菲亚特一不做二不休，干脆设计一款排量高达16.288升的4缸发动机，最大功率更是高达惊人的130马力（1600转/分）。同时，这台发动机上还应用了很多新技术，如顶置气门、半球形燃烧室和中置式火花塞等。尽管整车重量超过了1吨，但仍采用木制车轮。

你知道吗？

为什么早期赛车都有两个座位

在早期的汽车比赛中，汽车操作相对比较复杂，当主赛车手专注驾车时，就很难顾及周围的情况，此时需要一位副车手坐在旁边帮助观察其他赛车及赛场上的情况，因此早期的赛车都是两位车手在共同驾驶。

经典名车
赛车（1900—1909）

↓纳皮尔（Napier）是英国一家汽车制造商，1924年终止汽车生产。1907年纳皮尔推出一款名为T21 60HP的赛车，此车配备直列6缸发动机，排量7.723升，最大功率60马力，升功率只有7.8马力，最高车速106千米/时。

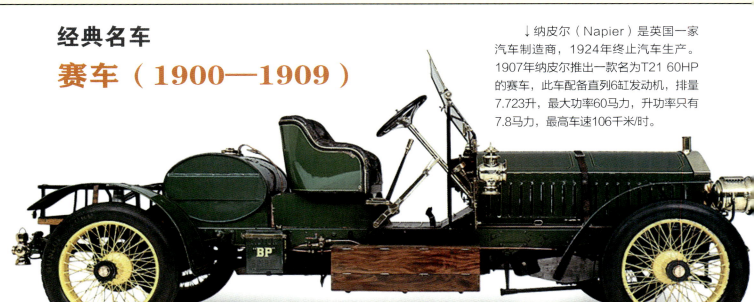

1907年英国纳皮尔（Napier）T21 60HP赛车

纳皮尔（Napier）汽车标志

↑这是英国纳皮尔（Napier）汽车制造商为参加1908年Tourist Trophy比赛而设计的赛车，并为其取个别名领地（Hutton）。车身颜色采用"英国绿"，配直列4缸发动机，这也是纳皮尔参加汽车比赛的最后一辆赛车。

1900—1909年

1906年雷诺（Renault）大奖赛赛车

↑1906年法国雷诺（Renault）大奖赛赛车，采用直列4缸发动机，13升排量，最大功率90马力（1200转/分）。此车为雷诺赢得1906年法国汽车大奖赛冠军。为了纪念这次伟大的胜利，雷诺汽车将汽车标志改为这辆赛车的车头轮廓图案（见右上图）。

雷诺赢得1906年的法国汽车大奖赛后，将汽车标志改为大奖赛赛车的前脸图案

1903年纳皮尔（Napier）100HP Gordon Bennet赛车

1908年英国纳皮尔（Napier）Hutton赛车

你知道吗？

"英国绿"来历

"英国绿"和"意大利红""法国蓝""德国白"等一样为人们所熟悉，但实际上，它并不是英国的"国色"，而是指爱尔兰的"国色"。英国车队曾取得1902年的一次赛车胜利，但从1903年起英国开始禁止在公开道路上进行比赛，于是比赛只好移师爱尔兰乡下道路上进行。代表英国国家队参赛的纳皮尔（Napier）就将赛车喷涂成爱尔兰的"国色"——绿色。从此，纳皮尔车队就一直采用绿色作为车队的标志颜色，一直沿用至今，并且成为英国赛车队的标志色。

这辆纳皮尔赛车配备直列4缸发动机，排量为11.1升，最大功率100马力，长长的转向柱是当时汽车的典型设计。此车参加了1904年在法国尼斯举行的汽车大赛。在这次比赛中，这辆纳皮尔赛车超越了强大的梅赛德斯赛车，最高车速达到132千米/时，并最终获得亚军。

图解汽车大百科 精装珍藏版

先驱人物
大卫·别克 命运不济

大卫·别克（David Dunbar Buick）是别克汽车品牌的创始人。大卫·别克生于1855年，两岁时由母亲抱着从苏格兰移民到美国底特律。成年后大卫·别克曾当过管道工程师。1901年，大卫·别克成立别克动力公司，生产双缸侧置气门船用发动机，并于1901—1902年间制造了第一辆试验车。

1903年5月，在投机家布里斯柯兄弟的鼓动和资助下，成立别克汽车公司。由于涉世不深，大卫·别克只占公司股份的3%。当年虽然没有生产一辆汽车，但别克发明并设计制作的顶置气门发动机却出类拔萃，它也成为别克汽车公司日后发展的坚实基础。

1904年第一辆别克（Buick）汽车

1904年7月，第一辆别克牌汽车出厂。但到这年的11月，别克汽车公司就被转卖到威廉·杜兰特之手。虽然大卫·别克仍在别克公司工作，但已不受杜兰特重用。当大卫·别克那有如护身符的3%股份被低价买走后，便被杜兰特解雇了。

1929年大卫·别克与世长辞。

大卫·别克（1855—1929）

1909年别克（Buick）F型汽车

1909年款别克F型为5座设计，采用2.6升两缸发动机，最大功率22马力（16.192千瓦），链传动，后轮驱动，木制轮辐，配2速行星齿轮变速器，两轮机械式制动，当时售价1250美元。

1900—1909年

你知道吗？

别克标志演变

别克（Buick）一词源自别克汽车品牌创始人的姓。现在别克汽车的标志是三个盾形、三把利剑、三个奖章或三颗炮弹。不论如何，别克车标确实给人以勇猛、美好的想象。

这三个盾形标志是由别克汽车的缔造者苏格兰人大卫·别克的家族盾形纹饰衍化而来。1937年首次将别克家族纹饰作为车标装在车头上。其后别克车标经历过不下10次的重大改动，甚至在20世纪70年代还曾用一只鹰作为车标。到20世纪80年代后期，才重新启用三重盾形作为车标。现在别克品牌属于美国通用汽车（GM）所有。

1904年　1905年　1911年　1913年
1937年　1939年　1942年　1947年　1949年
1959年　1976年　1990年　2002年

别克（Buick）汽车立体标志

图解汽车大百科 精装珍藏版

先驱人物
赛车先锋维琴佐·蓝旗亚

维琴佐·蓝旗亚（Vincenzo Lancia）于1881年出生在意大利福贝洛市，父亲是一位食品业企业家。蓝旗亚从小就对机械表现出极其浓厚的兴趣，并为此很早就辍学了，受雇于都灵的切拉诺工厂。在那里他很快就熟悉了新兴汽车工业的所有秘密。当菲亚特公司老板乔瓦尼·阿涅利接管切拉诺工厂后，维琴佐·蓝旗亚马上被任命负责检验工作，并且很快提升为技术顾问。当时汽车工业已初步具有了体育运动的特点，维琴佐·蓝旗亚又成了一名出色的赛车手。1906年，维琴佐·蓝旗亚在都灵创办了以自己名字命名的公司。

阿尔法（Alpha）汽车是蓝旗亚公司于1907年开发的一批以希腊字母顺序命名的汽车之一。它的出现给当时新兴的汽车工业带来了一些真正新奇的技术，给汽车界带来新气息，不断拿出汽车新技术应用在汽车上，并先后获得了60多项专利，如传动轴、万向接头、整体铸造发动机缸体、独立悬架、前轮制动、小角度V形发动机……蓝旗亚正是靠技术发家，才能在强手如林的汽车界站稳脚跟，而且红火了几十年。

1909年，蓝旗亚推出的贝塔（Beta）汽车也是如此，它采用的四缸发动机缸体仅用一块铸铁制成，这就是整体铸件技术的最初运用。

1922年，蓝旗亚生产的兰波达（Lambda）车型是一辆率先采用独立悬架支撑的汽车，并应用了其他一些新技术，如前轮制动、小角度V形发动机等。

维琴佐·蓝旗亚（1881—1937）

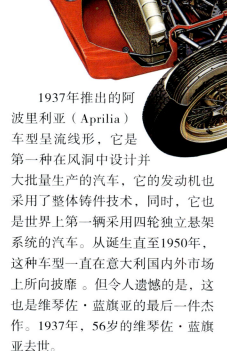

1937年推出的阿波里利亚（Aprilia）车型呈流线形，它是第一种在风洞中设计并大批量生产的汽车，它的发动机也采用了整体铸件技术，同时，它也是世界上第一辆采用四轮独立悬架系统的汽车。从诞生直至1950年，这种车型一直在意大利国内外市场上所向披靡。但令人遗憾的是，这也是维琴佐·蓝旗亚的最后一件杰作。1937年，56岁的维琴佐·蓝旗亚去世。

从1948年起，蓝旗亚汽车公司

阿尔法（Alpha）汽车是蓝旗亚公司制造的第一款汽车，它由一台4气缸、侧置气门发动机驱动，最大功率接近30马力，最高车速达到90千米/时

1907年蓝旗亚 阿尔法（Alpha）12HP 豪华轿车

1900—1909年

由维琴佐·蓝旗亚之子詹尼·蓝旗亚领航。到1955年由前轮驱动的先行者安东尼奥·费里亚接掌帅印。缺少了技术创新，蓝旗亚公司日渐衰落，终于在1958年被意大利著名工业家卡尔罗·佩森蒂收购。20世纪60年代末又转手给菲亚特集团。

↓蓝旗亚（Lancia）D50是一辆F1赛车，它在1954年赛季后期参赛。它率先采用了一些创新技术，如发动机偏离中心位置的设计，可以降低车身高度；将燃料箱"背"在车手身后，也就是位于车身中间部位，这样可以让汽车前后配重更均衡并具有较好的空气动力学性能。

正当蓝旗亚利用D50要在F1赛场一展身手时，蓝旗亚公司陷入经营危机，蓝旗亚家族随后将蓝旗亚车队卖给了法拉利车队。法拉利根据D50开发出蓝旗亚–法拉利D50赛车，后来干脆就叫法拉利D50赛车了，并用此车获得1956年度的F1车手冠军。

1954年蓝旗亚（Lancia）D50型F1赛车

↓1913年，蓝旗亚推出一款名为西塔（Theta）的跑车，此车是欧洲最先将电动机起动作为标配的车型。西塔配备直列4缸发动机，排量5升，最大功率70马力，最高车速120千米/时。从1913年开始生产到1919年停产，总共制造了1700辆左右，现仅存25辆。

1913年蓝旗亚西塔（Theta）跑车

你知道吗？

蓝旗亚标志演变

蓝旗亚（Lancia）汽车标志为一蓝色盾牌，上书LANCIA字样。现在使用的标志是2007年重新设计的，它由原来的"长矛+蓝旗"标志演变而来。

1907年

1911年

1929年

1957年

1974年

2007年

先驱人物

亨利·福特和 T 型车

亨利·福特（Henry Ford）是美国福特汽车公司的创始人，1863年7月30日出生。他祖父是1847年从爱尔兰来的移民。

1876年，年仅13岁的亨利·福特与父亲乘坐一辆马车旅行时，看到一台以蒸汽动力推动的蒸汽机车，这是福特第一次看到不用马拉的车子。福特与这力量强大的机器邂逅时，他觉得这对他是那样的刺激。1879年12月，福特来到底特律市，先在富劳尔兄弟机器行工作，后又进入底特律干船坞公司。19岁时，他认为自己的机械训练已经完成，便又回到农场，帮他父亲种植庄稼。有一天，他家邻居的一台西屋公司制造的手提蒸汽机出了故障，福特被请去帮忙，辛苦了

1902年由亨利·福特花费5000美元特别打造的999型赛车，装备直列4缸发动机，总排量高达18.9升，最大功率100马力。发动机前置、后轮驱动，但是此车没有后悬架，没有差速器，可谓是简单粗暴式设计。然而，亨利·福特就是驾驶这辆赛车，在冰面上创下了当时147.05千米/时的最高汽车速度纪录

亨利·福特（1863—1947）

一天终于修好了这台机器。夏天过后，他加入西屋公司，在密歇根州南部各地负责操作和维修西屋公司的机器。有一次，他前往底特律，首次看到德国人尼古拉斯·奥托发明的以煤气为动力的新内燃机。回家后，福特兴奋地在一张乐谱背面向妻子克莱拉讲解这台机器。他认为：这种机器只要改装一下，装上轮子就可像他13岁时见到的锅炉那样自行推进。1891年，福特举家迁居底特律。工作之余，一有空他便钻进自己的房里，搞他的废铜烂铁和电线。他向厂里的电工乔治·卡托提起一篇杂志上谈到的如何利用零星杂物制造一台汽油发动机的文章，他说凭这个构想可以赚一笔大钱。福特与卡托和汽油发动机迷詹姆士·毕东普及爱德华·赫夫，在福特的小工房一起拼拼拆拆研究着小发动机及点火系统。

他们从一台旧蒸汽机上取下一截铁管，再切成两截，每截长28厘米，用它装进发动机心脏，这便是气缸。汽油箱装在发动机上面，汽油凭借重力，自动流进发动机，又用一条3米长的链子，将动力传到车轮上。福特把他的汽车取名为"四轮车"，以四只自行车般的细瘦轮子和几乎看不见的骨架组合。机器操作用木板遮盖起来，又以一块装饰木板拦在前面。为了操纵车的方向，他又设计了一个舵柄，柄端装有一个按钮，连接到作为"喇叭"的钉在车头的门铃上。1896年6月4

1902年福特（Ford）999型赛车

1900—1909年

1903年福特（Ford）A型车

1903年的福特A型车是福特制造的第一款汽车。此车配备双气缸发动机，8马力，2速行星齿轮变速器，28英寸车轮，木制轮辐

日凌晨，这辆汽车终于制造完成。福特历史性地首次驾驶便在当众出丑中停了下来。不久，福特终于驾驶他的"四轮车"跑了13千米，来到迪邦镇探望了他妹妹玛格丽。1898年，福特制造的第二代"四轮车"问世，汽车有了衬垫的后座、铜制的车灯和挡泥板。第二年，由福特任总监的底特律汽车公司宣告成立，这是该市第一家汽车制造公司。1900年生产了12辆新车，但到了11月却垮台了。1900年9月，以赛车而发迹的克利夫兰汽车制造商亚历山大·温顿在芝加哥一次全程80千米比赛中击败了所有竞争对手，也使他成为称霸同行的美国汽车制造商。温顿声称，要带一辆汽车来底特律与任何挑战者较量。福特已回避不了这场挑战。1901年10月10日，比赛在市东面湖滨赛车场举行。赛前，场里已聚集8000名观众。筹备者把40千米赛程缩至16千米。温顿一开始就领先，但也有人猜想福特的汽车可能超越对方。但因他平时全身心倾注在研究机械结构上面，没有很好练过驾驶技术，所以每次转弯时他都要拉下一段距离。3圈以后，温顿已领先至少300米，胜负似乎已成定局。就在这时，福特发力追赶，他与赫夫在弯角上很合拍，到第6圈时距离已大大缩短，而卫冕车的动力已渐渐减弱，第7圈时，福特驾驶着车一冲而过，并一路领先到终点。

不久，福特便获得设立第二个公司的支持。可大量生产汽车的技术与他往日设计一辆原型车的技术迥然不同，他深知自己还不具备这种能力，便退出了。

经历两次失败，福特没有气馁，1903年又成立第三家公司。7月13日，一位牙医购买了该公司第一辆用新发动机装配的A型车，紧接着订单雪片般飞来，至1904年3月底，已售出658辆汽车。

1906年7月，福特买下合伙人的股权，并宣布要让平民大众也有能力购买汽车。

福特对T型车的构想是铸造一个含有四个气缸的发动机座，并提出把发动机座顶端打横切下，这就是现代内燃机的基本形态。福特和助手夜以继日地工作了一年多，到1908年10月，一种最简单、最先进的T型汽车

1905年福特（Ford）F型

福特F型车是根据福特A型和C型车改进而来的，但车身更大，技术更现代，装备更豪华。1905年开始生产，1906年停产，总共制造了1000辆左右。此车当时售价1000美元，而当时的同级车售价少则1500美元

终于上市，一年后，已售出一万多辆。到第一次世界大战结束后，福特终于主宰了美国汽车市场，美国道路上行驶的汽车有一半是T型车。

福特在底特律近郊高地公园旁建了一个占地24公顷的新汽车厂，但还是满足不了一年增长一倍的订单。为此，福特在1913年设计了一种连续不断的生产流程，把发动机放在一条输送带上，又为底盘设计了一条流动装配线。由于流动装配线的使用，汽车产量增加近一倍，工人却没有增加。最为重要的是，福特T型车的销售价格由最初的825美元降至259美元，数百万美国家庭从此拥有了第一辆汽车。

福特在后半生中有许多善举，在底特律创立了福特医院，并进行了改革。在这所医院里，凡住院的病人先由一名内科医生检查，再由3~4名专科医生检查，这种流水线诊断方式，为当时罕见。

福特性格的另一面是暴戾、专横和保守。这使不少优秀人才离他而去。1945年9月20日，福特将总裁权力交给孙子亨利·福特二世。1947年4月7日夜里，这位84岁高龄的美国汽车巨子因脑溢血与世长辞。

1909年福特（Ford）T型车Roadster

1908年福特（Ford）T型车Touring

1913年福特（Ford）T型车Touring

1900—1909年

←福特T型车（Ford Model T）产量超过1500万辆，是世界上第一辆在流水生产线上生产的汽车。采用4缸发动机，2.898升排量，20马力，最高车速64千米/时。2速手动变速器，电气照明和电动机起动，从1919年开始采用后轮制动。

1913年福特（Ford）T型车Touring

20世纪30年代福特汽车的标志

你知道吗？

福特标志演变

福特（Ford）公司创始人亨利·福特特别喜欢动物，经常忙里偷闲访问动物专家，读有关动物的书刊。商标设计者为了迎合福特，特将英文Ford设计成活泼可爱的白兔形象。被艺术化了的Ford充满活力，矫健可爱，一直向前奔跑。

一百多年来，虽然Ford四个字母的手写形状基本没怎么变化，但外面的框架却有几次变更，在1906年时只是简单的四个字母。到了1912年则把四个字母放在了一只正展翅飞翔的大鹏上面。1927年时才改为与现在近似的椭圆外形之中。

1903年　　　1909年　　　1912年

1912年　　　1927年　　　1957年

1978年　　　2003年

故事传奇
斯柯达从自行车起家

1895年,书商瓦茨拉夫·克莱门特和机械师瓦茨拉夫·劳林,合伙在捷克姆拉达开办了一家自行车厂,这就是当时非常有名的L&K公司。一文一武的完美搭配,使这个品牌从一开始就兼备文化与技术的双重魅力。L&K公司所在地曾经人才辈出,在离姆拉达几十公里远的地方,就是汽车大师费迪南德·保时捷(Ferdinand Porsche)的诞生地。

当时L&K公司只有7人,只是从事自行车的生产和维修,以斯拉维亚(Slavia)为商标。捷克语Slavia是"奴隶"的意思,由于当时捷克被奥匈帝国奴役,他们以此来告诫人们不忘国耻。

1899年,L&K公司开始生产摩托车,成为世界上生产机动车最早的工厂之一。1905年,他们制造出第一辆汽车。

第一次世界大战期间,L&K公司的实力被削弱。第一次世界大战后,为了恢复往日的声誉,他们投靠到当时从事农业机械、飞机发动机及货车生产的斯柯达·佩尔森(Skoda Pilsen)集团,并从1933年底开始生产斯柯达(Skoda)汽车。1991年,斯柯达被德国大众集团控股,2000年成为大众集团的全资子公司。

L&K品牌B型摩托车,单缸四行程,1900—1903年生产,共生产540辆

1900年L&K品牌B型摩托车

L&K品牌A型Voiturette,双座敞篷轿车,1905—1907年生产,共生产44辆

1905年L&K品牌A型敞篷车

在起动机发明之前,都是通过手摇方式起动汽车的

1900—1909年

1911年L&K品牌LW三轮摩托车

1909年L&K品牌G型运动轿车

> **你知道吗？**
>
> ## 斯柯达标志演变
>
> 斯柯达（Skoda）车标的大圆环象征产品可走向全球，翅膀象征着技术进步，小孔则代表产品的精确度。
>
> 据说，斯柯达先生创办公司前曾从美洲带回一位印第安仆人马格里克，斯柯达不仅喜爱马格里克，而且十分欣赏插有羽毛的印第安人头饰，于是就将公司商标设计成带有浓厚印第安色彩的图案。

L&K 标志（1905—1925）

L&K 公司第一个标志

斯柯达标志（1925—1934）

斯柯达标志（1925—1995）

斯柯达标志（1999—2011）

2011年开始使用的斯柯达标志

1910—1919年
英才辈出

汽车工程技术英才在欧洲和美国纷纷涌现。

汽车简历（1910—1919）

1910年 布加迪推出首辆顶置式凸轮轴发动机。

1910年 阿尔法·罗密欧汽车公司成立。

1910年 费迪南德·保时捷为戴姆勒公司设计的亨利王子赛车获得成功。

1911年 蒙特卡洛开始举办汽车拉力赛。

1911年 雪佛兰汽车公司成立。

1912年 凯迪拉克汽车采用电起动发动机，任何人均可轻易地起动汽车。

1913年 福特工厂安装了一条汽车流水装配线。

1914年 道奇兄弟开始生产全钢车身汽车。

1914年 玛莎拉蒂汽车公司成立。

1914年 英国出现双层客车。

1914年 美国俄亥俄州克利夫兰市首先使用交通信号灯。

1914年 美国的史蒂倍克公司首先在汽车上安装了油量表。

1915年 第一辆冠以阿斯顿·马丁的汽车推出。

1915年 福特T型车产量占美国总产量的70%，售价从850美元降至265美元。

1915年 帕卡德推出使用V12型发动机的汽车。

1915年 雪铁龙汽车公司成立。

1916年 风窗玻璃刮水器发明。

1917年 林肯汽车公司成立。

1917年 三菱轿车出厂。

1918年 雪佛兰成为通用公司的一个分部。

1919年 宾利汽车公司成立。

1919年 世界第一辆配备直列8缸发动机的量产轿车由意大利伊索塔·弗拉西尼（Isotta Fraschini）汽车公司推出。

经典名车
赛车（1910—1919）

这个十年的大部分时间被第一次世界大战（1913—1918）占去，因此所推出的新车型相对较少。但在世界大战前还是有不少经典的赛车和豪华汽车推出。

1910年奥地利-戴姆勒亨利王子

↓菲亚特为创造世界最高速度纪录而设计的赛车，发动机排量高达28.353升，每缸各有3个火花塞，在1900转/分时输出最大功率290马力，采用链式后轮传动，最高速度达到290千米/时。它是菲亚特有史以来生产的最大排量的赛车之一。然而，世界速度纪录榜上并没此车的名字。

↑1906年，奥地利-戴姆勒（Austro-Daimler）聘请费迪南德·保时捷为他们的主设计师。而费迪南德·保时捷在这家公司的最著名作品就是这辆1910年的亨利王子汽车。其名字取自德意志皇帝威廉二世的弟弟之名。此车采用直列4缸发动机，排量为5.714升，最大功率85马力，最高车速137千米/时。

1911年菲亚特S76 Record赛车

↓金潜艇（Golden Submarine）是1917年由美国两位汽车工程师和设计师，专门为当时美国的先锋赛车手巴尼·奥德菲尔德（Barney Oldfield）打造的一款超级流线形赛车。当时赛车都是没有车顶的，都是敞篷赛车，一旦出现事故就会造成车毁人亡。设计者与赛车手决定要联手打造一款封闭式车身的赛车，以保护赛车手的安全。

此车采用铝材打造封闭车身，这也应算是较早的轻量化车身设计了。车身上留几个圆孔用于车手观察外面情况。此车采用4.74升排量的4缸发动机，单顶置凸轮轴、双进气口、双化油器、双火花塞，在2950转/分时爆发出136马力的最大功率。具有翻滚防护功能的全铝车身在风洞中进行过专业测试，总重只有730千克。打造这辆车共花费了1.5万美元。此车在参加的54场比赛中获得过20个冠军、2个亚军和2个季军。

1917年金潜艇（Golden Submarine）赛车

1910—1919年

　　↓这款Cornelian赛车是由美国Howard E.Blood机械公司为1915年的印第安纳波利斯500汽车赛特别打造的。它采用一台1.7升的斯特林发动机，链传动，并采用单体式车身，后轮为独立悬架。此赛车由当时著名的赛车手路易斯·雪佛兰（雪佛兰品牌创始人之一）驾驶，在比赛中最高速度曾达到130千米/时。但路易斯·雪佛兰并没完成这次比赛，因为在比赛进行到77圈时赛车发动机气门出现故障，不得不退出比赛。然而，Cornelian的出现让Howard E.Blood获得大批订单，只可惜仅生产了几辆就因故停产了。现在此车陈列于美国印第安纳波利斯500博物馆中。

1915年菲亚特70赛车

↑菲亚特在1915年推出一款配备2升排量发动机的赛车，最大功率21马力，最高车速70千米/时，百千米综合油耗14.5升。

1914年美国Cornelian印第安纳波利斯赛车

　　↓这是法国潘哈德-莱瓦索尔（Panhard & Levassor）汽车公司特别打造的一款特制车型，它没有车门，更像个摩托艇。它配备2.1升直列4缸发动机，最高车速97千米/时。

1912年法国潘哈德-莱瓦索尔（Panhard & Levassor）X19型

伊索塔·弗拉西尼汽车标志

1913年意大利伊索塔·弗拉西尼（Isotta Fraschini）KM型

↑意大利伊索塔·弗拉西尼（Isotta Fraschini）汽车公司于1900年在意大利米兰成立，以生产豪华汽车、航空发动机和船舶发动机为主。1903年从组装法国雷诺汽车开始进入汽车制造业，后来经一系列兼并重组改名，于1949年停止汽车生产，1999年彻底破产。KM车型制造于1910—1914年，双排座，4缸发动机，后轮链驱动。

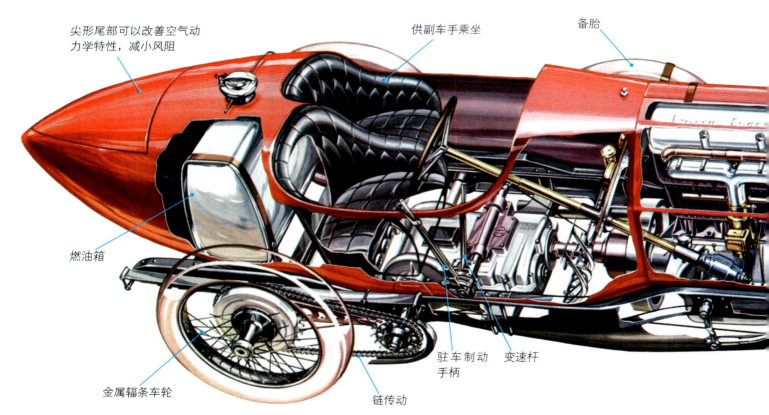

1913年意大利伊索塔·弗拉西尼（Isotta Fraschini）IM型赛车

↑此辆赛车由意大利伊索塔·弗拉西尼（Isotta Fraschini）汽车公司于1913年制造，直列4缸发动机，后轮链驱动，金属辐条车轮，四轮制动。同款赛车只制造了3辆，并于1904年参加了印第安纳波利斯500（Indy 500）大赛。

1910—1919年

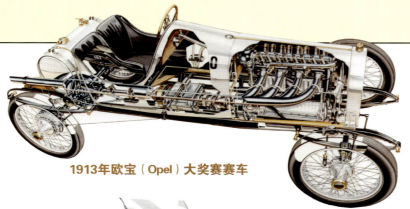

1913年欧宝（Opel）大奖赛赛车

←德国欧宝汽车（Opel）公司为参加1913年法国大奖赛（1913 French Grand Prix）而特别设计的赛车，发动机排量4.0升，最大功率110马力。但在1913年法国大奖赛中并没完赛，中途因发动机故障而退出。

1915年第一辆阿斯顿·马丁（Aston Martin）汽车

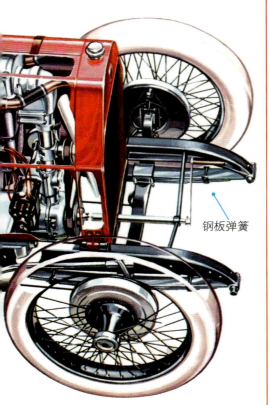

钢板弹簧

你知道吗？

阿斯顿·马丁传奇

这是英国阿斯顿·马丁（Aston Martin）打造的第一款车，是由莱昂内尔·马丁（Lionel Martin）利用1908年款伊索塔·弗拉西尼（Isotta Fraschini）汽车改装的赛车。为了增加这款车的动力，换装了一台4缸考文垂Simplex发动机，最大功率70马力，同时外观也做了改动，最高车速115千米/时。在当时的汽车比赛中，此车曾战胜过宾利4.5升赛车。1914年，莱昂内尔·马丁在英国白金汉郡举行的阿斯顿山登山赛中再次取得胜利，受这款赛车胜利的鼓舞，莱昂内尔·马丁与其合伙人罗伯特·班姆福德（Robert Bamford），从1915年开始以阿斯顿·马丁的名义制造和销售以此赛车为原型车的量产汽车。经典的阿斯顿·马丁品牌就此诞生。

第一次世界大战爆发后，莱昂内尔·马丁不得不进入英国海军服役，而罗伯特·班姆福德则进入英国皇家陆军服役，公司就此停产。

第一次世界大战后，公司重组并重新使用阿斯顿·马丁的品牌设计了一款新车。1920年，班姆福德离开公司。阿斯顿·马丁从1922年开始生产跑车，并创造了多项速度纪录。不过，由于经营管理上的多种原因，该公司于1924年、1925年两次破产，并最终随着莱昂内尔·马丁的离开于1926年关闭。同年底，几位投资者接管公司，将其重组为阿斯顿·马丁汽车公司。可惜好景不长，1932年，公司再次出现财政危机。1936年，公司决定将精力放在普通汽车的研制上，但是产量一直不高。

1947年，拖拉机制造商大卫·布朗公司（David Brown）收购了阿斯顿·马丁公司，开始生产其里程碑式的经典车型DB系列跑车。

一直经营不景气的阿斯顿·马丁后来几经转手，于1987年落入美国福特汽车之手。但到了2007年，阿斯顿·马丁又被福特以9.25亿美元的价格转卖给英国著名赛车公司普罗迪夫（Prodrive）的老板大卫·理查兹（David Richards）。

莱昂内尔·马丁　　罗伯特·班姆福德

先驱人物
技术大师埃托雷·布加迪

1912年布加迪（Bugatti）16型

埃托雷·布加迪（1881—1947）

1912年布加迪（Bugatti）16型

埃托雷·布加迪（Ettore Bugatti）于1881年9月15日生于意大利米兰市的一个艺术世家。他的父亲是画家和室内设计师。在布加迪出生的第二年全家移居法国巴黎。在法国的几年布加迪受到法兰西文化艺术的熏陶，使他爱上了艺术。他返回意大利后，立即进米兰艺术学院深造。后来他又喜欢上机械，就到工厂当机械工，学习机械加工制造。当汽车逐渐兴起时，布加迪又迷上了汽车，并把艺术与技术自然而然地揉合在一起，在他20岁那年竟自己设计、制造出一辆广受好评的汽车。当了几年的自由设计师后，他终下决心，于1909年租下一家倒闭的印染厂建立汽车公司，专门生产高级轿车和赛车。

埃托雷·布加迪也是发明家，他在汽车上的11项主要成就是：①顶置凸轮轴气缸盖；②直接驱动式气门机构；③多气门系统；④铝制气缸盖；⑤离心加力的多片式离合器；⑥均衡负荷橡胶钢材复合车架；⑦整体锻造空心桥；⑧贯通式叶片弹簧；⑨组合式铸铝车轮；⑩带散热片的铸造制动鼓；⑪1/4椭圆叶片弹簧加径向摇臂式后悬架。

除了汽车，他在第一次世界大战期间还设计了好几种飞机用的双曲轴16气门29升372千瓦发动机；1933年设计了速度达196千米/时的高速火车，在法国的铁路上行驶；1920年他还曾研制了一艘快艇，创造了50小时横渡大西洋的世界纪录。

他的工作方法是从创意到设计、制造到试验一抓到底。对布加

1910—1919年

布加迪16型制造于1912—1917年间，配备5升直列4缸发动机，最高车速160千米/时

1939年，布加迪30岁的儿子试车时因车祸去世。不久第二次世界大战爆发，布加迪更无心经营，公司处于半关门状态。

埃托雷·布加迪于1947年去世，享年65岁，那正是法拉利汽车在摩德纳（Modena）才刚刚开始生产的时候。埃托雷·布加迪死后不久，布加迪公司就彻底关门大吉了。

1987年，一个意大利富商买下布加迪的商标所有权，在意大利跑车之都莫迪纳重建新厂，并于1990年推出EB110型跑车，1993年又推出EB112型超级跑车，一时也轰动世界车坛。车迷们都认为布加迪又复活了。然而，不幸的是1995年9月，新布加迪汽车公司又宣告破产了。现在，"布加迪"已成为大众汽车集团的一个品牌。

> **你知道吗？**
>
> **布加迪是哪国的**
>
>
>
> 布加迪（Bugatti）是超级跑车中的超跑，但往往被人视为意大利或德国的品牌，其实它是法国品牌，制造布加迪超级跑车的工厂现在依然在法国。就像意大利的兰博基尼跑车品牌归德国大众集团所有、英国的劳斯莱斯豪车品牌归德国宝马所有一样，法国的布加迪跑车品牌现在归德国大众集团所有。也可能有太多人认为法国不能制造出超级跑车来，因此布加迪在很早时候就在散热器盖上醒目标注"法国制造"（MADE IN FRANCE）。

迪来说，创造是一种享受，在百忙中他居然还亲自动手设计工厂门窗的铰链和钳工用的台虎钳；还设计过外科医生动手术用的工具。这就是一代巨匠的风范。

艺术家出身的布加迪为了追求机器与艺术的完美结合，不计成本地制作了不少著名车型，不仅在勒芒24小时耐力赛中夺取过1937年、1939年两届冠军，而且豪华、精美之极。只生产了6辆的皇家T41型轿车，在20世纪30年代竟能卖出4.2万美元的天价。

↓布加迪（Bugatti）18型制造于1912—1914年间，总共只制造了6辆或7辆。此车配备5升直列4缸发动机，每气缸3气门，单顶置凸轮轴。这台大型发动机的缸径为100毫米，采用长行程设计，行程为160毫米，所以它的最大转速只有2400转/分，最大功率100马力。此车采用后轮链驱动，4速变速器，净重1247千克。

1912年布加迪（Bugatti）18型

经典名车
豪华汽车（1910—1919）

↓此车是意大利伊索塔·弗拉西尼（Isotta Fraschini）汽车公司于1919年制造的一款豪华轿车，此车也是世界第一辆配备直列8缸发动机的量产轿车。发动机排量5.9升，采用顶置凸轮轴设计，初投产时最大功率80马力（60千瓦），不久又增加到90马力（67千瓦）。配备3速手动变速器，后轮驱动，最高车速为140千米/时。

1912年劳斯莱斯银灵（Silver Ghost）40/50HP

↑劳斯莱斯银灵（Silver Ghost）有广义和狭义两个概念车名。广义银灵是指劳斯莱斯在1906—1925年间制造的所有40/50HP车型，直到劳斯莱斯的另一款车型幻影（Phantom）推出；狭义银灵是指1907年经过2.4万千米可靠性试验的那款银色40/50HP型敞篷旅行车。

从1910年起，银灵将发动机排量由原来的7升提高到7.428升，仍然为直列6缸发动机。从1913年起，又将变速器由3速改进为4速。

↓标致（Peugeot）126型采用2.212升排量的4缸直列发动机，最高车速55千米/时。虽然此车外形显得像是豪华汽车，但由于动力相对较弱，车速较慢，最后此款车型仅卖出350辆。

1910年标致（Peugeot）126型12/15 HP Touring

1910—1919年

1910年美国托马斯（Thomas）Flyer Touring

↑飞行者（Flyer）是美国托马斯（Thomas）汽车公司在20世纪初制造的一款著名豪华车型，配备直列6缸发动机，64马力，4速手动变速器，前后叶片式弹簧悬架，后轮鼓式制动。

世界第一辆采用直列8缸发动机的批量生产汽车

为了表明是世界第一辆采用直列8缸发动机的量产汽车，在进气格栅上设计一个"8"字图案

早期的汽车容易半路抛锚，将工具箱放在车外更方便修车时取用

由于车体非常重以及当时技术条件限制，前后悬架只能采用钢板弹簧，这与现在的载货汽车非常近似

1919年意大利伊索塔·弗拉西尼（Isotta Fraschini）8型

→ Eysink是荷兰最早的汽车制造商,它成立于1886年,最初制造自行车和摩托车。从1897年开始制造汽车,最初是采购德国奔驰的发动机,后来才自己制造发动机,并且是荷兰最早能够自主制造发动机的厂商。Eysink主要制造豪华汽车,并且出口到英国等地。但后来美国同行可以更低的成本制造豪华汽车后,Eysink就日渐衰落,到1919年彻底停止汽车生产了。Eysink共制造了330辆汽车。

1912年荷兰Eysink10/12HP汽车

↓这辆刺箭(Pierce-Arrow)汽车的车身由史蒂倍克(Studebaker)公司制造。史蒂倍克从事车身制造很多年,后来才转产汽车整车。这辆车是专门为一位喜欢保守而华丽风格的客户打造的,后来许多电影明星也曾乘坐过此车。缺失的后门不仅可以方便女士们上下车,而且还可以展示她们漂亮的长裙。

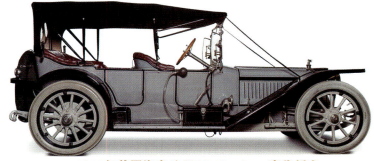

1911年美国汽车公司 Underslung豪华轿车

↑这是美国汽车公司(American Motor Car Company)制造的名为Underslung的豪华轿车,其最大特点是发动机排量非常大。先是配备6.4升直列4缸发动机,可输出40马力的功率;后又改配7.8升直列4缸发动机,最大功率50马力;最后又配备9.34升直列6缸发动机,最大功率也增加到60马力。此车是当时发动机排量最大的汽车之一。

1917年美国刺箭(Pierce-Arrow)38型

当时的汽车备胎只有轮胎没有车轮,需要更换时非常麻烦

1910—1919年

你知道吗？
100年前的混合动力

混合动力并不是现在的创新，1917年制造的这辆伍兹（Woods）就是一辆混合动力汽车，它采用一台12马力的4缸发动机和一台电动机共同驱动汽车前进。

电动机由一个蓄电池组供电，其转速可以方向盘上的操纵杆控制。当蓄电池中的电量耗尽后，可以通过一个电动离合器起动汽油发动机工作，然后电动机就变成了发电机向蓄电池组充电。

这辆伍兹汽车可以由发动机和电动机同时驱动。当只采用电动机驱动时车速最高可达30千米/时；若采用双动力驱动，则可以达到56千米/时。

混合动力带来的另一个优势则是不用手摇起动发动机了，而是采用电动起动。但令人奇怪的是，这辆车在采用发动机驱动时，它无法倒车，只有采用电驱动时才可以倒车。

此车只制造了2辆。在此车出现80年后，丰田普锐斯混合动力汽车才于1997年面世。

伍兹是美国一家专业制造电汽车的公司，1899年成立，1918年停产。

← 这辆1912年由世爵设计的7HP汽车是一款原型车，也就是没有最终投入批量生产。此车配7马力的2缸发动机，最大亮点是配备了小号备胎，只能供汽车行驶到最近的维修店。

1912年世爵（Spyker）7HP

1917年伍兹（Woods）44型油电混合动力汽车

你知道吗？
一起事故引起的革新

1910年冬天，一名妇女驾驶一辆凯迪拉克（Cadillac）汽车在美国密歇根州贝尔岛的一座木桥上抛锚。由于冬天异常寒冷，冻得手脚僵硬的妇女无法用手柄起动发动机。这时恰好有一名叫拜伦·卡特（Byron Carter）的人驾驶凯迪拉克汽车来到这里。卡顿是凯迪拉克汽车公司老板亨利·利兰（Henry

最早采用起动机的汽车

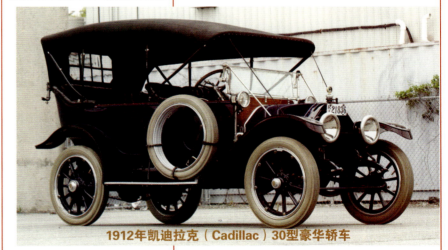

1912年凯迪拉克（Cadillac）30型豪华轿车

↓这是世爵在第一次世界大战结束后制造的第一款汽车，采用3.6升4缸发动机，但两年后就因动力不够强大而停止生产。世爵C1 13/30共制造了330辆，其中3辆卖给了荷兰皇家。

Leland）的朋友，他热情地帮助这位女驾驶人。当他摇动发动机的起动手柄时，发动机回火，手柄反转，打在卡特的脸上，他当即脸破血流，送医院抢救无效死亡。这消息一传出，对消费者震动极大，凯迪拉克汽车的声誉也一落千丈。老板利兰为此召集所有技术人员开会，号召工程师们全力投入自动起动器的研制。两年后，即1912年，戴登工程实验公司的凯特林研制出自动起动器，并率先安装在1912年生产的凯迪拉克30型汽车上，只要按一下按钮或扭转钥匙就能起动汽车发动机了。

1919年世爵（Spyker）C1 13/30HP敞篷轿车

经典名车
豪华汽车（1910—1919）

1912年奔驰（Benz）8/20HP敞篷跑车

1912年奔驰（Benz）8/20HP敞篷跑车

←↑这是奔驰公司在1912—1921年间制造的敞篷汽车，配备1.95升排量发动机，最大功率20马力，最高车速62千米/时，百千米油耗为14~15升，长、宽、高分别为4米、1.6米和2.05米，轴距为2.85米。

瓦赞航空（Avions Voisin）标志

←法国人加布里埃尔·瓦赞（Gabriel Voisin）创立的航空制造公司曾是世界上第一家批量制造金属机身飞机的公司，并取得了巨大商业成功。然而随着第一次世界大战结束，瓦赞也开始"军转民"投身汽车制造业，并将汽车品牌定为瓦赞航空（Avions Voisin），而且走豪华汽车路线。这款瓦赞C1就是他们推出的第一款汽车。

1919年法国瓦赞（Voisin）C1

↓这是戴姆勒（Daimler）汽车公司在1914年制造的城市用轿车，配备5.72升排量4缸发动机，最大功率50马力，后轮驱动，4速手动变速器，两轮鼓式制动。即使在第一次世界大战初期，此车也开始逐渐流行全球。

1919年凯迪拉克（Cadillac）51型四门轿车

↑1919年生产的凯迪拉克51型豪华轿车，是美国最先配备V8发动机的批量生产汽车，发动机排量为5.157升，最大功率高达70马力，动力强劲，推出后很受欢迎。

1914年梅赛德斯（Mercedes）22/50HP城市轿车

1910—1919年

↓菲亚特501是在1919—1926年间制造的一款车型，也是菲亚特在第一次世界大战后推出的首款车型，此后还推出501S和501SS运动车型。501配备1.46升直列4缸发动机，最大功率23马力到30马力不等。菲亚特501共生产了47600辆。

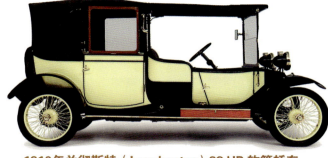

1910年兰彻斯特（Lanchester）28 HP 软篷轿车

↑这辆1910年制造的兰彻斯特（Lanchester）28HP汽车，看起来是不是有点怪怪的？因为它的发动机放置在两个前座之间，所以没有当时常见的长长汽车头。

1919年菲亚特（Fiat）501型

兰彻斯特（Lanchester）汽车标志

↓菲亚特（Fiat）零型12/15HP汽车于1911年末开始投入批量生产，当时菲亚特的汽车产量已经占意大利汽车产量的一半左右。这款零型轿车的发动机来自菲亚特1型，1.847升4缸发动机，最大功率19马力，采用4速手动变速器，最高车速可达到70千米/时，平均油耗每100千米12升。

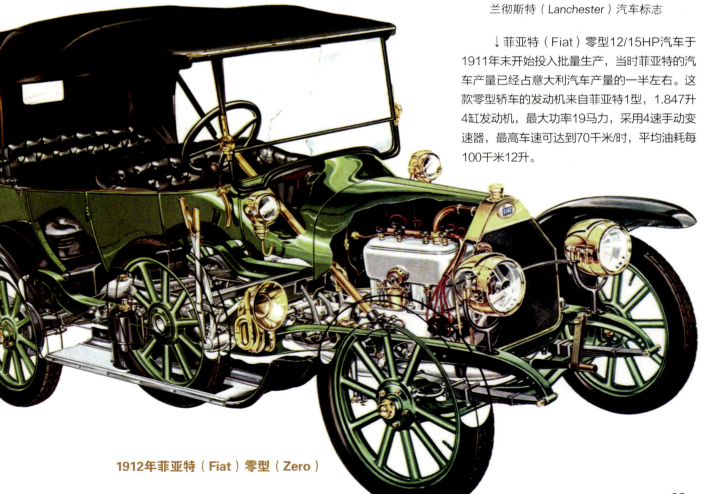

1912年菲亚特（Fiat）零型（Zero）

先驱人物
道奇兄弟为人作嫁衣

道奇兄弟生在美国密歇根州，哥哥约翰·道奇（John Dodge）生于1864年，弟弟霍勒斯·道奇（Horace Dodge）生于1868年。1886年道奇全家移居底特律。

19世纪90年代，自行车是底特律的主要交通工具。弟弟霍勒斯就靠一辆自行车上下班，但是它并不十分可靠。1897年，他发明了防尘轴承。哥哥约翰决定由他们兄弟俩来制造装有这种轴承的自行车。在一位加拿大商人的资助下，兄弟俩在加拿大安大略省温莎的底特律河上建立了埃文斯和道奇自行车公司。

三年后，这家公司由加拿大国家自行车公司收购。道奇兄弟得到了7500美元现金和轴承的专利权，这就是他俩财运的开始。他们购买了机器设备，并在底特律租了块地。第一个道奇机械商店于1901年开张了，共有12位雇员。

在一年内，道奇兄弟公司得到了大量的订单。他们要制造3000套变速器，但这需要在机器设备上花一大笔钱。如果说运气在道奇的成功里起了作用的话，那就是在这个时候加拿大自行车公司倒闭了，道奇兄弟得到了它的机器设备，作为使用霍勒斯轴承专利的补偿。

1903年，道奇兄弟已经以一流的工作和公道的价格获得了很好的口碑。福特以250美元一件的价格订购了650个底盘。据记载，福特没能到期付清货款，于是道奇兄弟得到了福特汽车公司10%、价值1万美元的股票以替代现金。另一种说法是，道奇兄弟花了7千美元采购零

约翰·道奇（1864—1920）
霍勒斯·道奇（1868—1920）

件，另外3千美元用于购买福特公司的股票。

道奇兄弟公司实际上制造了福特公司第一批汽车中的大部分，包括发动机、底盘和所有的传动部件，而福特也很少使用其他制造商提供的车身和底盘。多年来道奇兄弟和福特的关系一直很好，约翰还是福特公司的副总裁。然而到1913年道奇兄弟开始注意到福特想要自给自足的倾向，于是也开始自己制造汽车。

那时道奇兄弟已在密歇根州重新开设了一家大型工厂，后来成为著名的道奇总厂。霍勒斯和约翰建造了世界上第一个汽车试验场，并于1914年设计出他们的第一辆汽车，从此开启了道奇汽车的百年之路。

1915年，道奇汽车的销售量在美国占第三位。

约翰和霍勒斯仍然是福特汽车公司的主要股东。兄弟俩对获得高收益的方法漠不关心，而总是把利润投入再生产，从不借贷。当亨利·福特的公司不断发展时，他也想要用同样的方式。1916年初，亨利·福特告诉约翰和霍勒斯，福特

最早的全钢结构车身汽车

1914年道奇30型Touring

↑道奇（Dodge）汽车公司在1914年率先生产全钢结构车身的汽车，但道奇的全钢结构车身并不是由道奇制造的，而是由专业车身制造商巴德（Budd）公司供应的。其实早在1913年爱德华·巴德（Edward Budd）就研制出全钢结构车身，随后他与道奇兄弟公司达成供应7万套全钢结构车身的协议，并率先应用在道奇30型上。

全钢结构车身改变了长期使用木制车身的制造工艺，是汽车车身发展史上的里程碑。这种汽车的车身变得更加牢固，汽车翻车后乘客不至于被压死。

1910—1919年

汽车公司将推迟分红，所有的利润将投入到再生产中去。脾气暴躁的道奇兄弟不同意这个计划。

法官最终判决福特发放2000万美元的红利和利息，道奇兄弟得到了其中的200万美元。福特威胁说要另外建立一个公司来制造汽车，迫使股东们将股份都卖给他。于是道奇兄弟又得到了2500万美元。到1919年底，道奇公司已经售出了40万辆汽车，雇用了1.7万名工人。

虽然医生担心的是弟弟霍勒斯的病情，但哥哥约翰却先去世了。霍勒斯在1920年1月份参观一个汽车展览时，染上了流感。约翰一星期内都待在旅馆的房间里，没有离开霍勒斯半步。但就在这时，约翰也感染了病毒，陷入昏迷状态。1920年1月24日，哥哥约翰死于呼吸衰竭，终年55岁。弟弟霍勒斯最终没能从流感和悲痛中恢复过来，多年的酗酒使他的身体很虚弱，1920年12月10日，他死于肝脏出血。

1917年道奇（Dodge）四门轿车

道奇标志演变

你知道吗？

道奇（Dodge）汽车公司由道奇兄弟俩创建，后来成为克莱斯勒最大的分部。道奇曾使用"五叉星"和"公羊"作为品牌标志，然而，现在"五叉星"成了克莱斯勒集团公司的标志，而"公羊"则独立成为新品牌RAM（大公羊）的标志。因此，现在的道奇品牌只好使用字母DODGE作为标志了。

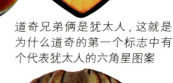

道奇兄弟俩是犹太人，这就是为什么道奇的第一个标志中有个代表犹太人的六角星图案

20世纪20年代道奇汽车使用的标志

道奇曾使用的五叉星标志

1990年开始使用的"公羊"标志

2011年开始使用的道奇标志

图解汽车大百科 精装珍藏版

经典名车
平民汽车（1910—1919）

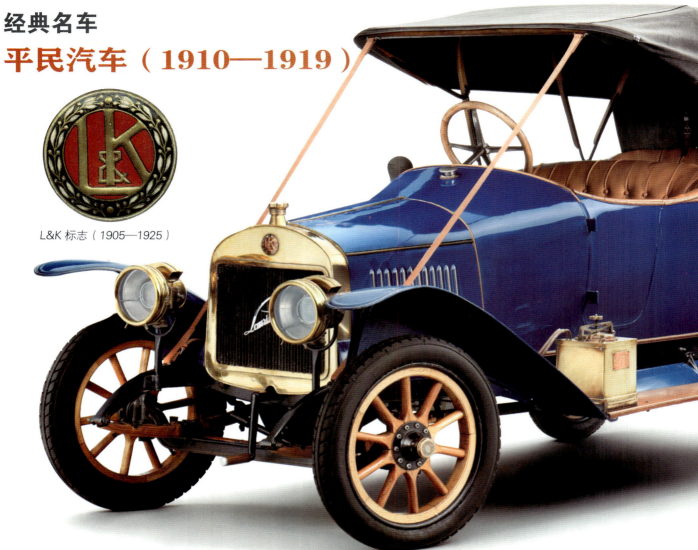

L&K 标志（1905—1925）

1911年捷克L&K公司S型汽车

↑斯柯达（Skoda）汽车公司的前身是L&K公司，它在1911年制造了一款漂亮的轿车，配备1.771升直列4缸发动机，最大功率14马力。这也是L&K最成功的车型之一。

→这款标致BP1宝贝（Bebe）敞篷汽车是由法国汽车设计大师埃托雷·布加迪（Ettore Bugatti）设计。此车最早亮相于1912年巴黎汽车展览会，并且当初是为德国汪德尔（Wanderer，奥迪汽车前身之一）设计的。标致从1913年以生产许可证的形式在法国制造此车。汪德尔制造时装备布加迪的4速变速器，而为了降低成本，标致只装备2速变速器，后来又改用3速变速器。标致采用自己的10马力4缸发动机，最高车速为60千米/时。此车到1916年停止生产。

1913年标致（Peugeot）BP1宝贝敞篷汽车

1910—1919年

↓亨伯（Humber）是英国北爱尔兰的一家汽车公司。这款名为Humberette的2座敞篷车，装备1.3升2缸空气冷却发动机，后来又引入水冷发动机。别看动力不是很强，但此车也有两项先进技术：一是采用管式底盘；二是用传动轴替代可靠性差的传动带或链传动。

1913年英国亨伯（Humber）Humberette敞篷轿车

↓1912年至1920年间德国欧宝（Opel）汽车公司制造一款小型车，绰号"木偶"（德语Puppchen）。最初投产车型装备1.2升的12马力发动机，最高车速50~55千米/时。到1916年，又改装为1.5升14.5马力的发动机。

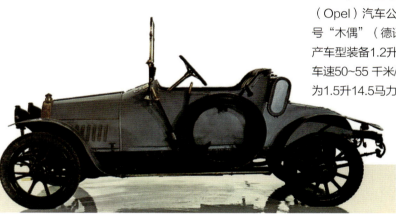

1912年欧宝（Opel）5/12 PS "木偶"

↓英国莫里斯（Morris）在1913年组装的第一款车型称为"牛津牛鼻子"（Oxford Bullnose），当时所有主要部件都是采购的。此车车身长3.2米，2座，装备1.017升4缸发动机，最大功率16.4马力，3速手动变速器。"牛津牛鼻子"一直生产到1926年，总产量1475辆。

1912年美国查默斯（Chalmers）9型敞篷轿车

↑查默斯（Chalmers）是美国底特律的一家汽车公司，成立于1908年，终止于1923年。查默斯曾是豪华汽车制造商，后来与克莱斯勒的前身麦克斯韦尔（Maxwell）汽车公司合并。这款车为2座，直列4缸发动机，3速手动变速器，2轮机械制动。

1913年英国莫里斯（Morris）"牛津牛鼻子"

先驱人物
雪佛兰三兄弟共闯天下

1914年雪佛兰（Chevrolet）H4系列车型

从左到右：路易斯·雪佛兰（1878—1941）、亚瑟·雪佛兰（1884—1946）和加斯顿·雪佛兰（1892—1920）

雪佛兰（Chevrolet）品牌取自三兄弟之姓，即路易斯·雪佛兰（Louis Chevrolet，老大）、亚瑟·雪佛兰（Arthur Chevrolet，老二）和加斯顿·雪佛兰（Gaston Chevrolet，老三）。

路易斯·雪佛兰于1878年出生在一个瑞士钟表匠家里，在他移居法国后两个弟弟才诞生。路易斯从小就对机械感兴趣，并在法国几家汽车厂工作过。1900年，路易斯·雪佛兰远渡重洋来到美国，于1905年开始驾车参赛，并不断取得好成绩。不久，他的两个弟弟也来投奔哥哥，三兄弟从此一起闯天下。

三兄弟都很热爱汽车，他们的才华被别克汽车厂老板杜兰特看中，并邀老大路易斯加入别克赛车队，老二亚瑟则成了杜兰特的私人司机。随着别克赛车队的成绩上升，雪佛兰三兄弟的名声也在提高。杜兰特趁机让三兄弟自己设计一种汽车，这样雪佛兰汽车公司便于1911年诞生了，首辆雪佛兰汽车也于1912年推出。但一年后，由于路易斯与杜兰特的分歧越来越大，路易斯便将股权卖给杜兰特后退出了以自己姓氏命名的汽车公司。

路易斯·雪佛兰和他的两个兄弟于1914年合作创办了弗兰特纳克（Frontenac）汽车公司，并开始参加汽车比赛。路易斯仍像以前那样，不断取得胜利；亚瑟则主要负责赛车维修工作；老三加斯顿在1920年驾驶自己公司研制的弗兰特

1914年雪佛兰（Chevrolet）H2系列 Royal Mail Roadster（皇家邮政跑车）

1910—1919年

纳克牌汽车夺得印第安纳波利斯（Indianapolis）大赛冠军。然而，就在1920年11月，加斯顿不幸因车祸丧生。

只会设计汽车及夺取赛车胜利的雪佛兰兄弟缺乏商业管理经验，他们的公司也终于被法院宣布破产。而此时，通用公司的雪佛兰牌汽车却正成为全美最畅销的汽车。

1915年雪佛兰（Chevrolet）Royal Mail Roadster（皇家邮政跑车）

←↑ 这款车由雪佛兰汽车公司在1915年制造，其外观更像是一辆赛车，长长的车头，燃油箱放置在座位后面，其实它只是一辆敞篷跑车，直列4缸，顶置气门，24马力，电动起动，3速手动变速器，当时售价750美元，是当时非常畅销的一款敞篷跑车。

1915年雪佛兰（Chevrolet）Royal Mail Roadster（皇家邮政跑车）

路易斯后来命运不济，生意也不成功，于1941年死于脑溢血。亚瑟更是悲惨，在大哥死后5年自缢身亡。

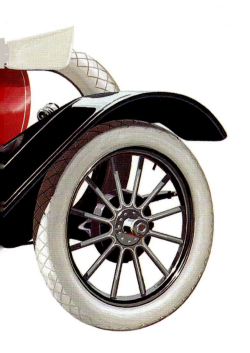

你知道吗？

雪佛兰汽车标志演变

"雪佛兰"（Chevrolet）的标志是个金色的蝴蝶领结，它源自公司创始人路易斯·雪佛兰之名。在创立公司伊始，雪佛兰就提出了"制造普及型佳车"的设想，因此在设计标志时采用一个普通的蝴蝶领结。在西方社会，领结是人人喜爱的饰物，不但体现大众化，更标志着贵族气派与优质的服务精神。另外，这个标志又像一个"十"字，充满神秘色彩，并给人以美好联想。

1911年　　　　　1914年　　　　　1931年

1942年　　　　　1965年　　　　　1978年

2000年　　　　　2004年　　　　　2011年

1920—1929年
极速前进

世界最高汽车速度纪录不断被刷新。

汽车简历（1920—1929）

1920年 马自达的前身东洋汽车公司成立。

1920年 杜森博格A型车首次采用液压制动器。

1920年 法国巴洛特（Ballot）汽车采用双顶置凸轮轴（DOHC）技术。

1920年 福特T型车占当时美国全部汽车产量的55.45%。

1920年 柏林出现世界上第一条高速公路。

1920年 美国的克莱尔发明了倒车灯。

1923年 美国出现了可选装的汽车收音机。

1923年 含铅汽油开始出售。

1924年 麦克斯韦尔公司更名为克莱斯勒公司。

1924年 美国平均7人有一部汽车。

1924年 德国博世公司发明了电动刮水器。

1925年 斯柯达公司开始生产汽车。

1926年 第一辆庞蒂克汽车在纽约车展上展出。

1926年 沃尔沃汽车公司成立。

1926年 奔驰公司与戴姆勒公司合并为戴姆勒–奔驰公司。

1927年 福特T型车在生产1500万辆后停产。

1927年 空气滤清器、汽油滤清器、机油滤清器、曲轴箱换气装置和后视镜开始出现。

1927年 英国人亨利·西格雷夫（Henry Seagrave）驾驶"阳光"创造了327.98千米/时的世界最高速度纪录。

1929年 世界汽车年产量达533万辆。

1929年 凯迪拉克使用带同步器的手动变速器。

1929年 第一辆悬架宝马标志的汽车诞生。

1929年 英国人亨利·西格雷夫驾驶"金箭"（Golden Arrow）汽车，创下372千米/时的世界陆地速度纪录。

先驱人物
安德·雪铁龙

法国人安德鲁·雪铁龙（Andre Citroen）于1878年在巴黎出生的时候，他的家人无法预见在几十年后，他所开创的雪铁龙汽车品牌使家族的名字家喻户晓。1900年，安德鲁从专业技术学院毕业。1912年，他开办了V形齿轮厂，当时他生产了一批双螺旋齿轮。

第一次世界大战期间，安德鲁·雪铁龙应征担任炮兵队长。当他发现弹药不足时，主动请缨组建工厂生产炮弹。在这里，他的组织管理才能得到了极大的发挥，不仅使炮弹日产量创下5万枚的纪录，而且由于组织得当，使妇女也可参与工作，从而让更多的男人可以抽身上战场前线。

战后，安德鲁·雪铁龙审时度势从亨利·福特的成功看到家用汽车的未来，并于1919年建造以自己名字命名的汽车工厂"CITROEN"，而厂标的双"V"形图案就是为了纪念当年的齿轮厂。安德鲁精心打造雪铁龙这个品牌，他梦想着有一天能达到日产千辆的水平，真正使一般家庭都拥有经济、舒适的小轿车。就这样，安德

安德鲁·雪铁龙（1878—1935）

鲁·雪铁龙踌躇满志地开始了自己日后叱咤风云的汽车产业。

1919年5月，雪铁龙公司的A型车投产，拉开了雪铁龙汽车的生产序幕。虽然当时年产量只有2810辆，但雪铁龙A型车仍然开创了法国的多个第一：第一条欧洲引入的大批量、低成本、全装备的生产线；第一辆左舵驾驶汽车；第一款面向大众消费群的汽车，在当时创下仅售7950法郎/辆的纪录。

1920年，雪铁龙车在法国勒芒举行的一次车赛上获得"省油冠军"的称号，使雪铁龙汽车威名远扬，直接促进了雪铁龙的销量增长。截至当年年底，有1.5万辆雪铁龙奔驰于法国的大街小巷。

1923年，安德鲁·雪铁龙在美国会见了亨利·福特，带回来了福

1919年雪铁龙A型车配有1.327升四缸发动机，百千米耗油仅7.5升，最高车速可达65千米/时

1919年雪铁龙（Citroen）A型车

1920—1929年

1924年位于巴黎区的圣·安工厂生产的雪铁龙B12型车首次采用全钢车身

特汽车的流水线生产方法和机床，此后雪铁龙工程师总是定期访美。当年，"雪铁龙旅行车队"成立。当车队开始横贯全法的跋涉为车型提高声望时，雪铁龙新建的流水线正以每天100辆、每月3500辆的效率，源源不断地向用户提供雪铁龙新车。而伦敦分公司的建立，更把其业务进一步向欧洲扩展。值得一提的是，雪铁龙半履带车在横贯非洲撒哈拉沙漠的壮举中第一次留下现代汽车轨迹。

1929年，雪铁龙年产量突破10万大关，达10.2万辆。当年新款C6E车在巴黎车展上也隆重登场，仅从4月到12月，该款车就生产了5090辆。

1931年雪铁龙赞助了号称"黄色旅途"的一次远征，由40人、14辆半履带车组成。当年4月从黎巴嫩贝鲁特出发，于次年2月历时10个月途经喜马拉雅山、戈壁滩，克服重重困难到达中国北京。

1933年受世界经济危机的影响，法国汽车工业滑坡，汽车产量大降。安德鲁·雪铁龙坚持"多产降低成本"的原则，要求日产量保持1000辆。这一策略的失误为雪铁龙日后陷入困境埋下了隐患。

1934年，雪铁龙面临严峻的财政困难，这个法国乃至欧洲一流、世界第二大汽车制造公司在生死攸关时，得到了法国政府授意下当时最大信贷公司米其林的财政援助，从而起死回生。但同时还是有8000名员工被裁。

1935年之后，在世界时局动荡的背景之下，雪铁龙如同狂暴海域里的一叶扁舟，一次次遭受风浪，安德鲁·雪铁龙也于1935年7月3日暴病辞世。

你知道吗？

雪铁龙标志演变

1919年

1921年

1929年

1936年

1959年

1966年

1985年

2009年

雪铁龙公司的前身是齿轮厂，它的"双人字"商标代表齿轮间相互作用的情形。雪铁龙虽然一直采用双人字标，但也在不断修饰，原来的标志比较尖锐，而目前最新的标志则要圆润得多，已没有了棱角，看起来比较舒服、顺眼。

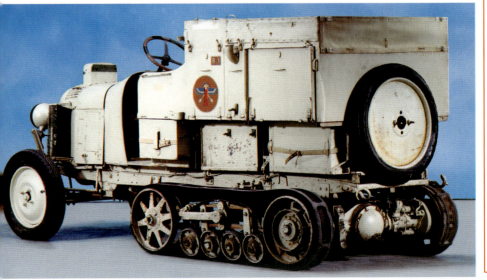
1922年雪铁龙B2半履带式车辆，首次穿越撒哈拉沙漠

经典名车
布加迪35型（1924—1927）

布加迪汽车标志

　　35型是布加迪（Bugatti）最成功的赛车，这个系列车型共赢得1000多次汽车比赛胜利，横扫世界锦标大奖赛，曾连续5年蝉联Targa Florio大赛冠军，平均每周赢得14个冠军，并创下47项新纪录。

　　布加迪35型之所以能成为当时的赛车王，主要是它采用了许多新技术，如顶置凸轮轴，每缸3气门，并改进了轴承系统，可以使2.0升的直列8缸发动机达到6000转/分的转速，输出90马力的最大功率。布加迪35型还采用铝制车轮、空心前轴等来减轻簧下质量，以提高汽车的运动性能。

燃油箱

后差速器

传动轴

变速器

共赢得1000多次汽车比赛胜利，平均每周赢得14个冠军

1924年布加迪（Bugatti）35型

1920—1929年

1927年布加迪（Bugatti）35C型

1927年布加迪（Bugatti）35C型

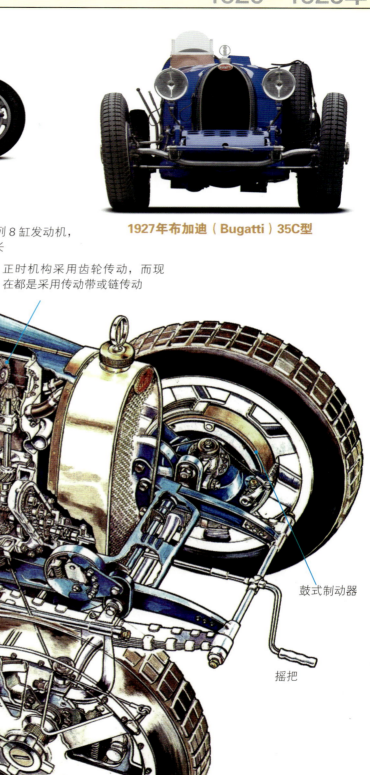

由于采用直列8缸发动机，所以车头很长

正时机构采用齿轮传动，而现在都是采用传动带或链传动

鼓式制动器

摇把

转向器

布加迪35型采用直列8缸发动机，但发动机排量只有2.0升。1927年推出35C型时，增加了机械增压器，使最大功率由原来的90马力飙升到128马力

1924年布加迪（Bugatti）35型

经典名车
赛车（1920—1929）

1.45升V12型机械增压发动机

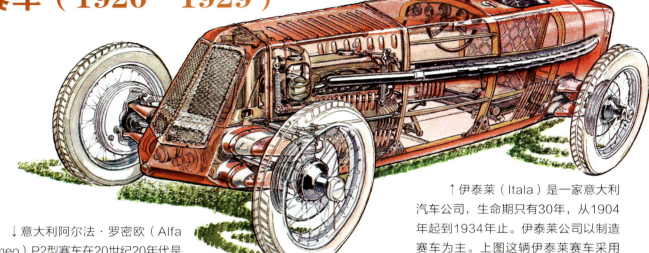

↑伊泰莱（Itala）是一家意大利汽车公司，生命期只有30年，从1904年起到1934年止。伊泰莱公司以制造赛车为主。上图这辆伊泰莱赛车采用1.45升V12型机械增压发动机，四轮独立悬架，单座。

1926年意大利伊泰莱（Itala）公司V12型大奖赛赛车

↓意大利阿尔法·罗密欧（Alfa Romeo）P2型赛车在20世纪20年代是一款英雄赛车，它赢得众多赛事，包括在1924—1930年间的14场欧洲大奖赛（Grands Prix）的胜利。当时与它齐名的只有前面介绍的布加迪35型赛车。

P2型赛车于1924年推出，配备直列8缸双机械增压发动机，2.0升排量，最大功率140马力，1925年又改进到155马力，采用前置发动机、后轮驱动方式。

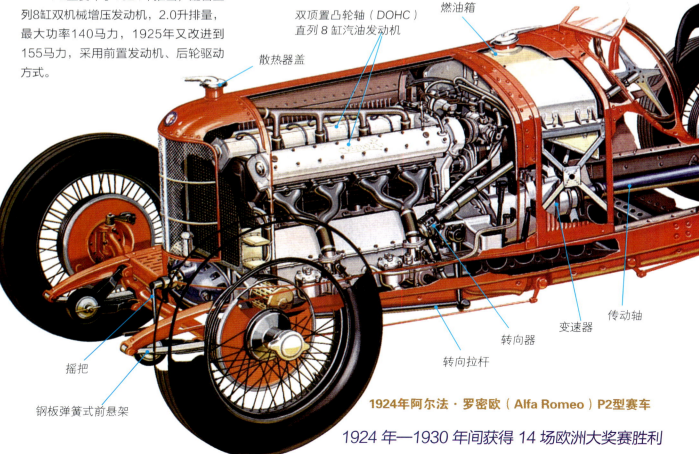

1924年阿尔法·罗密欧（Alfa Romeo）P2型赛车

1924年—1930年间获得14场欧洲大奖赛胜利

1920—1929年

1922年英国阳光（Sunbeam）2升大奖赛（Grand Prix）赛车

←阳光（Sunbeam）公司最早于1888年在英国注册，一开始生产自行车，后来制造摩托车，再后来制造汽车。阳光汽车创造了众多陆地速度纪录，并且是赢得汽车大奖赛的第一辆英国汽车。后来阳光公司被转卖，直到1976年阳光品牌才消失。

这辆参加1922年汽车大奖赛的赛车，按照比赛规则其发动机排量不能超过2升，因此它配备2.0升排量的自然吸气发动机，最大功率88马力。装备3速手动变速器，前置发动机、后轮驱动。

切纳德·沃克汽车标志

1923年度勒芒大赛冠军

1923年法国切纳德·沃克（Chenard Walcker）3升赛车

↑切纳德·沃克（Chenard Walcker）是一家法国汽车公司，成立于1889年，终止于1946年。这辆切纳德·沃克赛车采用3升自然吸气4缸发动机，单顶置凸轮轴，每缸2气门，最大功率70~80马力，配合4速手动变速器。前置发动机、后轮驱动。此车曾赢得1923年度勒芒24小时耐力赛冠军。

↓玛莎拉蒂（Maserati）26B型赛车是基于26型改进的车型，在1927—1930年间共生产了6辆。它仍然采用26型的直列8缸发动机，但将排量扩充到2.0升。变速器为4速手动式。这款赛车采用的先进技术包括曲轴驱动的机械增压器、双顶置凸轮轴和干式油底壳等。由于大奖赛（Grand Prix）规则将发动机排量限制在1.5升，因此26B型已不符合规则要求，只能参加一些开放式的汽车比赛，并在1927年的Targa Florio大赛中获得季军。

燃油箱

后差速器

1924年阿尔法·罗密欧P2型赛车

1927年玛莎拉蒂（Maserati）26B型赛车

先驱人物
赛车狂人沃特·宾利

沃特·欧文·宾利（Water Owen Bentley）生于1888年，他与其兄长原本在伦敦开设宾利（Bentley & Bentley）公司，销售法国DFP汽车。第一次世界大战时，沃特·宾利加入皇家海军军机服务队，由于设计BR1、BR2飞机发动机成功，获颁8000英镑奖金，退伍后他便以这笔奖金在伦敦成立宾利车厂，并于1919年日内瓦车展推出自行设计的第一款宾利车。

首辆宾利汽车一经推出，就引起车坛轰动。1921年，正式量产的宾利3升车款问世，整体性能颇受好评。果然在1922年的英国汽车锦标赛中拿下第二、第四、第五名。1924年，宾利的两名员工约翰与弗兰斯，驾驶着3升车型夺下24小时勒芒车赛（Le Mans）冠军，宾利的高性能声望就此打响。1927—1930年在勒芒大赛中奇迹般地获得四连冠，将宾利的形象推至顶峰。也就因为如此，每年的勒芒大赛揭幕时才都以宾利汽车作为前导车。

赛场上的接连胜利并未给宾利带来滚滚财源。相反，宾利在商场上却接连失败，加上1931年全球经济不景气的影响，宾利公司宣布破产，并以12.5万英镑的低价被拍卖，收购者是劳斯莱斯汽车公司。1998年，宾利又被德国大众汽车集团购走。

1971年，沃特·宾利去世，享年83岁。

燃油箱

1928年勒芒24小时耐力赛冠军赛车

沃特·宾利（1888—1971）

你知道吗？
宾利汽车标志

宾利（Bentley）的标志是一只展翅飞翔的雄鹰，雄鹰腹部是公司名称的首写字母"B"，象征宾利的事业永远飞跃发展。

1998年6月，宝马汽车公司在争购劳斯莱斯汽车公司的投标中败给了大众汽车公司。7月28日，宝马公司花4000万英镑购买了劳斯莱斯的商标和标志，而宾利品牌从1998年起正式收归大众旗下。

宾利汽车标志

1920—1929年

→宾利（Bentley）3升车型是宾利正式批量生产的第一款汽车，它最早亮相于1919年，但自从赢得1924年的勒芒24小时耐力赛后名声大噪，此后又赢得1927年勒芒24小时耐力赛冠军。

这款车型配备3.0升直列4缸发动机，它率先采用每缸4气门技术和顶置凸轮轴技术，并且率先采用每气缸双火花塞技术、双化油器技术等，最大功率70马力，最高车速129千米/时，超级运动款更是达到161千米/时的最高车速。

1924年和1927年勒芒24小时耐力赛冠军赛车

只在副驾驶侧设置一个车门，而在驾驶侧为了方便操作设置在车身外侧的手制动，就没有设置车门

1921年宾利（Bentley）3L运动跑车

↓宾利（Bentley）4 1/2L是替代3L车型而于1927年推出的车型，它将发动机排量增大到4.4升，并从1929年起增加了机械增压器。这款车型在1927—1931年间共生产了720辆。此车采用前置发动机、后轮驱动，4速手动变速器，车长4.38米。此款车型还曾赢得过1928年的勒芒24小时耐力赛冠军，并在1932年达到了创纪录的222千米/时。

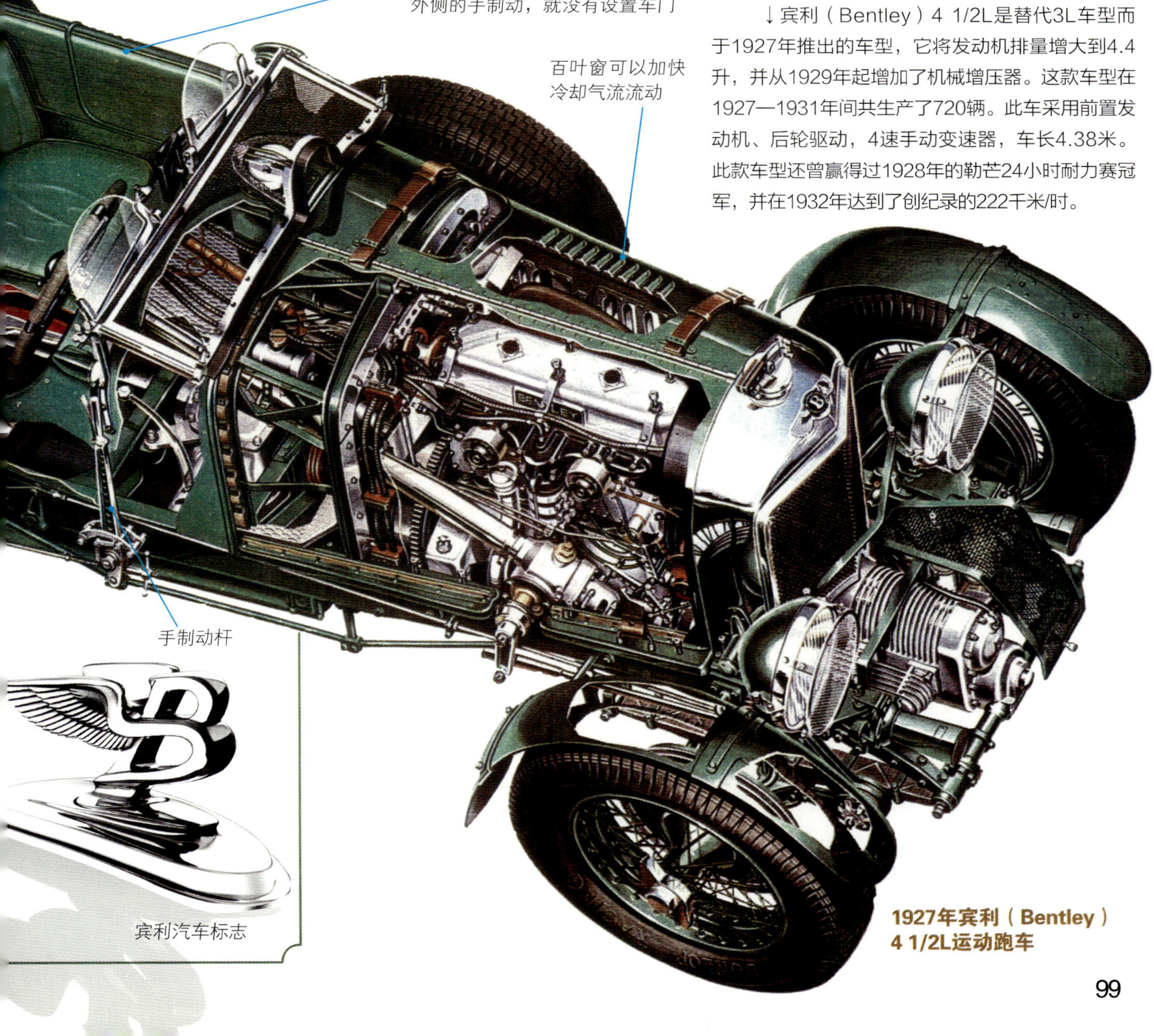

百叶窗可以加快冷却气流流动

手制动杆

宾利汽车标志

1927年宾利（Bentley）4 1/2L运动跑车

经典名车
赛车（1920—1929）

→1923年，菲亚特赛车队车手卡洛·萨拉玛诺（Carlo Salamano）驾驶该车在欧洲大奖赛系列赛中夺得意大利蒙扎大奖赛桂冠。该赛车为直列8缸发动机，排量1.979升，最大功率150马力，最高车速220千米/时，是参加大奖赛中第一辆配备机械增压器的赛车，而且还是双座位赛车，在赛车手边上可坐上机械师（或称副车手）。

1923年菲亚特（Fiat）805型双座赛车

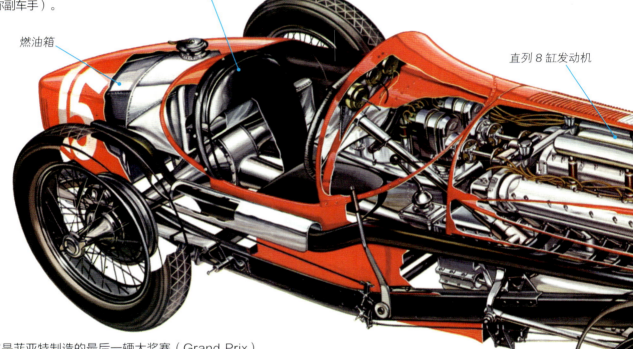

↑这是菲亚特制造的最后一辆大奖赛（Grand Prix）赛车。它曾在意大利蒙扎成功地夺得桂冠。该车发动机排量1.484升，最大功率187马力，最大车速250千米/时。与菲亚特805型赛车不同的是，它是一个单座赛车。在蒙扎夺冠后，菲亚特则完全地退出赛车运动的历史舞台。

1927年菲亚特（Fiat）806型单座赛车

1924年英国AC赛车特别款

←AC是英国一家非常独特而又独立的汽车制造商，成立于1901年，从1903年开始制造汽车，至今仍在制造AC品牌的汽车。一位英国人戈登·罗斯特（Gordon Rossiter）在21岁生日那天得到父母给的1000英镑作为生日礼物，他就拿这些钱将一辆1924年AC生产的2.0升6缸发动机汽车，改装成一辆特别的赛车，并用此车参加了几次爬山赛。这个故事在英国赛车界一时传为佳话。

1920—1929年

1925年法国德拉杰（Delage）15 S8大奖赛赛车

↑这是德拉杰（Delage）为参加1926年大奖赛而特别设计的赛车，完全按照1926年的新规则设计，发动机排量不超过1.5升。此车的发动机排量为1.488升，直列8缸，每缸2气门，机械增压，双顶置凸轮轴，可谓是采用了当时所有最先进的发动机技术，在8000转/分时爆发出170马力的功率。此车在1927年取得众多胜利，包括在法国、西班牙、英国等举行的赛事。

1922年法国瓦赞（Voisin）C3大奖赛赛车

1922年法国瓦赞（Voisin）C3大奖赛赛车

↑这是法国瓦赞（Voisin）公司专为参加1922年汽车大奖赛而设计的一款赛车。瓦赞是一家法国豪华汽车制造商，其创始人是加布里埃尔·瓦赞（Gabriel Voisin）。该公司成立于1919年，终止于1939年。

←在20世纪二三十年代的美国印第安纳波利斯500赛场上，最大的明星是哈罗德·米勒（Harold Miller），他是一位美国赛车设计师和制造商。他制造的赛车共9次赢得印第安纳波利斯500大赛（Indy 500）冠军，而且其他人采用米勒发动机的赛车还赢得另外3次胜利。

左图是哈罗德·米勒在1927年制造的印第安纳波利斯赛车。

1927年米勒（Miller）印第安纳波利斯赛车

先驱人物
沃尔特·克莱斯勒

沃尔特·克莱斯勒（Walter Chrysler）是克莱斯勒汽车公司的创始人。他在1875年生于美国艾奥瓦州的一个铁路技师家庭。一开始，沃尔特·克莱斯勒为早期的通用汽车公司工作，并一直升任到第一副总经理，主管全公司的汽车生产工作。由于他与通用公司的创办者杜兰特合不来，便一气之下辞职回家。后来沃尔特·克莱斯勒受聘于麦克斯韦尔公司（Maxwell）汽车公司，并于1924年推出非常有名的克莱斯勒6号车型。由于适销对路，公司发展很快，沃尔特·克莱斯勒看准时机，将麦克斯韦尔公司彻底改组，并于1925年正式更名为克莱斯勒汽车公司。1926年该公司在沃尔特·克莱斯勒领导下，很快由美国汽车制造业第27位升至第5位，转年又升至第4位。1928年克莱斯勒又买下道奇兄弟公司（Dodge）和普利茅斯（Plymouth）公司，又跃升为美国第三大汽车公司。1933年，克莱斯勒汽车公司在美国市场的占有率达到25.8%，竟一度超过了福特汽车公司。1940年8月，沃尔特·克莱斯勒去世。

沃尔特·克莱斯勒（1875—1940）

1928年克莱斯勒（Chrysler）72型

1924克莱斯勒（Chrysler）B型

1924克莱斯勒（Chrysler）B型

1920—1929年

你知道吗？

CHRYSLER

2009年克莱斯勒汽车标志

克莱斯勒标志演变

这是克莱斯勒品牌从2009年起开始使用的最新汽车标志，是从原来"大花朵"的克莱斯勒品牌标志简化而来的。

克莱斯勒（Chrysler）是创始人沃尔特·克莱斯勒的姓氏。

克莱斯勒还有一个"司标"，也就是克莱斯勒公司的标志，它是一个五叉星的形状，它只作为公司标识使用，一般不会出现在车身上。

1931年克莱斯勒Town Car车型标志

五叉星是克莱斯勒公司的标志

1960年克莱斯勒汽车标志

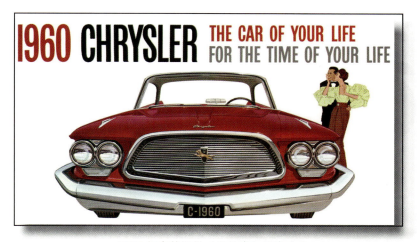

1960年克莱斯勒"纽约客"汽车广告

20世纪90年代使用的克莱斯勒品牌标志

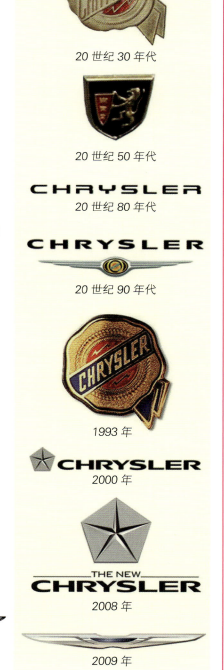

20世纪30年代

20世纪50年代

20世纪80年代

20世纪90年代

1993年

2000年

2008年

2009年

经典名车
豪华汽车（1920—1929）

↑英国沃克斯豪尔（Vauxhall）OE型是在原来E型的基础上改进而来的，并于1922年开始投入生产，到1927年停产共制造了313辆。OE型发动机为直列4缸，顶置凸轮轴，4.225升，112马力；4速手动变速器。

1923 年英国沃克斯豪尔（Vauxhall）OE型

→为社会精英与外销市场研制的"超级菲亚特"是菲亚特制造的第一辆，也是唯一的V12发动机车型。此车发动机排量6.805升，最大功率90马力，车长5.235米，最高车速120千米/时。

1921年菲亚特（Fiat）520型豪华轿车

世界第一款采用液压制动的汽车

1921年杜森博格（Duesenberg）A型双门轿跑车

←世界第一款采用液压制动的汽车是由美国杜森博格（Duesenberg）公司在1921年推出的。最初是杜森博格兄弟为他们的赛车配备的，当车手踏下制动踏板时，主油缸内的活塞将制动液压入四条制动液路，并将压力传到制动片上。杜森博格兄弟预测这种带液压制动的汽车将在档次、速度及寿命上超过当时的任何汽车，于是在1921年下半年开始生产带有液压制动的杜森博格A型车。

1920—1929年

1929年美国斯图兹（Stutz）Blackhawk Speedster

←1929年制造的斯图兹（Stutz）Blackhawk Speedster轿车为4座车，采用直列6缸发动机，顶置凸轮轴，最大功率85~95马力，4轮制动，4速手动变速器。当年的售价从1995美元到2785美元不等。

1923年瓦赞（Voisin）C3

←↑↓法国瓦赞（Voisin）公司原是制造飞机的，在第一次世界大战期间，瓦赞飞机总产量高达上万架。然而战后因订单减少而不得不转产汽车，专业制造豪华轿车，其用户包括法国总统和日本皇室。瓦赞C3和C11分别是该公司制造的第3款和第11款汽车。

法国总统和日本皇室座驾

1923年法国瓦赞（Voisin）C3豪华轿车

1925年意大利伊索塔·弗拉西尼 8A型跑车

1926年瓦赞（Voisin）C11

←此车由意大利伊索塔·弗拉西尼（Isotta Fraschini）公司制造，是伊索塔·弗拉西尼8型的继任车型，搭载了全新的7.3升直列8缸发动机，取代了之前的5.9升发动机，可以输出115~160马力的功率。当时它是世界上动力最强的搭载直列8缸发动机的量产汽车。

8A型只提供底盘和发动机，之后的工序全权交给车身制造商来完成。伊索塔·弗拉西尼许诺8A型汽车至少可以达到150千米/时的最高速度。此车有三分之一出口到美国。

1925年意大利伊索塔·弗拉西尼 8A型跑车

图解汽车大百科 精装珍藏版

美国黑帮老大的防弹座驾

1928年凯迪拉克（Cadillac）V8 341-A型防弹轿车

→↑ 这辆1928年制造的凯迪拉克（Cadillac）V8车型，配有约136千克的特殊装备，包括钢铁装甲、防弹玻璃、为开枪设计的弹口以及扫射追杀者的下拉窗口等。据悉这辆汽车曾是美国黑帮老大的防弹座驾。

1928年凯迪拉克（Cadillac）V8 341-A型防弹轿车

杜森博格（Duesenberg）汽车标志

1929年美国杜森博格（Duesenberg）J型敞篷轿车

1920—1929年

塔伯特（Talbot）汽车标志

塔伯特是法国汽车制造商，成立于1903年，并曾赢得1981年世界汽车拉力锦标赛的车队总冠军。现在该品牌归法国PSA集团所有。

1929年法国塔伯特（Talbot）M75

1929年法国塔伯特（Talbot）M75

→↑塔伯特（Talbot）M75配备直列6缸发动机，顶置凸轮轴，最大功率101马力，4速手动变速器，后轮驱动，净重1540千克，最高车速121千米/时，总产量2638辆。

←第一次世界大战结束后，荷兰世爵（Spyker）继续制造打破纪录的汽车，其中最有名的车型就是C4。它采用德国迈巴赫制造的发动机，并且采用双点火系统，每个气缸有2个火花塞。世爵C4曾创下连续行驶36天、行程3万千米的纪录。另外，这款车的变速器操作非常独特，其变速槽为"W"形，要先往后拉，再往侧面推，最后再往前推，才能完成换档动作。

1922年荷兰世爵（Spyker）C4

C4 创下连续行驶 36 天、行程 3 万千米的纪录

1924年荷兰世爵（Spyker）C4敞篷车

←这款1929年制造的杜森博格（Duesenberg）J型车，采用直列8缸发动机，排量高达6.876升，压缩比5.2∶1，每缸4气门，双顶置凸轮轴，化油器，自然吸气，最大功率265马力，最大转矩507牛·米，升功率高达39马力。配备3速手动变速器，后轮驱动，最高车速187千米/时。

1929年捷克L&K-斯柯达110

↑这是捷克L&K品牌制造的最后一款车型，从1925年一直生产到1929年，总计生产了2985辆。这款车同时镶嵌有L&K和斯柯达（Skoda）的标志。这款车配备直列4缸发动机，最大功率25马力，最高车速80千米/时。

经典名车
平民汽车（1920—1929）

↓奥迪（Audi）K型是奥迪在1921年柏林车展上亮相的车型，这也是奥迪在第一次世界大战后设计的最新车型，而此前都是生产战前设计的车型。K型从1922年开始生产，到1925年停产。K型也是德国第一款大批量生产的左舵车型。K型配备3.56升直列4缸发动机，50马力，4速手动变速器，前置发动机后轮驱动，最高车速95千米/时。

→1928年莫里斯米诺（Morris Minor）是一款4门5座轿车，配备直列4缸汽油发动机，排量只有0.847升，每缸2气门，并采用单顶置凸轮轴技术，后轮驱动，最高车速80千米/时。

1928年莫里斯米诺（Morris Minor）

1922年奥迪（Audi）K型汽车

用风力驱动的汽车
1919年法国勒雅（Leyat）Helica（复制品）

↑这是法国人勒雅（Leyat）制造的"没有翅膀的飞机"，用风力驱动的汽车。一台1.203升三缸发动机带动三叶风扇，可以驱动汽车达到97千米/时的最高速度。前后双座位设计，后轮转向。此款车总共只卖出去30辆。

↓1923年款布加迪（Bugatti）配备1.5升排量直列4缸发动机，采用每缸4气门、双顶置凸轮轴（DOHC）等技术，最大功率35.8千瓦，配备4速手动变速器，后轮驱动。

1928年德国DIXI 3/15PS（DIXI DA1）

↑这辆3/15PS其实是宝马的前身DIXI制造的，并且是第一代3/15PS，当时称为DIXI DA1。此车配备0.75升排量的发动机，此代车型共生产6600辆。第一辆挂上BMW标志的3/15PS已是第四代了，即3/15PS DA4。

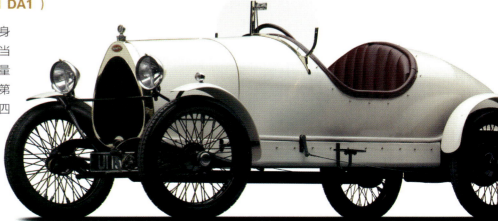

1923年布加迪（Bugatti）23型敞篷跑车

1920—1929年

1922年奥斯汀（Austin）7型

奥斯汀汽车标志

1922年奥斯汀（Austin）7型

←↓↑奥斯汀7型（Austin Seven）是英国早期较小型的4缸汽车，由哈伯特·奥斯汀（Harbert Austin）设计。它不仅在赛车场出尽风头，而且成为普通大众的宠物。由于外形设计美观，尤其是车顶前部着实可爱，有点像帽子，因此又被称为"礼帽车"（Top Hat）。

奥斯汀7型曾以生产许可证的形式在德国由DIXI、后来由宝马公司生产，在日本由日产生产，在法国由Rosengart生产。

奥斯汀7型的发动机为4缸、排量0.696升，后来改为0.747升，15马力，最高车速72千米/时。

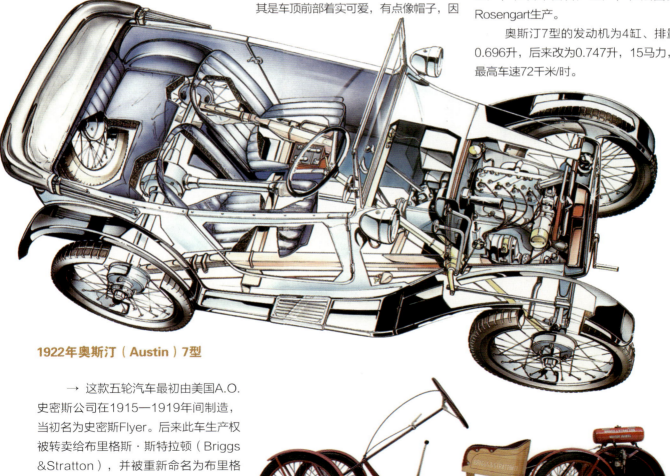

1922年奥斯汀（Austin）7型

→ 这款五轮汽车最初由美国A.O.史密斯公司在1915—1919年间制造，当初名为史密斯Flyer。后来此车生产权被转卖给布里格斯·斯特拉顿（Briggs & Stratton），并被重新命名为布里格斯·斯特拉顿Flyer。此车采用0.201升2马力的单缸发动机，发动机装置在车尾的第五轮上并直接驱动第五轮。车身及底盘则是木制，最高车速40千米/时。

1920年美国布里格斯·斯特拉顿（Briggs & Stratton）Flyer

故事传奇
宝马坎坷路

1913年，四冲程汽油发动机发明者尼古拉斯·奥托的儿子古斯塔夫·奥托（Gustav Otto）在慕尼黑附近创立了航空机械制造厂，后与人在1916年3月7日合资创立了巴伐利亚飞机制造厂BFW（Bayerische Flugzeug Werke），并将自己创立三年的航空机械制造厂并入BFW。

也是在1913年，卡尔·弗里德里克·拉普（Karl Friedrich Rapp）利用慕尼黑近郊一座脚踏车工厂房，设立了拉普发动机制造厂，从事航空用发动机的制造。在1916年，拉普获得两位银行家的资助大幅扩张规模，但却因为过度扩张导致经营不善，致使拉普在1917年时黯然离开了拉普发动机制造厂。之后拉普的合伙人找到奥地利的金融家弗朗兹·约瑟夫·波普（Franz Josef Popp）合作，在1917年7月20日将拉普发动机制造厂改名为巴伐利亚发动机制造股份有限公司（Bayerische Motoren Werke GmbH，缩写为BMW），而且由金融家波普担任首任总裁。

至此，巴伐利亚飞机制造厂（BFW）和巴伐利亚发动机制造股

第一辆宝马汽车

1929年第一辆挂宝马标志的车型3/15PS汽车

份有限公司（BMW）都已成立。

当时正值第一次世界大战期间（1914年8月—1918年11月），身为军需供应厂商的BMW在慕尼黑市郊的军用机场附近设置了大型的工厂，持续地替军方制造军机发动机直到1918年为止。1918年8月13日，BMW改制为股票公开上市的股份公司，从此走上了蒸蒸日上的发展道路。

1922年，实力强大的BMW合并了日渐衰微的BFW，成为今日我们所熟悉的宝马汽车公司。但在追溯宝马公司的历史时，宝马的官方说法是以BFW的创始时间为准，也就是1916年3月7日作为宝马的生日。

第一次世界大战结束，根据凡尔赛条约的规定，德国境内禁止制造飞机，严重打击了正在成长中的德国航空工业，也迫使宝马放弃制造航空发动机，转为制造铁道用的制动器，并开始发展摩托车用发动机。

1927年，德国爱森纳赫市（Eisenach）的一家车厂获得英国奥斯丁（Austin）的授权，开始制造著名的奥斯丁7型轿车，并挂上Dixi的品牌销售。隔年宝马以1600万马克的价格，并购了这家车厂，也因此获得Dixi 3/15 PS的生产权利，并于1929年成为悬挂宝马（BMW）标志的第一款汽车。后来，这辆车在经过宝马修

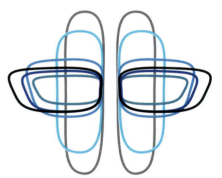

宝马"双肾"越来越扁平，越来越不像肾形了

改之后以改良版DA2的身份上市。DA意指"德国制造"（Deutsche Ausfuhrung），上市后大受好评，三年左右就卖出18976辆。

至于1932年时上市的3/20 PS，则是第一辆宝马拥有自主知识产权的车型。改良自Dixi的这款车搭载一具0.782升的直列四缸发动机，拥有20马力的最大功率、80千米/时的极速。

1933年推出的宝马303，开创了宝马汽车的两大传统特点：其一，它是宝马第一款搭载直列六缸发动机的汽车；其二，该车款首度在车头部分采用了著名的"双肾"进气格栅造型。

1936年，宝马推出宝马品牌的代表作：328车型。此车在20世纪30年

1933年第一辆采用"双肾形"前脸设计的宝马汽车303

1920—1929年

1936年最经典的宝马汽车328型推出

代多次为宝马赢得汽车赛，并以此将宝马打造成以运动见长的汽车品牌。

第二次世界大战结束后，宝马不仅生产摩托车，而且开始进军豪华汽车业，1951年后相继推出装备大排量发动机的501型、502型、503型、507型等豪华汽车。然而这些豪华汽车的销售并不好。发展到1959年年底时，宝马公司因资金流转遇到问题，市值迅速下降，当时的董事会正考虑向戴姆勒-奔驰汽车出售宝马的公司股票，以换取救命资金。然而出售计划遇到宝马小股东们的抵制，最后通过向社会增发股票而获得了新的资金，宝马才没有被奔驰吞并。新的管理团队接手后，到1962年时，依靠成功推出"新系列"（Neue Klasse）车型而起死回生。

到了20世纪70年代，宝马又成功推出5系（1972年）、3系（1975年）和7系（1977年）车型，从而让宝马逐步走上辉煌之路。

你知道吗？

宝马标志演变

宝马（BMW）公司的名字就是德文Bayerische Motoren Werke AG（巴伐利亚发动机工厂）的缩写。宝马是以制造飞机发动机起家的，因此宝马的标志以蓝天白云为背景，并以螺旋桨为中心，上面最显眼处写上公司名BMW。

1917年

1933年

1954年

1979年

2007年

1951年宝马501豪华轿车

经典名车
敞篷汽车（1920—1929）

→40CV是法国雷诺汽车在1911—1928年间生产的一种大型轿车的名称，它在不同时期分别以CG型、ES型和JP型出现。最初它配备7.5升6缸发动机，到1920年，40CV又改配9.1升的大排量发动机。1922年，40CV率先装备液压制动系统。到1928年，40CV被雷诺Reinastella车型所取代。

雷诺40CV曾赢得1925年蒙特卡洛拉力赛的胜利，并且在1926年改装成单座车（NM型）后还曾创造50英里（80.5千米）内平均车速高达190千米/时的纪录，以及在24小时内连续行驶4167.57千米、平均车速173.6千米/时的新纪录。

1922年法国雷诺（Renault）40CV JV形轿车

1928年法国雷诺（Renault）40CV大型轿车

曾创造24小时内连续行驶4167.57千米、平均车速173.6千米/时的纪录

1929年布加迪（Bugatti）43型跑车

←布加迪43型是从获得过国际大奖赛（Grand Prix）冠军的布加迪35型改进而来的，它仍采用35型的2.3升直列8缸机械增压发动机。这款发动机采用每气缸3气门技术，动力非常强劲，以至于它可以在4档时就可以让汽车从静止加速跑起来。43型也是第一款车速达160千米/时的量产汽车。

↓20世纪20年代，劳斯莱斯（Rolls-Royce）堪称当时"世界上最好的汽车"，其优美、修长、高贵的车身造型就已决定它的定位至高无上。这款1926年的幻影（Phantom）第1代采用7.668升直列6缸发动机，最高车速145千米/时。

1926年劳斯莱斯幻影（Phantom）I型40/50HP敞篷豪华轿车

1920—1929年

→捷克Laurin & Klement 公司（简称L&K）是现在斯柯达（Skoda）汽车公司的前身。

由于1925年L&K被工业巨头斯柯达·皮尔森收购，所以1921年生产的Laurin & Klement 200型（产自1920—1924年间）成为最后一批只用L&K标识的汽车。

Laurin & Klement 200 型敞篷轿车采用2.413升发动机，输出功率28千瓦，最高车速65千米/时。

1921年捷克Laurin&Klement 200型敞篷轿车

1922—1926年法国 瓦赞（Voisin）C4敞篷跑车

1920年斯图兹（Stutz）勇士（Bearcat）敞篷跑车

↑这辆瓦赞（Voisin）C4由法国瓦赞航空（Avions Voisin）在1922年制造，它最初在1921年推出，当时配备1.25升8马力的发动机，到1922年将发动机排量增大为1.5升，功率也增加到10马力。配备3速手动变速器，最高车速90千米/时。

←↑美国斯图兹（Stutz）勇士（Bearcat）成名于第一次世界大战前后，它最初配备直列4缸60马力发动机。但当时它的最大亮点是造型设计，如"狗窝"式的前脸、单片式前风窗玻璃、可敞篷式驾驶舱，以及背在座椅后面的圆柱形燃油箱等，都成了它的标志性设计。

1920年斯图兹（Stutz）勇士（Bearcat）敞篷跑车

↓1927年4月14日，沃尔沃第一款量产车型OV4下线。"OV"是瑞典语"敞篷车"的缩写，"4"代表4缸发动机。OV4是一款4门敞篷车，配备了4缸1.944升发动机，28马力。车身由白蜡木和榉木框架制成，外覆金属板。

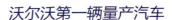

沃尔沃第一辆量产汽车

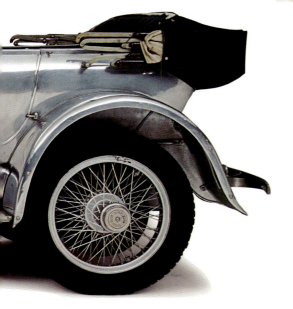

1927年沃尔沃（Volvo）OV4

故事传奇
伟大的合并

第一次世界大战结束后，欧洲百废待兴。进入20世纪20年代后，世界又迎来了经济危机。原来互为对手的奔驰公司与戴姆勒公司两家德国汽车巨头，也遇到了发展困难，经营步履维艰，销量下降，日子都不好过。为了能顺利渡过难关，两家公司只好"抱团取暖"，决定于1926年合并成一家汽车公司，即：戴姆勒-奔驰汽车公司。事实证明，这是世界汽车史上最著名和最成功的一次合并重组，因为当时德国有数十家汽车制造商，竞争激烈，而戴姆勒-奔驰不仅存活下来，而且一直执德国汽车制造业牛耳。

由于此前戴姆勒制造的汽车以梅赛德斯（Mercedes）冠名，而奔驰制造的汽车就叫奔驰（Benz），所以两家公司合并后，他们制造的汽车就冠名为梅赛德斯-奔驰（Mercedes-Benz），一直到今天都没有改变。

1910年梅赛德斯22/40 HP轿车

1914年梅赛德斯28/95HP跑车

1914年梅赛德斯22/50HP轿车

1926年戴姆勒和奔驰两家汽车公司合并时的宣传画

→这是戴姆勒与奔驰合并后推出的第一款最著名的车型，它由费迪南德·保时捷设计，配备直列6缸发动机，最大功率180马力，前置发动机、后轮驱动，4速手动变速器，最高车速177千米/时。在这款S型的基础上，此后又推出更著名的SS型、SSK型和SSKL型运动型车。

1927年梅赛德斯-奔驰 S型26/180运动型车

1920—1929年

Benz

1906年奔驰24/40HP轿车

1912年奔驰8/20HP跑车

1914年奔驰8/20HP轿车

你知道吗？

梅赛德斯－奔驰标志

1926年两家最古老的汽车公司合并，自然也将标志合在一起，中间是三叉星，上面是梅赛德斯，下面是奔驰，两家之间用月桂枝连接。今天，这家公司的商标已简化为形似方向盘的三叉星，喻示向海陆空发展。

1909年梅赛德斯汽车标志

1903年奔驰汽车标志

1916年梅赛德斯汽车标志

1909年奔驰汽车标志

1926年两家公司合并后使用统一的梅赛德斯－奔驰标志

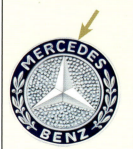

现在使用的梅赛德斯－奔驰标志

先驱人物
威廉·迈巴赫

威廉·迈巴赫骑在戴姆勒发明的两轮机动车上，车上装配的是他和戴姆勒共同发明的第一台单缸式汽油发动机

威廉·迈巴赫（1846—1929）

威廉·迈巴赫（Wilhelm Maybach）生于1846年。在第一辆汽车于1886年问世之前，他就与戈特利布·戴姆勒（Gottlieb Daimler）建立了深厚友谊，并共同开发了第一台汽油发动机，安装在第一辆汽车上。迈巴赫还发明了世界上第一台4速机械式变速器、蜂巢式冷却器和喷雾式化油器等。由于他对汽车业贡献巨大，以至后人给他以"汽车设计之父"的称号。

在戈特利布·戴姆勒过世后，迈巴赫于1907年离开了他参与草创的戴姆勒汽车厂，并自立门户，以生产汽艇发动机为主。1921年，威

迈巴赫（Maybach）标志

1930年迈巴赫（Maybach）齐柏林（Zeppelin）DS8 四门软顶汽车

廉·迈巴赫的儿子卡尔决定自行开发汽车，并专门生产豪华轿车，而其发动机则由威廉·迈巴赫亲手设计。凭借高性能的发动机、优异的机械结构及高贵的内部装饰，迈巴赫公司生产的汽车不仅成为奔驰公司当时的主要竞争对手，而且在某些方面更胜过奔驰汽车。

1929年12月29日，83岁的威廉·迈巴赫去世，迈巴赫汽车也失去了靠山，再也没能发展起来。1961年，奔驰公司将迈巴赫公司吞并。现在，迈巴赫是奔驰汽车旗下的旗舰级豪华车型。

1928年迈巴赫（Maybach）齐柏林（Zeppelin）DS7豪华轿车

1930年迈巴赫（Maybach）齐柏林（Zeppelin）DS8 四门软顶汽车

→↑迈巴赫齐柏林（Zeppelin）DS8轿车于1930年面世，车长5.52米，轴距3.735米，售价3.6万马克，是当时最贵的汽车之一。作为迈巴赫的旗舰车型，齐柏林代表了豪华轿车的巅峰，是当时声望最高的德国轿车。

DS是Double-Six（双六）的缩写，表示这辆汽车搭载一台由两排六缸发动机组成的V12发动机。

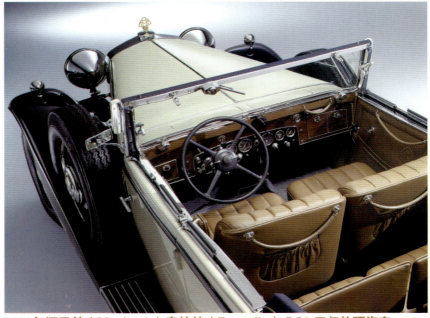
1930年迈巴赫（Maybach）齐柏林（Zeppelin）DS8 四门软顶汽车

1930—1939年
动力为王

直列 8 缸、V 形 16 缸等大功率发动机登上车坛。

汽车简历（1930—1939）

1930年 布加迪正式推出"皇家"（Royale）号汽车。

1930年 凯迪拉克第一次使用V16发动机。

1931年 劳斯莱斯公司接管宾利汽车公司。

1931年 保时捷设计公司成立。

1932年 阿尔法·罗密欧汽车公司推出第一辆单座大奖赛汽车。

1933年 世界上第一家汽车电影院在美国开张。

1933年 日本丰田自动织布机厂设立汽车部。

1934年 日产汽车公司成立。

1934年 克莱斯勒率先推出流线形车身轿车。

1934年 雪铁龙推出前轮驱动汽车。

1935年 意大利菲亚特推出500型微型轿车。

1936年 戴姆勒–奔驰公司首先推出柴油轿车。

1936年 费迪南德·保时捷博士设计的甲壳虫原型车面世。

1936年 日本三菱公司销售首批柴油汽车。

1936年 英国第一辆摩根品牌汽车问世。

1937年 丰田汽车公司成立。

1937年 日本五十铃汽车公司成立。

1937年 德国大众汽车公司成立。

1938年 美国别克汽车装上了转向闪光灯。

1939年 美国帕卡德公司推出带空调的汽车。

经典名车
布加迪41型

布加迪（Bugatti）41型又名布加迪皇家号（Royale），是在1927—1933年间制造的一款大型豪华轿车，它的轴距长达4.27米，车身总长为6.4米，重3175千克，直列8缸发动机排量高达12.763升，单顶置凸轮轴，每缸3气门，最大功率223.7千瓦（300马力），质量超过3100千克，油箱容积190升，最高车速200千米/时。这款车的油耗高得惊人，其城区100千米油耗高达157升，高速公路100千米油耗34升。

布加迪41型堪称世界最大轿车之一。埃托雷·布加迪（Ettore Bugatti）原本想制造25辆，但最后只生产了6辆，而且只卖出去3辆，50万法郎的售价实在是太高了。

现在6辆41型都还在世，但每辆的车身形式并不一样，有些更是被改装过多次。据称一辆在法国国立汽车博物馆，一辆在福特汽车博物馆，一辆在美国国家汽车博物馆，一辆则归德国大众所有，剩余两辆则一直在圆石滩等大型国际老爷车展上时隐时现。虽然其中一辆曾在1987年以550万美元创下汽车拍卖世界纪录，但现在它的价值已无法用金钱来衡量，它已成了绝世无价之宝，也是真正的汽车"收藏之王"。

1930年布加迪（Bugatti）41型双门跑车

1930—1939年

1931年布加迪41型Royale Victoria Cabriolet by Weinberger

←↓当时，在同样动力系统和底盘结构的情况下，可以配备不同的车身形式，以满足不同客户的需求，6辆布加迪41型的车身各不相同。

1931年布加迪41型Royale Coupe by Kellner

1930年布加迪41型Royale Coupe Napoleon

←↑在V形发动机出现之前，汽车发动机的气缸排列形式主要是直列，也就是把所有气缸排成一排。然而，为了增强汽车的动力，最好的办法就是增加气缸数量，这样必然导致发动机身形庞大，最终导致汽车的前部又高又长，而驾驶室只能被安排在车后部，并且空间狭窄。也就是说，在当时技术条件下，要想增强动力，必然要以牺牲乘坐空间为代价。

因为采用直列8缸发动机，所以它的车头又高又长，并且因此也使其拥有4.27米的轴距

1930年布加迪（Bugatti）41型双门跑车

每一辆布加迪41型的散热器盖上都站立着一个大象塑像，这是由布加迪公司老板的弟弟伦布兰特·布加迪（Rembrandt Bugatti）打造的，他是那个年代著名的动物塑像家

121

经典车型
凯迪拉克V16

为了制造出比他人动力更强劲的汽车，早期的汽车制造商主要以增加发动机的气缸数量来比拼。然而，当气缸数量增加到一定时，比如达到直列8缸时，就很难再让发动机加长。此时，一种V形排列气缸的发动机诞生，把气缸分成两排并成"V"字形组合，这样就可以在不增加发动机长度的前提下增加气缸的数量。其中，美国凯迪拉克（Cadillac）的V16型汽车就是V形发动机的代表。

凯迪拉克V16是于1930年至1940年推出的一款汽车，也是凯迪拉克当时最豪华的车型。由于当时凯迪拉克V16全部采取订制方式生产，所以产量十分稀少，从1930年1月上市到由于第二次世界大战爆发而在1940年停止销售的11年中，全车系一共只生产了4076辆。凯迪拉克V16型是当时世界上第一款搭载16缸发动机的量产车型。

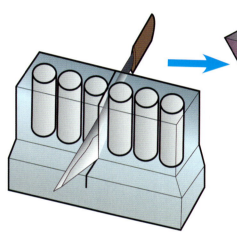
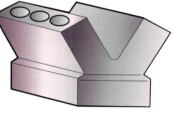

把直列发动机的气缸分成两个组别，如果让它们以一定夹角的形式重新组合，那么就是V形发动机

为了凸显V16发动机的性能，在进气格栅上镶嵌有V16标志

1930年凯迪拉克V16型技术参数

发动机气缸：V形16缸
发动机排量：7.4升
输出功率：175马力（129千瓦）
对应发动机转速：3400转/分
轴距：3759毫米
最高车速：160千米/时

1930—1939年

1938年，凯迪拉克将V16的90系列和V12的85、80系列车型合并，并开始使用全新的16缸发动机。新发动机气缸夹角达到135°，但是排量降低到7.1升，配备双化油器、双燃油泵、双分电器、双水泵，还配备了九轴承曲轴，最大功率达到了138千瓦，车身轴距缩短至3.581米，车身长度保持在5.639米。

1930年凯迪拉克（Cadillac）V16型汽车

凯迪拉克V16型汽车共有两种排量的发动机，1930—1937年间第一代V16型汽车上的V16发动机的气缸夹角为45°，属于窄角发动机，总排量为7.4升；1938—1940年间，在第二代凯迪拉克V16型汽车上，其V16发动机的气缸夹角为135°，属于宽角发动机，总排量调整为7.1升

1930年凯迪拉克（Cadillac）V16型汽车

先驱人物
捷豹之父：威廉·莱昂斯

威廉·莱昂斯（1901—1988）

燕牌（Swallow）侧三轮摩托车

捷豹的奠基者威廉·莱昂斯（William Lyons）生于1901年，英国人，他既非工程师又非机械师，却创造出举世公认的汽车杰作。

威廉·莱昂斯原是英国西南地区经营摩托车装配的企业家，主要制造销售燕牌（Swallow）侧三轮摩托车。第一次世界大战爆发后，摩托车广受欢迎，业务蒸蒸日上，财源滚滚而来。但年轻的莱昂斯当时就注意到，未来的交通工具是四个轮子的汽车，于是，威廉·莱昂斯毅然在1927年创办了汽车组装工厂。

威廉·莱昂斯最早组装的汽车深受欢迎，产品畅销，生意不错。但是，他并不满足于这种拼凑式的生产方式。尽管产品外观高雅，骨子里无非是一辆普普通通的大众用车。威廉·莱昂斯终于决定，要设计和生产出完全符合自己理想的那种汽车。

新的汽车公司于1934年成立，并于1936年首次推出自己新车型，取名为"SS捷豹"。由于这种车外形华贵而售价低廉，当时被人称为"穷人的宾利"。

威廉·莱昂斯于20世纪30年代中期设计出SS捷豹100。这里的100是指最高速度为100英里/时（约合160千米/时）。以这样的速度，SS捷豹100于1934年和1935年两度夺得法国蒙特卡洛汽车拉力赛冠军。

1948年威廉·莱昂斯推出捷豹

1927年燕牌（Swallow）汽车

两度夺得法国蒙特卡洛汽车拉力赛冠军

1936—1940年SS捷豹100敞篷跑车

第一款捷豹汽车

1936年捷豹SS1型

1951年捷豹C型赛车

1930—1939年

1948年捷豹XK120跑车

XK120型车。XK120由一台排量3.65升、功率为160马力（118千瓦）的发动机驱动，最高车速200千米/时。再加上优雅的造型和合理的售价，它很快在国际上博得了美名。

威廉·莱昂斯在捷豹深入人心之际，再次精心设计赛车，参加各类大赛。1951年，捷豹专门制造了3辆C型赛车，一举夺得法国勒芒24小时车赛冠军，这带动了捷豹汽车的经营，销量一下子增长了30%。

更辉煌的成绩出在1957年，在勒芒24小时大赛中，捷豹赢得了总共6个名次中的4个，创造了捷豹汽车在运动史上少有的奇迹。

1961年，威廉·莱昂斯被伊丽莎白二世女王封为爵士，同年他的企业推出闻名遐迩的捷豹E型。1988年，87岁的威廉·莱昂斯爵士去世。

1951年法国勒芒大赛冠军赛车

你知道吗？

捷豹标志演变

捷豹车厂的历史可追溯到1935年，当时侧三轮车制造商SWALLOW推出一款名为"SS Jaguar"的跑车，并且一炮而红，到1945年干脆将车厂改名为捷豹（Jaguar）汽车公司。原来一直在车头放置捷豹的立标，现在改放在车尾了。平面的豹脸徽标也由原来的面目狰狞、獠牙利齿而变得平和多了。

1931年

下部"COVENTRY"是指捷豹公司所在地考文垂

捷豹的前身名为燕牌（SWALLOW）侧三轮摩托车厂

1935年

昔日的豹头形象面目狰狞、獠牙利齿，非常凶猛、恐怖

↑捷豹（Jaguar）车头上原来的标志是立体的，是一只前扑的凶猛豹子，形神兼备，象征捷豹汽车充满力量和速度。但出于安全考虑，现在捷豹在进气格栅处镶嵌一个平面徽标，是一面张开大嘴、露出尖利牙齿的豹脸。而原来向前猛扑的豹子形象则放在车尾部和方向盘中央等位置。

经典名车
大奖赛赛车（1930—1939）

在汽车领域提起"大奖赛"有两种含义：一是指活跃于20世纪二三十年代的欧洲汽车大奖赛（European Grand Prix），在全封闭的专门赛道或者临时封闭的普通公路上比赛，并在欧洲多国巡回比赛；一是指现在F1（一级方程式）大赛中的分站比赛，如日本大奖赛，即是指F1日本站比赛。

"大奖赛"（Grand Prix）一词出自法语，本意Great Prizes（大奖）。

欧洲汽车大奖赛是现代F1大赛的前身，最早起源于1923年在蒙扎举办的意大利大奖赛。在第二次世界大战期间，欧洲大奖赛因战事停止。1946年，也就是第二次世界大战刚结束时，有关将欧洲大奖赛向全球扩展并重新制定规则的计划就已完成，无奈由于战后百废待举，直到1950年才在英国银石赛道举办了第一场F1比赛。但由于传统习惯，现在仍将F1分站比赛称为"大奖赛"。

1933年布加迪（Bugatti）59型大奖赛赛车

←↑1933年推出的布加迪59型大奖赛赛车，采用直列8缸3.3升机械增压发动机，是在布加迪57型赛车发动机的基础上改进而来的，它采用双顶置凸轮轴等先进技术，最大功率250马力。它的钢琴丝车轮辐条和裸露在外的铜制机油冷却管，非常吸引眼球。紧贴在车身左侧的长长排气管也成为其标志性设计。

钢琴丝车轮辐条　　铜制机油冷却管　　**1933年布加迪（Bugatti）59型大奖赛赛车**

1930—1939年

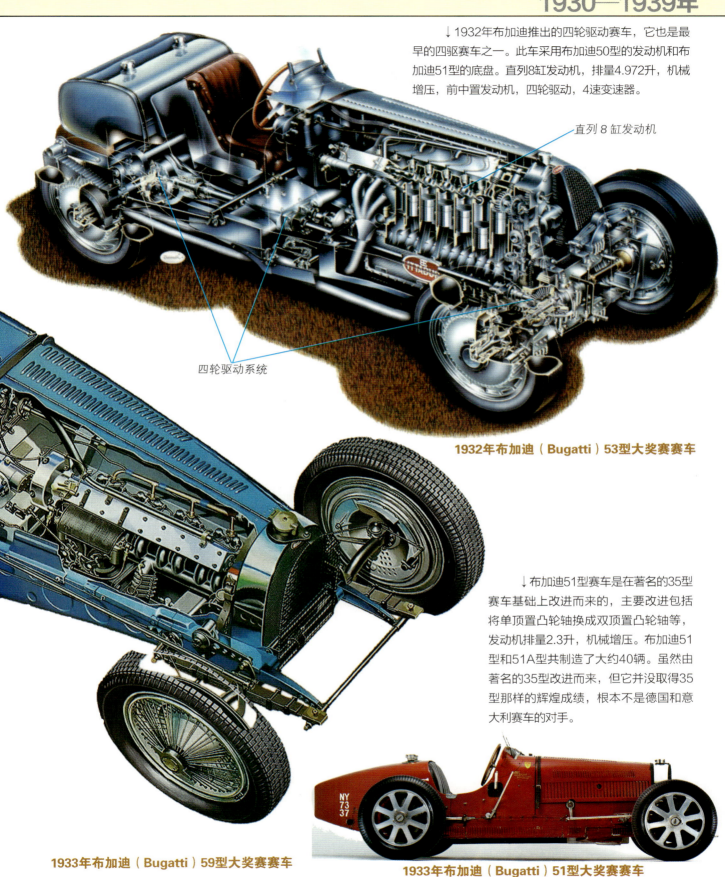

↓1932年布加迪推出的四轮驱动赛车，它也是最早的四驱赛车之一。此车采用布加迪50型的发动机和布加迪51型的底盘。直列8缸发动机，排量4.972升，机械增压，前中置发动机，四轮驱动，4速变速器。

直列8缸发动机

四轮驱动系统

1932年布加迪（Bugatti）53型大奖赛赛车

↓布加迪51型赛车是在著名的35型赛车基础上改进而来的，主要改进包括将单顶置凸轮轴换成双顶置凸轮轴等，发动机排量2.3升，机械增压。布加迪51型和51A型共制造了大约40辆。虽然由著名的35型改进而来，但它并没取得35型那样的辉煌成绩，根本不是德国和意大利赛车的对手。

1933年布加迪（Bugatti）59型大奖赛赛车

1933年布加迪（Bugatti）51型大奖赛赛车

经典名车
赛车（1930—1939）

将两台直列4缸发动机串联起来

↑在20世纪30年代，能对德国汽车巨头的赛车构成威胁的只有意大利赛车，而意大利赛车中的老大就是阿尔法·罗密欧（Alfa Romeo）。

1931年，阿尔法·罗密欧推出一种直列8缸发动机赛车8C，并数次为阿尔法·罗密欧赢得大赛冠军，其中包括摩纳哥大奖赛（1932年）及勒芒24小时耐力赛（1931年）。

阿尔法·罗密欧8C设计独特，它将两个直列4缸发动机串起来，共用一根曲轴，共同驱动后轮。8C发动机总排量为2.336升，最大功率178马力，0—96千米/时加速时间为8秒，最高车速217千米/时。

1931年型的阿尔法·罗密欧8C 2300仅生产了10辆。

一前一后采用两台发动机——独一无二"双发"赛车

1931年阿尔法·罗密欧（Alfa Romeo）8C 2300赛车

直列4缸发动机
直列4缸发动机

前发动机：3升直列8缸

创下321千米/时最快速度纪录

1935年阿尔法·罗密欧（Alfa Romeo）16C Bimotore赛车

1930—1939年

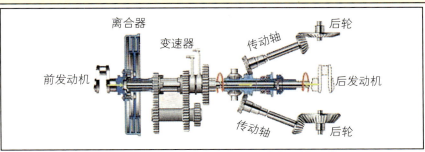

阿尔法·罗密欧16C Bimotore "双发" 动力系统示意图

←阿尔法·罗密欧16C Bimotore 是一辆真正的传奇赛车。

首先，它虽然是阿尔法·罗密欧的赛车，但它也被称为第一辆法拉利汽车，至少是第一辆贴有法拉利"腾马"标志的汽车。当时它由法拉利车队设计，但采用的发动机等硬件都由阿尔法·罗密欧提供，并由阿尔法·罗密欧制造，因此这辆赛车同时挂有阿尔法·罗密欧和法拉利两个品牌的标志。

其次，这辆赛车采用两台直列8缸发动机，总排量达到6.33升，总功率高达540马力。一台排量接近3升的直列8缸发动机放置在前轴后面，另一台排量3.3升的直列8缸发动机放置在驾驶座后面。这两台直列8缸发动机将动力集中在车辆中部，通过一台3速变速器和差速器后，利用两根传动轴呈"V"形分别将动力输出到两个后轮。

第三，这辆赛车虽没赢得什么重大赛事，但它在一场赛事中却创下了321千米/时的陆上速度世界最高纪录。

由于此车车身太重，在高速行驶时轮胎无法承受那强大的抓地力，所以往往会出现爆胎现象。也就是说，此车动力强大，但并不实用。

后发动机：3.3升直列8缸

→在20世纪30年代的汽车大奖赛（Grand Prix，现代F1大赛的前身）赛场上，虽然意大利的阿尔法·罗密欧偶尔会参加一下，但主要赛事的争斗都是在梅赛德斯-奔驰（Mercedes-Benz）和汽车联盟（Auto Union）这两个德国对手之间展开。1936年，汽车联盟取得绝对胜利，为了复仇，梅赛德斯-奔驰将W25型赛车彻底改进，推出W125型赛车参加1937年的角逐。在1937年赛季中W125共参加12场比赛，赢得其中6场胜利。

此车采用5.66升直列8缸机械增压发动机，最大功率高达646马力，这个数字在今天看来都很吓人。其最高车速曾超过300千米/时。

梅赛德斯-奔驰W125赛车在推出后的30年内，一直被认为是动力最强的赛车，直到20世纪60年代美国推出V8发动机赛车。

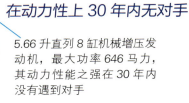

在动力性上30年内无对手

5.66升直列8缸机械增压发动机，最大功率646马力，其动力性能之强在30年内没有遇到对手

1937年梅赛德斯-奔驰（Mercedes-Benz）W125大奖赛赛车

经典车型
汽车联盟银箭（1934—1937）

汽车设计大师费迪南德·保时捷有两个代表作，其一是闻名于世的甲壳虫，另一个便是为汽车联盟（Auto Union，奥迪前身之一）设计的银箭（Silver Arrows）赛车。

银箭A型于1934年初问世，它的前后轴非常接近车身两端，前轮几乎与车头齐平，这样可提高转向的灵敏性。银箭最独特、最具历史意义的是将发动机放置在车身中间，将驾驶座放在离车头仅为全车身1/3处，一反当时极盛行的长车头模式。最令人叫绝的是，将油箱放在车手背后，即车体中部位置。这样，不管燃油消耗多少，车体重心不会发生变化，从而使车手不必再像以往那样在比赛中不断地调整操纵方式。上述设计，已成为后来乃至现代方程式赛车的标准模式。

银箭采用V16形发动机，排量6.006升，配上涡轮增压器，最大功率520马力。银箭共有A、B、C、D四种型号，它们在当年打遍赛场无敌手，八破世界纪录。银箭的原名为"P之车"（P为费迪南德·保时捷名字的首写字母），由于它为银白色车身，因此被欢欣鼓舞的德国民众誉为"银箭"。

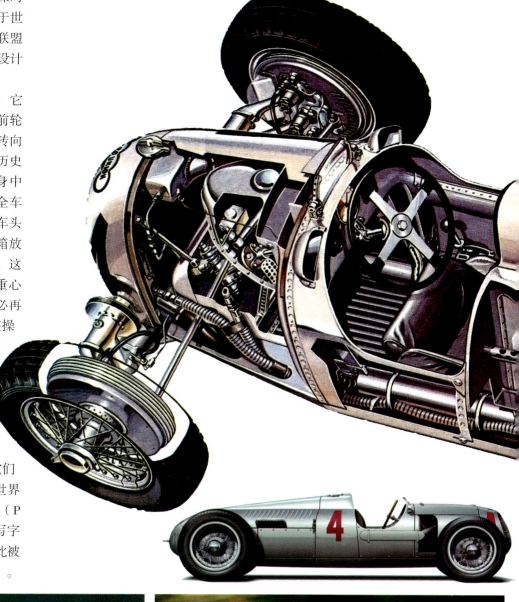

1936年汽车联盟（Auto Union）C型赛车

1930—1939年

1938年汽车联盟（Auto Union）D型赛车

银色是德国赛车官方标识色

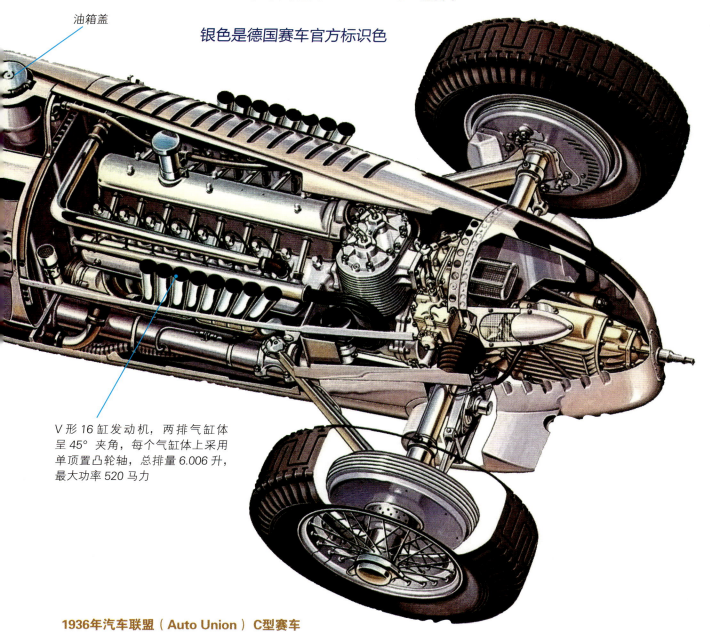

油箱盖

V形16缸发动机，两排气缸体呈45°夹角，每个气缸体上采用单顶置凸轮轴，总排量6.006升，最大功率520马力

1936年汽车联盟（Auto Union）C型赛车

经典名车
梅赛德斯-奔驰770

1930—1938年梅赛德斯-奔驰（Mercedes-Benz）770型（W07）豪华轿车

梅赛德斯-奔驰（Mercedes-Benz）770共有两个系列，I系列（内部编号W07）最先在1931年的柏林汽车展上亮相，生产时间为1930—1938年，它主要作为国家政府级别的用车。I系列由7.655升排量（约7.7升，770型号因此得名）的直列8缸发动机驱动，采用顶置凸轮轴、铝合金活塞等先进技术，在没有机械增压器的情况下可以输出150马力的最大功率，选装机械增压器后可以输出200马力的最大功率。配4速变速器，车长5.6米，轴距长达3.75米，4门6座，最高车速达160千米/时。770型I系列总计生产了117辆。

1938年，770型突然改款，也就是770型II系列诞生（内部编号为W150），车长增加到6米，轴距扩大到3.88米，车宽达到2.07米。对底盘也进行了重新设计，原来的半椭圆式叶片弹簧前悬架，改为带螺旋弹簧的独立式悬架；原来横梁式后悬架则改为德迪恩轮轴（De Dion axle）式非独立悬架。770型II系列的发动机仍以I系列为基础，但最大功率得到提升，不带机械增压器时为155马力，带机械增压器时高达230马力，变速器也改为5前速。770型II系列（W150）一直生产到1943年才停产，产量总计88辆。

1938年梅赛德斯-奔驰770型（W150）豪华轿车

1930—1939年

1937年梅赛德斯-奔驰770Pullman（W07）豪华轿车仪表板

1937年梅赛德斯-奔驰770Pullman（W07）豪华轿车

你知道吗？

770型防弹车

梅赛德斯-奔驰（Mercedes-Benz）770型俗称"大奔驰"，它与纳粹及希特勒有较深渊源。

希特勒是个十足的汽车迷。在他上学期间就曾幻想拥有一辆汽车。这个想法在他的同学看来确实是异想天开，因为希特勒当时根本就没钱。1933年1月30日上台的希特勒第一次公开露面就是参观1933年的柏林汽车展。在展览会上，希特勒提出要大量生产"民众车"，让每个德国人都能坐着自己的汽车出门旅游。喜欢高档、豪华车的希特勒据说是受了福特大量生产廉价汽车的影响，才提出生产"民众车"的，这也正是日后大众汽车公司甲壳虫汽车的来由。

虽然希特勒一直到死都不会开车，但他对汽车情有独钟。虽然希特勒想让德国人坐上"平民车"，但他的座驾却高档豪华无比。为了能制作一辆能显示最高权威及能保护自身安全的座驾，希特勒多次前往斯图加特的戴姆勒-奔驰汽车公司。戴姆勒-奔驰为希特勒特制了一辆770型防弹车，总重5吨，直列8缸发动机，通体车身厚4毫米，用特种钢板锻造而成。一般的轻武器和炸弹很难穿透它。车底钢板又加厚了4.5毫米，即使反坦克地雷也不能把它怎么样。车窗防弹玻璃厚50毫米，坚固无比。最奇特的当数后座后面的防弹钢盾，它可以由保安人员用电钮控制升降，当后有追击时，钢盾可确保车内乘员安全。770型防弹车车内极尽豪华，分别用上等的木板、真皮装饰仪表板、座椅。

每一辆770型防弹车只有希特勒许可才能生产。为了表示"友好"，希特勒曾将770K送给意大利独裁者墨索里尼和日本天皇裕仁。为了向苏联显示技术力量，在未入侵苏联时，希特勒还送给斯大林一辆770K型防弹车。

梅赛德斯-奔驰770型防弹车共生产了17辆，后来只幸存3辆。

经典名车
豪华汽车（1930—1939）

1934年美国帕卡德（Packard）12型豪华轿车

↑↓美国帕卡德（Packard）12型是帕卡德Twin Six的新名称，更直接表明它是采用12缸发动机，其排量高达7.292升，自然吸气，压缩比6.0：1，最大功率160马力，最大转矩436.57牛·米，前置发动机、后轮驱动，配备3速手动变速器。

↑在20世纪20年代及30年代前期，美国最豪华的汽车不是凯迪拉克或林肯，而是帕卡德（Packard）。帕卡德最先采用V形12缸发动机以及许多先进技术，它一直是美国最豪华汽车制造商。帕卡德Twin Six在1932年推出，最高车速162.5千米/时。

1934年美国帕卡德（Packard）12型驾驶室

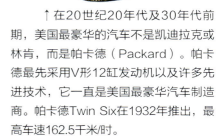

1934年美国帕卡德（Packard）12型仪表板

1933年美国帕卡德（Packard）12型软顶轿车

1930—1939年

1932年帕卡德（Packard）Twin Six 豪华运动轿车

1934年帕卡德（Packard）Twin Six Coupe Roadster

帕卡德（Packard）散热器罩装饰件

图解汽车大百科 精装珍藏版

→↓林肯（Lincoln）K型是林肯汽车在1930—1940年间制造的一系列豪华车型，最初采用V8发动机，从1933年起又改为V12发动机。V8发动机的排量为6.3升，120马力，直接竞争对手有克莱斯勒帝国（Imperial）、劳斯莱斯幻影II、梅赛德斯-奔驰770型、杜森博格（Duesenberg）J型、帕卡德（Packard）8型，以及凯迪拉克355系列等。

从1932年起，林肯（Lincoln）K型又增加了V12发动机车型，并将V8发动机车型命名为KA型，而V12发动机车型命名为KB型。V12发动机为7.3升排量，功率为150马力。

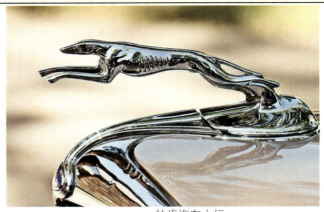

林肯汽车立标

1931年林肯（Lincoln）K型双门轿跑车

→↑劳斯莱斯（Rolls-Royce）幻影（Phantom）Ⅲ型诞生于1936年，终止于1939年，它是第二次世界大战前最后一款劳斯莱斯，它也是直到1998年六翼天使（Seraph）推出之前唯一使用V形12缸发动机的劳斯莱斯车型。

这台V形12缸发动机总排量达到7.338升，采用顶置气门、单凸轮轴，但采用双点火系统、两个化油器、两个点火线圈、24个火花塞、双电动燃油泵。配备4速手动变速器，2、3、4档位配有同步器。据英国《CAR》杂志当时对其所做的测试，最高速度为140千米/时，0—96千米/时加速时间为16.8秒，100千米油耗高达28升。

劳斯莱斯幻影Ⅲ有多种车身形式，包括四门轿车、双门四座敞篷车、双门轿跑车等。

1938年劳斯莱斯幻影（Phantom）Ⅲ豪华轿车

1930—1939年

刺箭（Pierce-Arrow）汽车立标

←刺箭（Pierce-Arrow）A型是刺箭在1930年推出的旗舰车型，采用直列8缸发动机，排量6.306升，最大功率132马力，升功率为20.93马力，最高车速136.76千米/时。

1930年美国刺箭（Pierce-Arrow）A型敞篷双门轿跑车

1931年布加迪（Bugatti）50型双门跑车

↑布加迪（Bugatti）50型是在46型基础上改进而来的，它与46型共享许多机械部件和设计。与46型最大的不同则是将原来的单顶置凸轮轴换成了双顶置凸轮轴，这也就意味着50型成为布加迪最先采用双顶置凸轮轴（DOHC）发动机的车型。改进后最大功率高达225马力，仍然使用机械增压器和双化油器，从而使其最高车速达到170千米/时，0—96千米/时只需8秒。这个成绩在20世纪30年代非常出众。

1938年劳斯莱斯幻影（Phantom）Ⅲ双门四座敞篷轿车

1932年美国斯图兹（Stutz）SV16型敞篷轿跑车

↑从1932年起，斯图兹（Stutz）SV16型汽车共有两种轴距、30多种车身造型可以选择，但它们都采用相同的动力系统，即16气门单顶置凸轮轴直列8缸发动机，最大功率113马力，配4速手动变速器，四轮液压助力鼓式制动器，当年的售价从2990美元到7500美元不等。

1930年帕卡德（Packard）8型软顶轿跑车

↑帕卡德（Packard）8型是1930—1938年间生产的一款豪华轿车，采用5.244升直列8缸发动机，每缸2气门，1932年和1933年时分别将发动机动力增强到110马力和120马力。配备3速手动变速器，可选装4速手动变速器，后轮驱动，还配有一个在仪表板上可以调节液压减振器的系统，轴距3.3米。

马蒙（Marmon）汽车立标

马蒙汽车标志

1933年美国马蒙（Marmon）16型软顶轿车

←从名字上可以看出，这是一款配备16缸发动机的豪华汽车。它的V16发动机总排量高达8.047升，压缩比6.0∶1，最大功率为200马力，升功率为24.85马力，前置发动机、后轮驱动，四轮鼓式制动，净重2.4吨，配3速手动变速器，最高车速170.6千米/时。当年售价5000美元。

1930—1939年

1930年斯图兹MB型蒙特卡洛（Monte Carlo）豪华轿车

斯图兹（Stutz）汽车立标

←↓斯图兹（Stutz）汽车是美国早期生产高级轿车的汽车厂家，创始人哈里C. 斯图兹（Harry C. Stutz）是美国早期的赛车狂热者，也是最早的汽车制造者之一。1897年，在21岁的时候，他打造了自己的第一辆赛车，并亲自驾车参加了第一届印第安纳波利斯500英里大赛，引起了轰动。1914年，哈里C. 斯图兹推出勇士（Bearcat）车型，一时时成为那个时代的时尚标志物。后来勇士车型不断改进，一直都是美国跑车中的翘楚。

20世纪30年代，斯图兹汽车是那个时代的豪华轿车经典：手工打造，外形优雅，内饰奢华，引领时代的潮流，成为美国高尚机械工艺和技术革新的代名词。

1932年斯图兹（Stutz）船尾（Boattail）跑车

斯图兹汽车标志

1933年斯图兹（Stutz）蒙特卡洛豪华轿车

1932年斯图兹（Stutz）超级勇士跑车

→凯迪拉克（Cadillac）V16型豪华轿车制造于1930年，采用45°夹角的V形16缸发动机，双化油器，7.412升排量，最大功率130.5千瓦，前置发动机、后轮驱动，车身总长5.73米，配3速手动变速器，从静止加速到96千米/时需要24秒。此车当年售价6650美元。

1930年凯迪拉克（Cadillac）V16型全天候豪华轿车

→↓杜森博格（Duesenberg）J型是一款典型的美国豪华轿车，它于1928年推出，1937年停产。它采用6.9升排量的直列8缸发动机，每缸4气门，双顶置凸轮轴（DOHC），最大功率265马力，可以选装机械增压器，增压发动机的最大功率可以达到320马力。配3速手动变速器，有3种轴距车型供选择，车身造型更有数款。

1931年杜森博格（Duesenberg）J型敞篷跑车

斯柯达汽车立标

1932年斯柯达860型豪华轿车

↑1932年斯柯达（Skoda）推出860型，这是一款豪华轿车，采用直列8缸发动机，排量3.88升，最大功率60马力，最高车速110 千米/时。这款车型总共只生产了50辆。

1935年劳斯莱斯（Rolls-Royce）20/25 敞篷运动车

←劳斯莱斯（Rolls-Royce）20/25型是在1929—1936年间生产的一款劳斯莱斯"小车"，它的发动机只是直列6缸，排量3.669升，功率也只有20马力，配备4速手动变速器，从1932年起才在3档和4档上装备同步器。车长4.57米，轴距有3.27米和3.35米两种。这款劳斯莱斯共制造了3827辆。

1930—1939年

杜森博格立体标志

1931年杜森博格（Duesenberg）J型敞篷跑车

1931年杜森博格（Duesenberg）J型双门轿跑车

1931年杜森博格（Duesenberg）J型敞篷轿车

1931年杜森博格（Duesenberg）J型敞篷跑车

经典名车
流线形汽车（1930—1939）

→在1934年之前，人们从没考虑过汽车外形对汽车性能的影响，直到克莱斯勒气流（Airflow）汽车出现，并引领世界汽车进入流线形时代，而且一直持续至今。今天看来，1934年之前的汽车速度太慢了，就说这辆1934年制造的克莱斯勒气流汽车，它采用直列8缸发动机，但最高车速也只有152千米/时。在车速不高的情况下，空气阻力对汽车的影响较小，因此当时人们还没意识到要设计流线形汽车，以减小空气阻力对汽车性能的影响。

1934年克莱斯莱（Chrysler）气流汽车

1936年布加迪（Bugatti）57SC Atlantic双门轿跑车

被誉为世界第一辆超级跑车

1936年布加迪（Bugatti）57SC Atlantic双门轿跑车

←↑布加迪（Bugatti）57型是布加迪品牌车型中最著名的车款之一。其实布加迪57型有近20种车身款式，包括57、57C、57G、57S、57T和57SC等，其中最著名的则是57SC的两款车型：57SC Atlantic和57SC Atalante。

57SC Atlantic由布加迪创始人埃托雷·布加迪（Ettore Bugatti）的儿子吉恩·布加迪（Jean Bugatti）亲手设计，他借鉴飞机造型而设计的泪滴形车身，即使放到现在也非常前卫。加上其强大的动力，因此布加迪57SC Atlantic被称为世界上第一辆超级跑车。更为重要的是，此款车只生产了4辆，现仅存2辆，因此它在2014年创下4000万美元的拍卖纪录也就在情理之中了。

57SC Atlantic采用直列8缸发动机，排量3.257升，机械增压器，最大功率210马力，后轮驱动，4速手动变速器，0—96千米/时加速时间10秒，最大车速高达200千米/时。这在当时是一个非常惊人的成绩。

1937年布加迪（Bugatti）57S 双门轿跑车

1930—1939年

世界第一辆真正根据空气动力学设计并批量生产的汽车

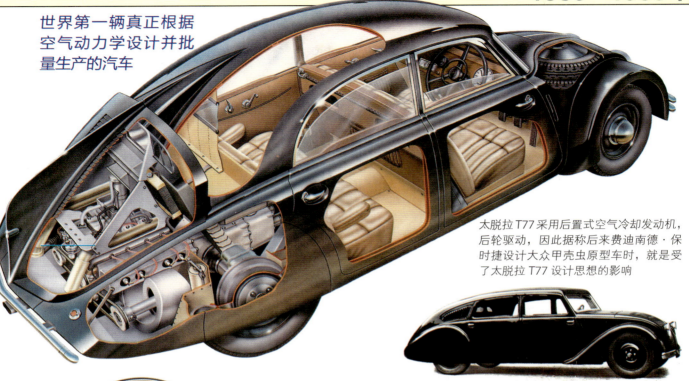

太脱拉T77采用后置式空气冷却发动机，后轮驱动，因此据称后来费迪南德·保时捷设计大众甲壳虫原型车时，就是受了太脱拉T77设计思想的影响

1934年捷克太脱拉（Tatra）T77型

捷克太脱拉（Tatra）汽车标志

↑ 太脱拉（Tatra）T77是世界上第一辆真正根据空气动力学设计并批量生产的汽车。它由两位航空工程师设计，并在1934年推出。太脱拉T77由一台3.0升排量V8空冷发动机驱动，最大功率75马力，其先进技术还包括顶置气门、干式油底壳、全独立悬架，以及为了轻量化而在发动机、变速器和悬架上应用的镁铝合金材料。经实验测试，T77的1∶5模型的风阻系数达到创纪录的0.2455。

T77采用后置发动机、后轮驱动方式，配4速手动变速器，最大车速超过150千米/时。

↓ 布加迪（Bugatti）57SC Atalante的名气仅次于57SC Atlantic，也是布加迪的经典代表作品之一。Atalante之名取自希腊神话中的英雄人物，这款车仅生产了17辆，其中4辆存放在法国米卢斯的一家汽车博物馆中。

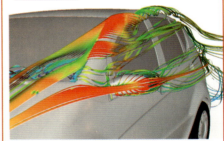

你知道吗？

把手伸出车窗外，就能感受到空气阻力

风阻也称空气阻力。汽车在行驶中才会遇到风阻。风阻虽然看不见，但可以摸得着。当汽车行驶时把手伸出窗外，就会很容易感觉到风阻，一股力量往后推动你的手，这个力量就是风阻。

汽车风阻由压力阻力和摩擦阻力两部分组成。流动的空气作用在汽车外形表面上的压力，称为压力阻力；由于空气的黏性而在车身表面产生的摩擦力，称为摩擦阻力。

1936年布加迪（Bugatti）57SC Atalante 双门轿跑车

经典名车
跑车（1930—1939）

1931年英国戴姆勒（Daimler）双六50型运动轿跑车

→↑从1926年起，如果只提戴姆勒汽车公司，则是指建立在英国考文垂的戴姆勒（Daimler）汽车公司，而不再指德国戴姆勒汽车公司（德国戴姆勒已与奔驰合并为戴姆勒-奔驰汽车公司）。

这辆名为双六（Double Six）的车型就是由英国戴姆勒汽车公司于1926—1938年间制造的一款豪华轿跑车型。它共有7.1升、3.7升、5.3升和6.5升四种排量的发动机，其中这辆名为双六50的车型，配备7.1升排量的V12发动机，最大功率150马力，车身长5.664米，是戴姆勒为抗击劳斯莱斯在1925年推出的新幻影而倾力设计的旗舰车型。

1931年英国戴姆勒（Daimler）双六50型运动轿跑车

跳灯设计

1937年美国卡特（Cord）812型机械增压款

1930—1939年

1937年法国 德拉海（Delahaye）135 M 敞篷跑车

←德拉海（Delahaye）145从1937年推出，一直生产到1954年才停产。它采用4.5升V12发动机，并拥有许多先进技术，如镁制缸体、铝制气缸盖，可以产生高达185马力的最大功率。铝制车身，钢管制骨架，4速手动变速器，后轮驱动，净重1.7吨，最高车速230千米/时。

→德拉海（Delahaye）135由法国Delahaye汽车公司于1935—1954年间制造，这是一款跑车，但在赛场上它更有名。德拉海135配备3.2升顶置气门直列6缸发动机，采用双化油器设计，最大功率95马力，最高车速148千米/时。而图示的135M车型则将发动机排量增大到3.557升，并于1936年推出。根据采用1个、2个和3个化油器的不同，其输出的最大功率也分别为90马力、105马力和115马力。

1937年法国 德拉海（Delahaye）145 型双门轿跑车

←↓1938年，法国德拉海（Delahaye）汽车公司在145型成功推出的基础上，采用相同动力系统又推出了一款敞篷车型，并命名为165型。虽然车身外形有变化，但它的最高车速仍然达到230千米/时。

1938年法国德拉海（Delahaye）165型敞篷跑车

←↓美国卡特（Cord）汽车公司于1935年推出810型流线汽车，前照灯为"跳灯"，在当时颇为新潮时髦。卡特810型采用V形8缸发动机，4.73升，最大功率为125马力。前轮驱动，最高车速为163千米/时。卡特812型则采用机械增压发动机，功率增加到190马力，排气管改为外露电镀式。810/812型大约共生产了2500辆。

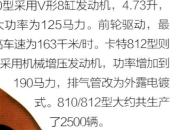

1938年法国德拉海（Delahaye）165型敞篷跑车

1936年美国卡特（Cord）810型　　"闭眼"的时候

美国卡特（Cord）汽车标志

145

1937年法国瓦赞（Voisin）C30敞篷跑车

↑这款法国瓦赞（Voisin）C30敞篷车的车身，是在1938年由路易斯·杜博斯（Louis Dubos）打造，只是在1938年的巴黎汽车展上展出过，而且仅此一辆。

瓦赞C30采用3.5升直列6缸机械增压发动机，最大功率116马力，配备3速手动变速器。亮相后的C30虽然也开始投入生产，但很快就因1939年爆发第二次世界大战而终止，瓦赞车厂在转产飞机发动机维修设备之前，只生产了不到30台C30底盘，现在也仅存5台。

法国瓦赞（Avions Voisin）汽车标志

1934年法国瓦赞（Voisin）C27

↑法国瓦赞（Voisin）C27的外观非常具备流线形，它最早亮相于1935年的日内瓦汽车展。它采用3升直列6缸发动机，并且装备双化油器，可以输出104马力的功率，最高车速为150千米/时。

↓捷豹（Jaguar）SS 100是1936—1940年间生产的一款2座跑车，其中"100"是指此车的最大车速为100英里/时。此车配2.66升排量的发动机，从1938年起又改为3.485升排量的直列6缸发动机。此车的后继车型是大名鼎鼎的XK120。

1936年捷豹（Jaguar）SS100敞篷跑车

→宝马328于1936年推出，可能是第二次世界大战前最时髦、最漂亮的敞篷跑车。该车采用6缸1.971升发动机，最大功率80马力，三个化油器。最高车速160千米/时。宝马328多次在汽车大赛上获得胜利，应是宝马汽车史上最著名的车型。

1936年宝马328敞篷跑车

1930—1939年

↑意大利阿尔法·罗密欧（Alfa Romeo）8C 2900B是根据8C 2900赛车而设计的民用车，它更强调舒适性和可靠性。2900B有长轴距（3.0米）和短轴距版（2.799米），都是配备2.905升排量的机械增压直列8缸发动机，双顶置凸轮轴（DOHC），4速手动变速器。

1937年阿尔法·罗密欧（Alfa Romeo）8C 2900B 长轴距双门轿跑车

↓拉贡达（Lagonda）LG6最早亮相于1937年的伦敦汽车展，并从1938年开始生产。然而，随着1939年9月第二次世界大战的爆发，LG6也随之停产，因此总共只生产了85辆，但LG6的敞篷款Rapide车型只生产了6辆，其他都是双门轿跑车或四门轿车。

LG6采用4.453升直列6缸发动机，双化油器，4速手动变速器，前轮双叉式独立悬架，后轮叶片弹簧式悬架，四轮液压式鼓式制动器，最高车速170千米/时。

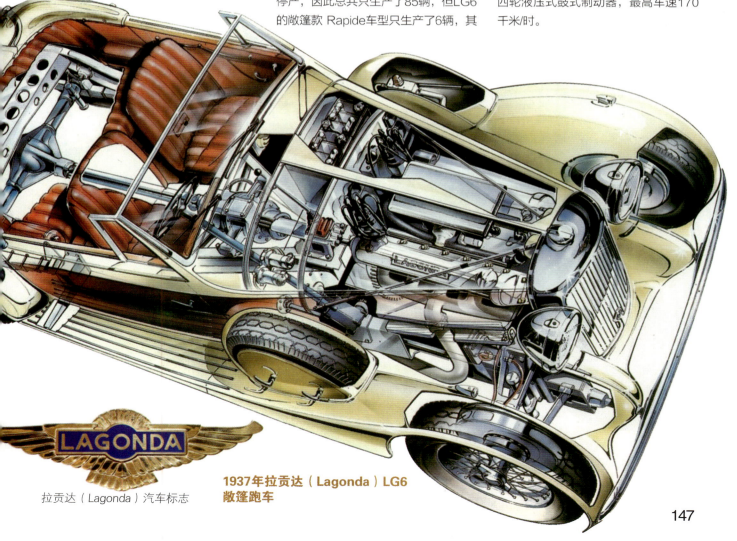

拉贡达（Lagonda）汽车标志

1937年拉贡达（Lagonda）LG6 敞篷跑车

图解汽车大百科 精装珍藏版

经典名车
高性能车（1930—1939）

1928年梅赛德斯–奔驰630K跑车

1928年梅赛德斯–奔驰630K型

←↑1926年，是戴姆勒与奔驰合并的年份，合并后的公司将一款梅赛德斯6.24升排量、140马力的豪华轿车重新命名为630K，其中K是表示此车型配备机械增压发动机。这款车型的最大车速为145千米/时。1928年10月，梅赛德斯–奔驰对这款630车型进行了改款，发动机动力提升到160马力，从而巩固了它作为梅赛德斯–奔驰旗舰车型的地位。它的继任者就是1930年推出的"超级奔驰"710型。

费迪南德·保时捷为戴姆勒–奔驰公司设计的最后一款车型

1930年梅赛德斯–奔驰710 SS型跑车

1930—1939年

1927年梅赛德斯-奔驰 710 S型（W06）运动跑车

1928年梅赛德斯-奔驰 710 SS型（W06）运动跑车

1929年梅赛德斯-奔驰 710 SSK型（W06）

1930年梅赛德斯-奔驰 710 SSK型（W06）Trossi敞篷跑车

1930年梅赛德斯-奔驰 710 SSK型（W06）Trossi敞篷跑车

←↓戴姆勒与奔驰两家公司于1926年完成合并后推出的第一款响亮的车型就是替代原来旗舰车型630K的710型，也就是配备排量为7.1升的车型，这也是费迪南德·保时捷离开戴姆勒-奔驰公司去创立自己公司之前设计的最后一款车型，可谓是临别作品。

梅赛德斯-奔驰710型共有四个系列车款：

1927年推出的S型，S = Sport = 运动。

1928年推出的SS型，SS = Super Sport = 超级运动。

1929年推出的SSK型，SSK = Super Sport Kurz = 超级运动短轴距。德语Kurz = 英语Short = "短"，因为SSK的轴距由SS的3.4米缩为2.95米。

1931年推出的SSKL型，SSKL = Super Sport Kurz Leicht = 超级运动短轴距轻量，德语Leicht = 英语Light = "轻量"。相比SSK，SSKL又减轻了一些重量。

这四款车型都采用机械增压直列6缸发动机，它们的最大功率分别为180马力（S型）、225马力（SS型）、250马力（SSK型）和300马力（SSKL型）。

四款车型中表现最出色的当数SSK型。由于它的轴距缩短后，使其操控性得到极大提高。SSK推出后横扫世界各地赛场，包括1929—1931年间的众多汽车大奖赛（Grands Prix）和登山赛等。

S/SS/SSK系列车型在1999年还获得由132位世界各地汽车记者及公众网络投票评选的"世纪之车"（Car of the Century）名誉称号。

经典名车
敞篷汽车（1930—1939）

世界第一款电动硬顶敞篷汽车

→标致401只在1934年10月—1935年8月生产，虽然短命，但其中一款电动硬顶敞篷车型却创下了世界之最：最早使用电动硬顶的车型。在它之后20年，才有福特一款名为Skyliner的概念车上出现了类似的装置。这款带电动硬顶的标致401只生产了79辆。

1935年标致（Peugeot）401Eclipse电动硬顶敞篷车

1938年标致（Peugeot）402 Darlmat 特别款敞篷跑车

↑这是标致根据空气动力学原理设计的第一款流线形汽车，它是根据埃米尔·德尔马特（Emile Darlmat）的设想设计的外观造型，因此称为"402 Emile Darlmat特别款跑车"。其实最初是准备在标致302的基础上建造的，但随着402车型的推出，以及402强大的动力表现，因此1938年在402基础上打造出这款特别漂亮的敞篷跑车。

↑这是德国欧宝（Opel）在1935—1937年间生产的一款敞篷车型，它配备1.288升4缸发动机，最高车速100千米/时，前置发动机、后轮驱动，3速或4速手动变速器。当时此车售价为2500德国马克。

1935年欧宝（Opel）奥林匹亚（Olympia）敞篷轿车

1930—1939年

→斯柯达（Skoda）Rapid是斯柯达在1935年投产的一款小型车，最初它配备1.165升的直列6缸发动机，最大功率26马力；到1936年发动机排量增加到1.766升，功率也提高到31马力。Rapid有四门轿车、双门轿跑车和两门敞篷车。

Rapid（中文名"昕锐"）这个名字在1984—1990年间还用于一款后置发动机的轿跑车上，2011年又开始用在一款四门轿车上，2012年一款五门掀背车也使用Rapid这个名字。

1935年斯柯达（Skoda）Rapid 901型敞篷车

←梅赛德斯-奔驰500K（内部编号W29）是于1934—1936年间制造的一款高性能豪华汽车（GT），它最初亮相于1934年的柏林汽车展。其中500是指采用5.0升的发动机，K是指采用机械增压器（德语Kompressor"机械增压"的缩写）。500K采用其前任车型380的四轮独立悬架系统，其中前轴为双叉臂式独立悬架，这也是世界上配备在量产汽车上的第一套独立悬架系统。

1936年梅赛德斯-奔驰500K（W29）特别款敞篷跑车

梅赛德斯-奔驰500K采用直列8缸发动机，最大功率160马力，配备4速手动变速器，可选装5速手动变速器，最高车速可达160千米/时，100千米油耗高达30升。

1935年梅赛德斯-奔驰500K型敞篷轿车

梅赛德斯-奔驰540K是在500K基础上设计的，其实它们的车身外观都基

1937年梅赛德斯-奔驰540K特别款敞篷跑车

20世纪30年代德国最美豪华汽车代表作

本一样，只是动力系统有所增加，发动机排量由原来的5.0升扩大到5.4升，仍采用机械增压器，因此称为540K。最大功率也随之提高到180马力，最高车速提高到170千米/时。540K于1936年在巴黎汽车展上亮相，并一直生产到1940年，因第二次世界大战爆发而停产。

1936年梅赛德斯-奔驰500K/540K敞篷跑车

←梅赛德斯-奔驰500K/540K堪称20世纪30年代德国最美豪华汽车的代表，它大概有十多种车身造型，包括轿车、轿跑车、敞篷车以及一些特别款等，但它们的前脸造型都保持一致。

经典名车
平民汽车（1930—1939）

→达塔桑（Datsun）12型是日产汽车公司从1933年开始生产的一款小型车。达塔桑这个名字原来是DAT公司旗下一款小型车的名字，后来DAT公司并入日产后，日产仍生产这款小型车，并沿用达塔桑这个名字。达塔桑12的发动机排量只有0.747升，采用3速手动变速器，前置发动机后轮驱动，车长2.71米，整车净重400千克。

1933年日产达塔桑（Datsun）12型轿车

↓达塔桑（Datsun）13型于1934年4月投产。当时13型系列车型较全，包括小货车、面包车、轿车和敞篷车等。但到1935年3月停产，13型总计只生产了880辆。

1934年日产达塔桑（Datsun）13型软顶敞篷车

↓斯柯达Rapid 421型，1935年款配1.4排量的发动机，最高车速100千米/时；1938年款配1.6升排量的发动机，最高车速提高到110千米/时。

1935年斯柯达（Skoda）421型轿车

↓斯柯达Popular是20世纪30年代捷克斯柯达制造的最实惠的系列车型，最早从1934年开始生产，一直到1946年停止。此系列车型采用全独立悬架，共经历5次改款，发动机排量也从最初的0.902升增加到1.089升，最高车速也从80千米/时提升到110千米/时。其中这款Popular 995型共生产了1500辆。

1939年斯柯达（Skoda）Popular 995型

↓标致（Peugeot）401最早亮相于1934年的巴黎汽车展，并在1934年开始投产，但不到一年时间它就被402所替代，总产量13545辆。

标致401采用1.72升的直列4缸发动机，侧置气门，最大功率44马力（33千瓦），前置发动机后轮驱动，定位于中型家用汽车，至少有11种车身造型。

→标致（Peugeot）201最早亮相于1929年的巴黎汽车展，当时正值出现世界经济危机，这种小型汽车非常适应市场需求。201最早采用1.122升的23马力的发动机，最高车速80千米/时，随后发动机排量又增加到1.307升和1.465升。1931年推出的201C型号称是第一辆采用全独立悬架的量产型轿车。

另外，标致201也是第一款采用3位数字、中间数字为0作为命名方式的标致汽车，其前任车型名称为190型。标致将这种命名方式进行注册，从而有效阻止了后来保时捷试图以"901"命名车型的做法，只能转而改为"911"。

1934年标致（Peugeot）401型

1929年标致（Peugeot）201型

1930—1939年

↓斯柯达906型是著名的Popular系列车型中的一款，生产时间为1934—1937年，总产量4220辆。此车采用0.995升直列4缸发动机，最大功率22马力，最高车速90千米/时，车长仅3.77米。

1936年斯柯达（Skoda）906型

↓标致301于1932年投产，1936年停产。它采用1.5升26千瓦的发动机，但拥有多种车身形式，包括敞篷车、四门轿车、双门轿跑车和皮卡等。

→奥斯汀（Austin）10型是一款小型车，它最初于1932年4月投产，是20世纪30年代奥斯汀最畅销的汽车。此车改款后一直生产到1947年，总计产量29万辆！奥斯汀10有10多种车身形式，配1.125升4缸发动机，4速手动变速器，车长3.5米。

1934年奥斯汀（Austin）10型

1932年标致（Peugeot）301双门轿跑车

1934年奥斯汀（Austin）10型

←英国奥斯汀（Austin）8是在1939—1948年间生产的一款小型车，总产量56103辆，并且曾在澳大利亚组装过。车身形式包括2门和4门、2座和4座等多种形式，采用0.9升4缸侧置气门发动机，配4速手动变速器。车长3.785米。

1939年英国奥斯汀（Austin）8型四门轿车

→↓菲亚特500于1936年推出，一直生产到1955年，总计生产了52万辆，与大众甲壳虫、英国迷你、法国雪铁龙2CV并称世界四大经典小型车。

由于外形活泼可爱，车头造型又有点尖，因此被称为"小老鼠"。该车是欧洲最早流行的微型车。"小老鼠"采用4缸0.569升排量发动机，最大功率13马力，前置发动机、后轮驱动。轴距2米，车长3.215~3.245米，最高车速只有85千米/时，百千米油耗6升。

1936年菲亚特（Fiat）500型轿车

1936年菲亚特（Fiat）500型轿车

世界四大经典小型车之一

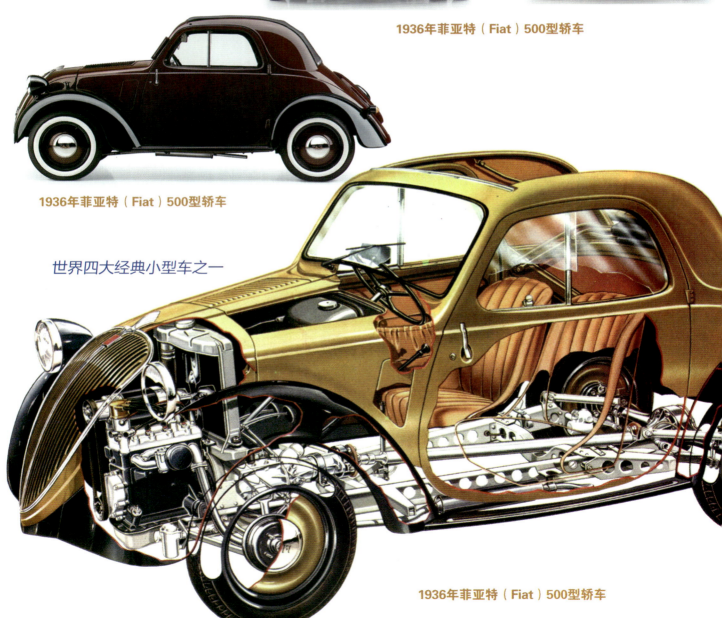

1936年菲亚特（Fiat）500型轿车

1930—1939年

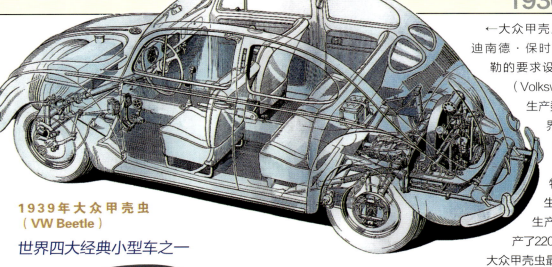

1939年大众甲壳虫（VW Beetle）

世界四大经典小型车之一

← 大众甲壳虫（Beetle）是费迪南德·保时捷应大独裁者希特勒的要求设计的"人民汽车"（Volkswagen），1939年曾生产数百辆，在第二次世界大战中停产，1945年开始恢复生产，到1972年就超过了福特T型车1500万辆的生产纪录，后来竟一直生产到2003年，总计生产了2200多万辆。

大众甲壳虫最早称为大众1型，在德国称为大众Kafer（德语"甲壳虫"之意），在美国称为Bug。后来由于该车造型颇像一只甲虫，故称为"甲壳虫"（Beetle）。其实它的造型是受1935年的捷克太脱拉（Tatra）77型流线形汽车的影响。

甲壳虫最早采用1.1升后置风冷式水平对置4缸发动机，后来又增加1.2升、1.3升、1.5升和1.6升水平对置4缸发动机，配4速手动变速器，车长4.079米，重800~840千克。

1939年大众甲壳虫（VW Beetle）

↓ 阿德勒（Adler）是位于德国法兰克福的一家汽车制造商，它在1934年推出的Trumpf Junior是一款小型家用轿车，采用0.995升4缸发动机，侧置气门，前置发动机前轮驱动，有2门、4门及敞篷等多种车身形式，配备4速手动变速器，没有同步器，轴距2.63米，车长3.86米，后来又改款增长到4.25米。到1941年停产，共生产了约10万辆。

1935年德国阿德勒（Adler）Trumpf Junior敞篷车

↑ 欧宝（Opel）Kadett是一款生产于1936—1940年间的小型家用轿车，它采用1.074升直列4缸发动机，最大功率23马力，前置发动机后轮驱动，配3速手动变速器，车长只有3.765米，净重757千克。

1936年欧宝Kadett（K36）小型家用轿车

经典名车
前脸造型（1930—1939）

20世纪30年代对汽车工业来讲是个蓬勃发展的时代，在布加迪直列8缸和凯迪拉克V形16缸大排量发动机的引领下，欧美开始推崇大功率发动机汽车，进而推动汽车比赛在欧美地区如火如荼地举行。整个汽车工业都处于兴奋期，个性张扬的汽车设计师更受欢迎。前脸造型设计是汽车造型设计师们的用武之地。从当时的汽车图片中可以看出，几乎没有两款车的前脸造型雷同或近似。但由于当时发动机的体形都较大，因此这也决定了前脸的高度不会太低，甚至进气格栅都是近乎垂直设计，只有在赛车上才可看到较为扁平的前脸造型。

1936年梅赛德斯-奔驰500K/540K敞篷跑车

1938年阿尔法·罗密欧8C 2900 Mille Miglia

1938年法国塔伯特-拉戈（Talbot-lago）T150C

1930—1939年

1937年德拉海（Delahaye）145 大奖赛车

1937年法国德拉海（Delahaye）145型

←法国汽车设计历来就喜欢别出心裁，这款标致402将前照灯放置在前中网内，堪称空前绝后的设计。

↓布加迪汽车的前脸一直采用"拱门"式造型，至今如此。向后打开式车门现在在一些超级豪华车上仍然存在。

1935年标致402 Limousine

1936年布加迪（Bugatti）57SC型轿跑车

←劳斯莱斯的前脸一直采用"宫殿"式造型，据说是借鉴了希腊帕特农神庙的造型设计。请数一数这辆劳斯莱斯共有几个车灯？

1935年美国杜森博格（Duesenberg）SJ型

1935年劳斯莱斯（Rolls-Royce）20/25敞篷跑车

1934年法国瓦赞（Voisin）C27

先驱人物
工业设计天才：费迪南德·保时捷

费迪南德·保时捷（1875—1952）

人们只要提到费迪南德·保时捷（Ferdinand Porsche），车迷们自然会想到德国跑车之王保时捷，而只有少数车迷才会将保时捷与大众汽车公司的甲壳虫联系起来。其实，风靡全球数十年的甲壳虫汽车就出自费迪南德·保时捷之手，可以说费迪南德·保时捷是甲壳虫汽车之父。

费迪南德·保时捷于1875年9月3日出生在奥匈帝国的玛弗斯德弗，现在为捷克的利伯瑞克。费迪南德·保时捷是当地一位著名铁匠的儿子，成年后边帮父亲干活边学艺。然而，在19世纪末工程技术飞速发展的年代，年轻的保时捷不甘心当一辈子铁匠，他到当地一家技校学习。不久他就对两门技术非常感兴趣：一个是家用电器，另一个是内燃机。他认为这两个领域发展潜力最大。虽然费迪南德·保时捷学习很用功，但技校毕业成绩并不是很好。

从技校出来后，费迪南德·保时捷到维也纳的联合电气公司找到了工作，他先是扫地板，后是干维修。四年后，他凭自己的聪明才智当了试验部经理。在那里，他可以尝试自己的许多创意。"书到用时方恨少"，费迪南德·保时捷此时才发现在技校学的那点知识远不够用，很难应付快速发展的技术革命。于是，费迪南德·保时捷常常跑到当地大学去旁听。在那里，他可以自由选择感兴趣的课程学习。经过不懈努力，"充足电"后的费迪南德·保时捷萌生设计电动汽车的想法。他认为电动汽车没有噪声，没有烟雾，是将来理想的交通工具。

虽然费迪南德·保时捷的第一张设计草图被人盗走，并因此导致投资人卡斯（Kaes）大怒不已，但这并没有使他退缩。他考虑到电气动力传动能量损失较大，于是就独创出"直接驱动"结构，将电动机直接装在车轮内，省去了传动机

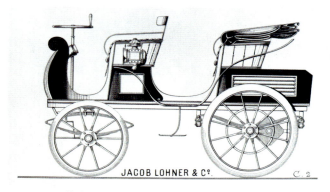

1898年费迪南德·保时捷设计的洛纳（Lohner）电动汽车构造图

年仅23岁的费迪南德·保时捷在1898年就设计出了纯电动汽车，在1900年巴黎车展上引起轰动

1898年"洛纳-保时捷"电动车

1930—1939年

世界第一辆四轮驱动汽车　费迪南德·保时捷设计的纯电动赛车，配备四个轮毂电动机，每充一次电可行驶80千米，这也是世界第一辆四轮驱动汽车

构，从而提高了传动效率。直到100多年后的今天，人们仍然根据保时捷当年的思路来发展电动汽车。

费迪南德·保时捷将新设计的电动汽车展示给维也纳著名车辆制造商洛纳（Lohner）看，想取得他的支持。正巧洛纳也一直在研制电动汽车，只是受技术条件限制而未能成功。找上门的设计天才让洛纳欣喜若狂，立即聘用费迪南德·保时捷为车辆设计师。这是1898年的事，当时费迪南德·保时捷年仅23岁。

洛纳没有看错人，费迪南德·保时捷不久即试制出一种直接驱动的电动汽车样车，每充一次电可行驶80千米。洛纳对这辆名为"洛纳-保时捷"的电动车非常满意，进而鼓动保时捷将此车送到了1900年的巴黎博览会上展出，并获取大奖。保时捷在博览会上出尽风头，保时捷（Porsche）从此开始名扬天下。

为了弥补电动车功率较小的缺点，保时捷随后又设计出电力与汽油混合动力汽车，所用发动机为戴姆勒的成熟产品。取名MIXT的混合动力汽车很快博得上流社会的喝彩，订单纷至沓来。洛纳喜出望外，但保时捷对此并不满足，决心进一步改进MIXT，使之更趋完美。然而洛纳有他的考虑，既然产品已很受欢迎，没必要再继续投资搞设计。因此到1903年保时捷基本已无事可做，正好奥斯特·戴姆勒公司（戴姆勒在奥地利的分厂）力邀他去，他便跳槽了。

凭借非凡的设计天才，保时捷只用一年的时间就升任公司的技术部长，并进入公司董事会。他开发的首辆汽车为较传统的"马佳"（Maja）轿车，4速变速器、4缸发动机。随后他开始大胆创新，并多次获奖。在一次汽车比赛中，前17名中竟然有12名是保时捷设计的汽车，而冠军车是保时捷亲自驾驶的。

随着第一次世界大战的来临，保时捷也被迫为战争服务。到1907年他已成为航空发动机制造业的先锋。保时捷设计的奥斯特·戴姆勒发动机被广泛用于战斗机和飞艇上。

然而，战争的结果是德国战败及经济崩溃。在危机四伏的情况下，人们对奥斯特·戴姆勒生产的高档汽车需求很小，公司经营步履维艰。于是保时捷提出生产像福特T型车那样的平民车。然而老板置若罔闻，坚持生产大型、高档豪华汽车，以保持公司原有的高品位形象。虽然保时捷研制了一款体积小、重量轻、成本低的汽车，但公司老板对此毫无兴趣，脾气倔强的保时捷与老板大吵起来。

费迪南德·保时捷和他设计的"国民车"的样品车，也就是日后大众甲壳虫汽车的原型车，此车已开始采用四冲程发动机，全钢车身

戴姆勒总公司闻听此事马上将保时捷调往总公司，委任为技术总监，并成为董事。保时捷的坏脾气使他仍与公司管理层有摩擦，但他很快以出色的工作能力赢得了声誉。保时捷为戴姆勒公司及合并后的戴姆勒-奔驰公司设计了不少传世之作，其中以SS及SSK两种车型最为出色，它们不仅动力强劲，而且外形优美。

然而，保时捷仍然渴望能生产一种老百姓买得起的汽车。以生产豪华车著称的戴姆勒-奔驰公司不愿降低档次生产平民车，保时捷的愿望在此难以实现。在一次激烈争吵后，保时捷又辞职不干了。

保时捷很快又到维也纳的斯泰尔汽车公司当上了设计师并负责设计出两款很成功的车型，尤其是奥地利牌汽车在1929年巴黎车展上大放异彩。然而好景不长，斯泰尔由于财政困难，经营难以维持，最后竟被戴姆勒公司吞并。从不服输的保时捷哪能再继续待在斯泰尔公司！几次挫折使他明白了一个道理：要想实现自己的梦想，不能任人摆布，必须自己当老板。于是，保时捷跑到斯图加特开了一间设计室，名为"保时捷博士设计室"，1931年1月1日正式开业。保时捷接到的第一份设计合同是为德国汪德尔（Wanderer）汽车公司设计一款6缸发动机汽车。

1932年保时捷到苏联访问，苏联政府极力劝他留在那里，答应给他住房、别墅、空白支票及生产平民车的一切必备条件，但保时捷还是回到了德国。

1933年1月30日上台的希特勒是个狂热的汽车迷，虽然他根本不会开车，但对汽车情有独钟。希特勒上台后的第一次公开露面就是参观1933年的柏林汽车展。在展览会上，希特勒提出要大量生产"大众"汽车，让每个德国人都能坐着自己的汽车去旅游。本来喜欢高档、豪华车的希特勒据说是受了福特大量生产廉价汽车的影响，才提出生产"大众"车的。一直渴望大量生产平民车的保时捷主动承担设计任务，并很快在1936年做出两辆样车，这就是日后风靡西方世界几十年的甲壳虫汽车的雏形。

1936年保时捷还为汽车联盟（奥迪前身之一）设计了银箭号赛

老保时捷为大众汽车公司开发的原型车，其"甲壳虫"形状的造型非常明显，从此奠定了大众甲壳虫汽车的经典设计，甚至一直影响到现在的保时捷、奥迪汽车的造型设计

最早的大众原型样车是没有后风窗的，因为后置式的风冷发动机需要巨大的散热窗才能保证发动机散热，车背上已没有地方安置后风窗。当然，后来经改进后又装上后风窗

由于第二次世界大战的到来，费迪南德·保时捷设计的"国民车"被迫改为越野战车

1930—1939年

1924年费迪南德·保时捷站在梅赛德斯2升增压发动机赛车旁

1936年费迪南德·保时捷还为"汽车联盟"（奥迪前身之一）设计了"银箭"号赛车，它共打破8项世界纪录，此车配备16气缸的发动机

车，它共打破8项世界纪录，夺下场地赛、长途越野赛、登山赛等多种冠军。正是这辆车，奠定了今天场地赛汽车的基本构造形式。

第二次世界大战期间，费迪南德·保时捷曾参与研制德军装甲车辆，包括著名的虎式重型坦克。战后保时捷因此被盟军当成战犯，先被押解到美国，后囚禁在法国监狱。大约两年的监禁后，盟军终于承认他只是位汽车设计师，而不是德国纳粹，最后只好释放回国。获释的保时捷重操旧业，在奥地利格蒙德市（Gmund）组建保时捷设计有限公司，但已力不从心，主要工作只好由儿子费利·保时捷负责。1948年第一批50辆铝制车身的保时捷356型1号跑车在奥地利装配出厂。虽然费迪南德·保时捷一生中设计了众多优秀车型，但都是为他人作嫁衣，直到73岁时才有了以保时捷命名的汽车。

1952年1月30日，一生嗜车如命而又饱尝创业艰辛与牢狱之灾的费迪南德·保时捷因病去世。

你知道吗？

保时捷标志

保时捷（Porsche）汽车的商标以公司所在地斯图加特市的盾形市徽为主。

市徽中间的黑马表明这里早在16世纪就以产马而闻名，而且黑马象征着力量。黑马上面有斯图加特（Stuttgart）字样。

背景上的鹿角告诉人们这里曾是狩猎场所。金黄的底色则表示成熟了的麦子。黑红相间的条纹分别代表肥沃的土地和人们的智慧。

公司名放在上方最显眼的地方，象征着公司辉煌的过去和美好的未来。

↑保时捷汽车公司最早只是一个汽车设计室，创建于1931年创始人是著名的汽车设计大师费迪南德·保时捷。其实保时捷大师设计汽车的历史始于19世纪末，但直到1948年才由其儿子费利·保时捷设计并制造出第一辆以保时捷冠名的汽车：保时捷356，并在众多汽车比赛中获胜，从此才奠定了保时捷跑车的成功之路。1963年由费迪南德·保时捷的孙子亚历山大·保时捷设计并推出的911型跑车，更是车坛上的常青树，畅销数十年至今不衰。

1940—1949年
战争洗礼

处于战争中与战后恢复期的汽车业发展步履维艰。

汽车简历（1940—1949）

1940年 美国汽车开始安装安全带。

1940年 美国军队开始使用越野性能极强的吉普汽车。

1940年 哥廷根大学开始研究汽车阻力、升力和侧风的影响。

1940年 奥兹汽车率先推出全自动变速器。

1940年 一种流线形的宝马汽车赢得了意大利1000英里公路汽车赛胜利，这对战后的汽车设计产生了重要影响。

1941年 大众汽车公司首先生产水陆两用汽车。

1944年 韩国起亚汽车公司成立。

1945年 大众公司在英军控制下恢复生产。

1946年 本田汽车公司成立。

1947年 日产汽车公司生产达塔桑牌汽车。

1947年 当年全球汽车总产量达585万辆。

1947年 法拉利汽车公司正式成立。第一辆法拉利跑车参加比赛。

1948年 路虎越野车问世。

1948年 捷豹XK120跑车在伦敦汽车展中引起轰动。

1948年 第一辆保时捷车型365跑车问世。

1948年 林肯和凯迪拉克汽车开始安装电动车窗。

1949年 克莱斯勒汽车使用盘式制动器。

1949年 福特V8型轿车推出。

1948年 后来被称为"丑小鸭"的雪铁龙2CV亮相。

故事传奇
吉普传奇

1941—1942年威利斯（Willys）MA型

威利斯·吉普（Willys Jeep）是美国威利斯（Willys）公司专为美军生产的一种四轮驱动越野车，1941年开始为美军服役。由于越野性极强，维修又方便简单，因此在第二次世界大战中扮演了许多角色：侦察车、运输车、救护车、火炮车等。哪里有美国兵，哪里就有吉普车。

第二次世界大战后，立下赫赫战功的吉普车更是名扬四海，以至"吉普"竟成了越野车的代名词。

早在1950年6月13日，威利斯公司就向美国及其他国家将"吉普"（Jeep）作为商标注册，现在"吉普"又成了菲亚特克莱斯勒集团旗下的汽车品牌。

早在1939年，西欧的战火开始爆发之际，美国军方向全国所有汽车生产厂家言明，他们正在寻求一种轻型侦察军用车来替代传统的三轮摩托车。

1940年11月11日，威利斯公司就向军方的赫拉博德营送来了他们自己的两辆样车，车名称为夸德（Quad），可选择二轮驱动或四轮驱动的形式，其中之一还具有四轮转向的功能。这两辆"夸德"车引起军方极大兴趣。

此时，军方手头已拥有来自班特（Bantam）、威利斯和福特三家推出的样车了。于是军方趁热打铁，很快又向这三家定购4500辆——每家需提供1500辆军用车，为的是针对不同的设计效果做深入的试验、比较和选择。

1941年6月，4500辆军方订购车

1940年的威利斯·夸德（Willys Quad）是吉普汽车的原型车

陆续交货。在做了相当多的研究之后，军方决定选取其中的一种车作为标准基本型。在此过程中，考虑到三家产品各有其优势，最终确定，将福特和班特的优秀特征融进威利斯的车型。在做进一步的完善和改进之后，威利斯的车型便成了标准。

1941年7月，在16000辆"要么全部，要么就干脆放弃"的投标中，威利斯公司击败了另外两家竞争对手，以每天生产125辆的速度一举夺魁。班特公司生产规模较小，是导致其未能中标的直接因素。同年后期，陆军军需兵种要求威利斯把其设计交给福特，两家公司一起来生产15000辆，福特产品称为GPW。

第二次世界大战期间，威利斯和福特总共满足了军方对60万辆吉普的需求，其中威利斯提供了36万辆，福特生产了27.8万辆，而生产规模一直较小的班特公司只生产了2675辆，多数租借给了英格兰及苏联。在日本偷袭珍珠港之前，班特公司便停产了。

这类军车在刚刚开始投产那一时期称为"MA"，后又在1941年改为"MB"。"Jeep"在这个时候也正式成为它的代名词且已家喻户晓了。

你知道吗？

吉普名字的来历

大力水手漫画中有个吉祥小怪物的名字就叫 Jeep

"吉普"车名的起源众说纷纭。许多人认为，"吉普"的发音是缘于一种前轮驱动军车的名字，"通用功能"（General Purpose）的两个英文单词首字母"G.P."连读的效果。

另据传说，在明尼阿波利斯·摩兰能源公司有一位试车手，非常喜欢当时流行的一个很可爱又相当顽皮的中性小动物漫画形象，大力水手漫画中的"尤金尼·吉普"。尤金尼·吉普喜欢到处乱跑，机智勇敢并且善于应付各种突如其来的险境且屡屡化险为夷。这位试车手认为他所驾驶的汽车也有同样的特点，便干脆把他驾驶的四轮驱动汽车称为"Jeep"了。

不过事实上，当威利斯公司的试车手欧文·霍夫曼把他们的第一辆样车送到了赫拉博德营，他要求"必须给我们的车起一个出色的名字，因为我对我们改进后的车非常自豪。我不喜欢人们把它和班特的样车'Blitz Buggy'及福特的'GP'混为一谈，我喜欢叫我们的车为Jeep"。

尽管欧文·霍夫曼没有创造

"吉普登上国会的台阶"

"Jeep"这个词，但是他是第一个对媒体使用这个词的人。欧文·霍夫曼在给华盛顿的高官进行试车表演时，其中有华盛顿日报记者凯瑟琳·赫尔叶。她的文章于1941年2月20日见报，名为"吉普登上国会的台阶"，文章配有大幅吉普照片，还在里面援引欧文·霍夫曼对威利斯公司汽车"Jeep"的叫法。

1942年威利斯（Willys）MB型

故事传奇
战争中的吉普

有人甚至说没有吉普就没有盟军在第二次世界大战的胜利。美国著名军事记者俄尼派尔报道说:"我认为没有吉普我们无法继续战争。它任何事情都能做。它像狗那样忠诚,像骡子那样强壮,像山羊那样敏捷。它实际载重能力是其设计的两倍,且能够不知疲倦地跑路。"在第二次世界大战中,在各个战区,吉普扮演了诸多的角色:担架、机枪架、侦察车、轻型货车、前线用车、枪支弹药运输及出租车等。吉普车把伤病员运送到安全地带,把37毫米反坦克加农炮拖到战火纷飞的战场中去。

1942—1945年生产的威利斯(Willys)MB型

- 两块玻璃平面前风窗
- 备胎
- 发动机盖开启扣手
- 发动机盖锁钩
- 前照灯
- 九竖孔进气格栅
- 保险杠
- 前风窗可向前放倒
- 带"帽檐"的照明灯可以阻止灯光向上发散,防止被敌机发现,当敌方飞机出现时,可以点亮此灯,继续赶路
- 又宽又深的轮胎花纹,使车辆在泥地中仍然具有较强的抓地力
- 钢板弹簧
- 转向拉杆
- 减振器

1942—1945年生产的威利斯(Willys)MB型

1940—1949年

威利斯MB型技术参数

发动机：
威利斯2.2升直列4缸发动机，压缩比6.48∶1，水冷，最大功率60马力，最大转矩142牛·米

传动系统：
3速手动变速器及2档分动器，前置发动机、四轮驱动

悬架系统：
前后采用钢板弹簧悬架

续航里程：
482.8千米（300英里）

最高车速：
105千米/时

车身规格：
长3.36米，宽1.57米，高1.77米，净重1113千克，燃油箱56.8升

吉普汽车"七竖孔"前脸造型标识

吉普也是最早的多功能车，它拉货、载人都非常方便，公路、乡村小道也能通过，可以说是"运动型多功能车辆"（SUV）的鼻祖

第一款民用吉普车型CJ-2A于1945年生产，最初它是作为农场主和建筑行业的作业车而加入民用的

你知道吗？ 四轮驱动，可以让汽车去更偏僻的地方

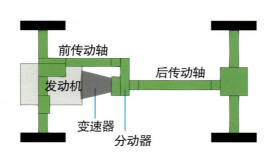

左图是典型的四轮驱动系统构造示意图，图中绿色线条是动力分配和传递的路线：发动机动力经变速器后，被送到分动器，然后再将动力一分为二，分别向前轮和后轮传递。这样即使前轮或后轮出现打滑现象，车辆利用其他驱动轮仍能继续前进。

威利斯（Willys）吉普汽车的装载能力非常强

威利斯（Willys）吉普汽车可以充当救护车等

图解汽车大百科 精装珍藏版

经典名车
两栖车辆（1940—1949）

→↓德国大众（Volkswagen）166型是一款两栖四驱车辆，在第二次世界大战中德国的地面部队曾使用过此车。大众166型在1942—1944年间共制造了14265辆。它采用水平对置4缸发动机，风冷，排量1.131升，最大功率25马力，配备4速手动变速器以及2档式分动器。只有挂上1档时才可以实现四轮驱动。在前后桥都配备有采埃孚（ZF）的自锁式差速器。

当进入水中行走时，放置在车尾部发动机盖上的一个螺旋桨推进器就会放下来，通过一个耦合机构由发动机驱动螺旋桨转动，从而推动车辆在水中行驶。

螺旋桨推进器在陆地上行驶时可以向上收起来

与后来的甲壳虫汽车一样，采用后置式水平对置风冷4缸发动机

1942—1944年德国大众（VW）166型水陆两栖车

1940—1949年

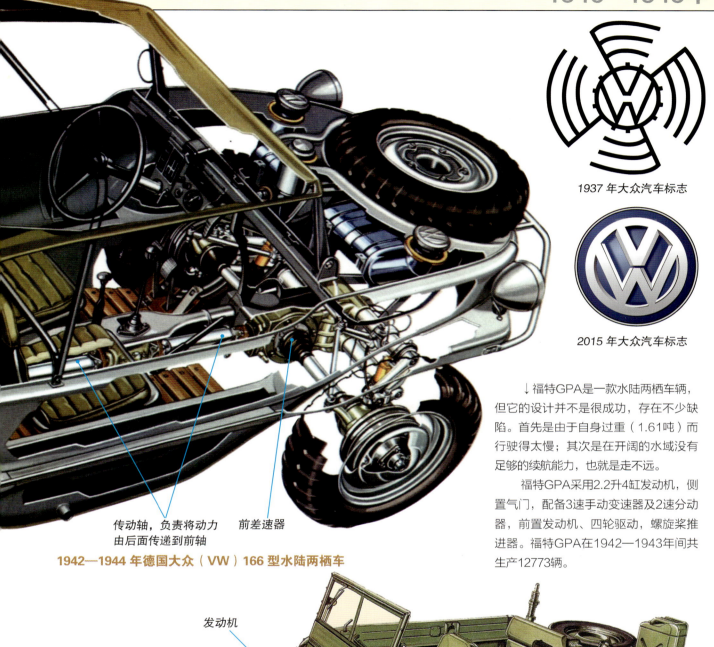

1937 年大众汽车标志

2015 年大众汽车标志

↓福特GPA是一款水陆两栖车辆，但它的设计并不是很成功，存在不少缺陷。首先是由于自身过重（1.61吨）而行驶得太慢；其次是在开阔的水域没有足够的续航能力，也就是走不远。

福特GPA采用2.2升4缸发动机，侧置气门，配备3速手动变速器及2速分动器，前置发动机、四轮驱动，螺旋桨推进器。福特GPA在1942—1943年间共生产12773辆。

传动轴，负责将动力由后面传递到前轴　　前差速器

1942—1944 年德国大众（VW）166 型水陆两栖车

发动机

螺旋桨推进器

1942—1943 年美国福特（Ford）GPA水陆两栖车

先驱人物
跑车之王：恩佐·法拉利

恩佐·法拉利（Enzo Ferrari）是法拉利汽车公司的创始人。他于1898年2月18日生于意大利北部的摩德纳城一个小钣金厂主家里。他父亲本打算把他培养成一名歌手或者新闻记者，然而他却成了一名工程师、企业家。

恩佐·法拉利10岁那年，父亲带他去看一场汽车比赛，谁知他从此爱上了赛车。1914年，第一次世界大战毁了他的家。1916年，父亲病逝，翌年，兄长又战死沙场。连续的灾难，使得法拉利感慨非常。1917年底，法拉利毅然投笔从戎。然而不久，他却因病胸部做了两次手术，不能再适应战火纷飞的战场而被送回家。经过来往奔波，最后总算在一家拆旧货车场找到了饭碗。在那里，他逐渐学会了汽车机械技术，同时也不忘与赛车圈加强联系，有时还义务当赛车机械员，颇受人们欢迎。

1920年，法拉利应聘成为当时意大利最强车队阿尔法·罗密欧（Alfa Romeo）车队的试车员，后来又成为正式赛车手并多次参加比赛。

1922年，法拉利在家乡摩德纳成立一家小公司，并逐步发展成阿尔法·罗密欧在摩德纳的销售代理。与此同时，他仍是阿尔法·罗密欧赛车队的赛车手并不断驾驶阿尔法·罗密欧赛车参加比赛，以便提高阿尔法·罗密欧汽车在当地的知名度和销量。

直到1928年，法拉利还在代表阿尔法·罗密欧车队参加比赛并获得过冠军。但法拉利受玛莎拉蒂（Maserati）兄弟自己制造赛车并获得成功的鼓舞，他于1929年与人合伙在摩德纳成立了以自己名字命名的车队。随着比赛成绩不断提高，法拉利车队开始在意大利车坛声名鹊起。在这个时期，法拉利车队使用的仍是阿尔法·罗密欧赛车，自己还没有造车计划。

1933年，阿尔法·罗密欧车队因多种原因而解散，法拉利车队自然而然地就成了代表阿尔法·罗密欧参赛的最强车队。1937年，阿尔法·罗密欧购买了法拉利车队80%的股份，并将车队由摩德纳迁往阿尔法·罗密欧公司所在地米兰。此后的两年内，恩佐·法拉利的日子并不好过，在阿尔法·罗密欧公司处处受排挤。法拉利强忍到1939年9月，就彻底离开了阿尔法·罗密欧公司，又回到了他的家乡摩纳德准备东山再起。

然而法拉利的离职协议规定，他在四年内不可以使用原法拉利车队的名称，不可以直接参加各种赛车活动。到了1939年12月，有人找到法拉利希望他为1940年4月28日举行的一千英里耐力赛打造两辆赛车。这让法拉利重燃对赛车的热情，就积极组建设计团队，对两辆菲亚特508C轿车的动力系统进行改装，只用四个月的时间就推出一款能上场参赛的赛车，即AAC 815。也有人将其称为第一辆法拉利汽车，但受离职协议的约束，汽车上并没有与"法拉利"相关的任何标识。

AAC 815赛车的表现还不错，但之后不到两个月意大利就参加第二次世界大战了，所有进一步的设计与改进计划都被迫取消了。

第二次世界大战一结束，法拉利就积极招兵买马，着手打造真正自己的赛车。从1945年10月开始，几经坎坷和磨难，直到两年后，也就是1947年5月，第一辆从发动机开始设计的法拉利赛车——法拉利125终于推出。从此，恩佐·法拉利的事业就再无法与那惊心动魄的汽车大赛分开了，并最终成为意大利的赛车教父。

恩佐·法拉利在最后几年内，把法拉利公司的全部资产都卖给了菲亚特公司，所得钱款捐赠给了慈善事业。1988年8月14日，法拉利在家乡摩德纳去世，终年90岁。

恩佐·法拉利（1898—1988）

恩佐·法拉利（Enzo Ferrari）曾是一位赛车手

1940—1949年

> 你知道吗？

"腾马"传奇

法拉利（Ferrari）的标志顶端是意大利国旗的色条，黄底色为法拉利公司所在地摩德纳的城市标志色，主图案是我们熟悉的"腾马"。"腾马"图案的来历还有个故事。那是1923年5月25日，在靠近Ravenna的Savio赛场取得胜利后，恩佐·法拉利被第一次世界大战中的传奇飞行员弗朗西斯科·巴拉卡（Francesco Baracoa）的母亲认出。巴拉卡是协约国意大利的空军飞行员，在第一次世界大战中曾击落34架奥匈帝国的飞机，但在第一次世界大战即将结束的1918年，它被奥匈帝国的飞机击落而坠机身亡。巴拉卡的飞机上画有一个腾马图案。巴拉卡的母亲见到恩佐·法拉利后，拿着儿子巴拉卡的"腾马"纹章对恩佐·法拉利说："拿去吧，贴到你车上，它会给你带来好运。"法拉利欣然同意，果如她言，带有"腾马"标志的法拉利赛车连连夺魁，"腾马"标志从1929年正式成为恩佐·法拉利所在赛车队的标志。后来恩佐·法拉利创立自己的公司时就用它作为法拉利赛车队以及法拉利跑车的标志，但两种标志还是稍有区别。

第一次世界大战中意大利传奇飞行员巴拉卡和它的战机，机身上的腾马图案就是法拉利标志的原型图

法拉利赛车队标志

法拉利汽车是在赛车场上成名的，因此他们一直非常重视参加各种顶级赛车活动，并专为其车队设计了一个标志。虽然和其车型标志的图案、颜色基本相同，但形状为盾牌，并且在"腾马"下面还有"法拉利车队"（Scuderia Ferrari）的缩写字母S F。

法拉利品牌创始人恩佐·法拉利的签名

- 绿白红三色代表意大利国旗色条
- 源自一个传奇故事的腾马标志
- 黄底色为法拉利公司所在地摩德纳的城市标志色
- 源自法拉利汽车创始人恩佐·法拉利（Enzo Ferrari）的名字

法拉利跑车标志

经典名车
法拉利AAC 815型（1940）

虽说是恩佐·法拉利设计和打造的第一辆汽车，但它并不能贴上法拉利的任何标志。

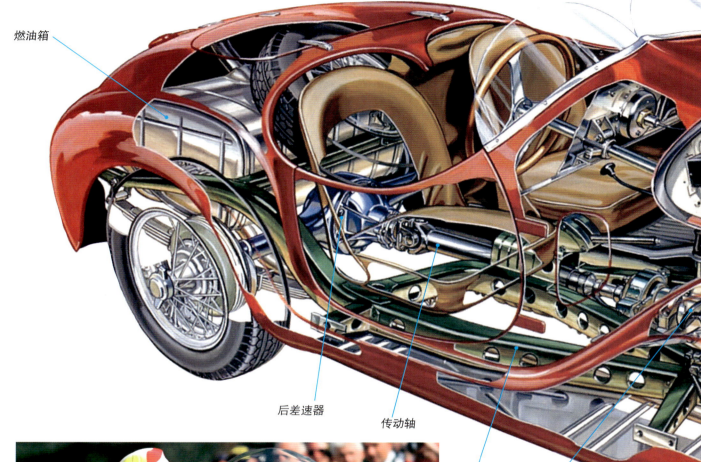

- 燃油箱
- 后差速器
- 传动轴
- 车架
- 变速器

1940年法拉利（Ferrari）AAC 815型赛车

1940—1949年

AAC法拉利815型赛车是完全由恩佐·法拉利（Enzo Ferrari）设计和制造的第一款车型。

1939年9月，恩佐·法拉利离开了阿尔法·罗密欧公司，在法拉利赛车队（Scuderia Ferrari）所在地的原址上成立了Auto Avio Costruzioni公司（简称AAC）。新公司的主要经营项目是为意大利政府制造飞机部件。

恩佐·法拉利离开阿尔法·罗密欧公司之后，尽管同意遵守在以后的四年内不得以自己的名义制造汽车的不竞争条款，但是恩佐·法拉利很快就利用AAC的名义打造两辆原型车，只是没有贴上法拉利的品牌标志，这就是AAC 815型敞篷赛车。

此车采用菲亚特的1.496升直列8缸发动机，单顶置凸轮轴（SOHC），最大功率72马力，配备6速手动变速器，最高车速170千米/时。AAC815型在1940年还参加了著名的Mille Miglia比赛，但两辆赛车都因发动机故障而没有完赛。

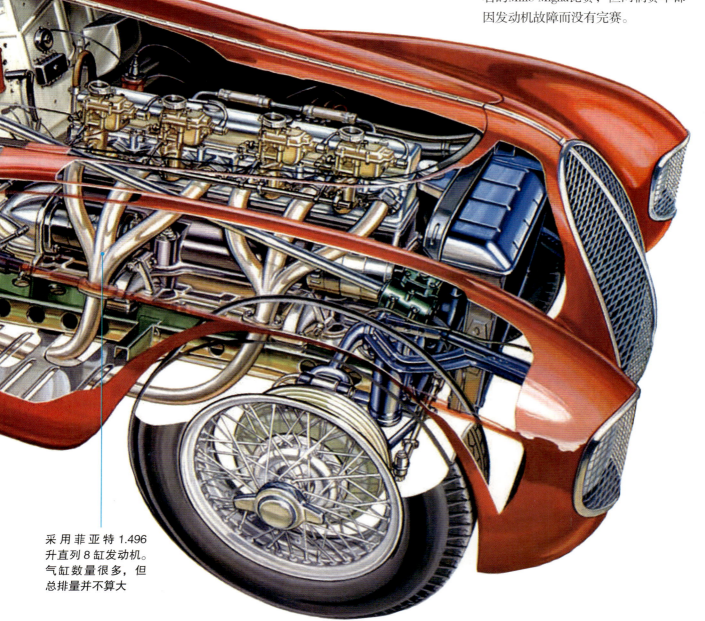

采用菲亚特1.496升直列8缸发动机。气缸数量很多，但总排量并不算大

1940年法拉利（Ferrari）AAC 815型赛车

经典名车
高性能车（1940—1949）

→法拉利166S Coupe是著名法拉利166赛车的道路版，制造于1948—1950年间。法拉利166曾赢得了1948年和1949年的Mille Miglia大赛，并且还赢得了1949年的24小时勒芒大赛。

法拉利166S Coupe与法拉利166赛车一样采用2.0升V12发动机，配备5速手动变速器，后轮驱动。发动机配备双化油器及线圈点火系统，最大功率66千瓦，整车净重900千克，最高车速150千米/时。

1948年法拉利（Ferrari）166 S Coupe轿跑车

↓法拉利125S（也称125或125Sport）是法拉利汽车公司制造的第一辆汽车。虽然此前恩佐·法拉利（Enzo Ferrari）曾借AAC公司的名义制造815型赛车（见前页），但AAC815型并没有挂法拉利的腾马标志。因此，125S是镶嵌法拉利标志的第一款车型。

与815型一样，125S也是一款赛车，但它并不像815型那样采用菲亚特的直列8缸发动机，而是采用1.5升的V形12缸发动机，配备5速手动变速器，后轮驱动，2座位设计。

法拉利125S赛车于1947年被159S所替代。

镶嵌法拉利标志的第一款车型

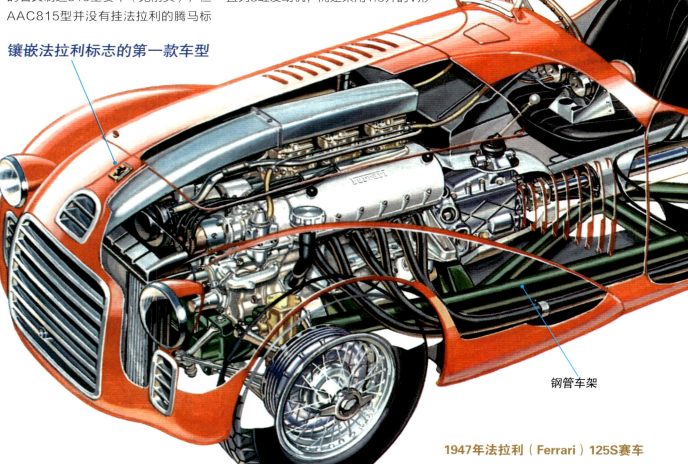

钢管车架

1947年法拉利（Ferrari）125S赛车

1940—1949年

当时世界上行驶速度最高的量产汽车

- 采用双顶置凸轮轴（DOHC）技术
- 差速器
- 传动轴
- 加速踏板
- 制动踏板

1948年捷豹（Jaguar）XK120敞篷跑车

1948年捷豹（Jaguar）XK120敞篷跑车

↓↑捷豹XK120是捷豹汽车公司在1948—1954年间制造的一款超级跑车，也是捷豹继1940年停产的SS100之后制造的第一款跑车，总产量12055辆。"XK120"中的"XK"是指配备捷豹的XK系列直列6缸发动机，"120"是指极速可以超过120英里/时（约193千米/时），这也是当时世界上行驶速度最高的量产汽车。

此车共有敞篷款、双门轿跑款和活动车顶款（Drophead coupe），都是2座设计，都采用捷豹XK系列3.442升直列6缸发动机、双顶置凸轮轴（DOHC）、双化油器、前置后驱。此车0—96千米/时加速仅需10秒，这个成绩在当时已是非常罕见。

捷豹XK120于1948年亮相，在1951年勒芒大赛中以XK120C型车的名义（简称C型车）参赛并一举成名，出人意料地赢得冠军。1953年C型车又重返勒芒赛场，再次获得头名。

1948年捷豹（Jaguar）XK120敞篷跑车

经典名车
赛车（1940—1949）

→↓法拉利（Ferrari）125F1是法拉利的第一辆F1赛车。它采用1.497升排量V形12缸发动机，两列气缸夹角60°，每列气缸采用一个单顶置凸轮轴，每气缸2气门，配机械增压器，压缩比6.5∶1，最大功率230马力/7000（转/分）。

法拉利F1赛车从1948年9月开始参加比赛，到1951年7月共夺得12项冠军。

1948年法拉利（Ferrari）125型F1赛车

三年内夺得12项冠军

1948年法拉利（Ferrari）125型F1赛车

发动机前置
发动机中置
散热器
车架
转向拉杆
副燃油箱

水平对置12缸却被称为夹角180°的V形12缸发动机

主燃油箱

1940年阿尔法·罗密欧（Alfa Romeo）512型赛车

→↑这款阿尔法·罗密欧（Alfa Romeo）512型赛车采用中置发动机、后轮驱动。有意思的是，发动机形式为水平对置12缸，但厂家却称其为夹角180°的V形12缸发动机。这台12缸发动机的排量只有1.489升，配备两个机械增压器。令人更诧异的是，陈列在阿尔法·罗密欧博物馆的这辆车前，却赫然标示这辆汽车在11000转/分时能爆发出500马力的功率，最高车速竟然高达350千米/时。

1940年阿尔法·罗密欧512型赛车

1940—1949年

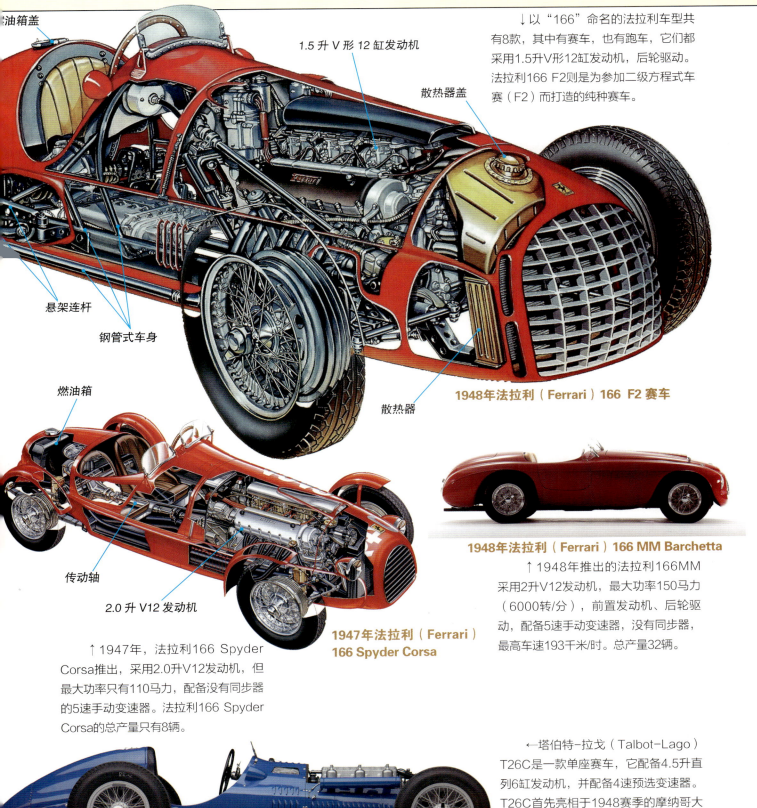

↓以"166"命名的法拉利车型共有8款，其中有赛车，也有跑车，它们都采用1.5升V形12缸发动机，后轮驱动。法拉利166 F2则是为参加二级方程式车赛（F2）而打造的纯种赛车。

1948年法拉利（Ferrari）166 F2赛车

（油箱盖、1.5升V形12缸发动机、散热器盖、散热器、悬架连杆、钢管式车身）

1947年法拉利（Ferrari）166 Spyder Corsa

（燃油箱、传动轴、2.0升V12发动机）

↑1947年，法拉利166 Spyder Corsa推出，采用2.0升V12发动机，但最大功率只有110马力，配备没有同步器的5速手动变速器。法拉利166 Spyder Corsa的总产量只有8辆。

1948年法拉利（Ferrari）166 MM Barchetta

↑1948年推出的法拉利166MM采用2升V12发动机，最大功率150马力（6000转/分），前置发动机、后轮驱动，配备5速手动变速器，没有同步器，最高车速193千米/时。总产量32辆。

←塔伯特-拉戈（Talbot-Lago）T26C是一款单座赛车，它配备4.5升直列6缸发动机，并配备4速预选变速器。T26C首先亮相于1948赛季的摩纳哥大奖赛并获得亚军。随后在1949赛季获得比利时大奖赛冠军、法国大奖赛冠军。

1948年法国塔伯特-拉戈（Talbot-Lago）T26C单座赛车

经典名车
高性能车（1940—1949）

←这是根据劳斯莱斯幻影Ⅲ（Rolls-Royce Phantom Ⅲ）于1947年改装的车型，它呈明显的空气动力学造型设计，即使放到现在也很新潮。当时为了改装这辆车，共花费4.4万美元，而当时花2500美元即可买一间房子。这款幻影采用7.338升V形12缸发动机，最大功率120马力，配备4速手动变速器，最高车速150千米/时。

1947年劳斯莱斯幻影（Phantom）Ⅲ Labourdette Vutotal 敞篷跑车

法国塔伯特-拉戈汽车散热器盖装饰

↓塔伯特-拉戈（Talbot-Lago）Record T26型双门轿跑车，是一款动力强劲的大型轿车，它的发动机能够输出170马力的动力，并通过一台4速变速器将动力传递到后轮，驱动车辆达到170千米/时的最高车速。

1947年法国塔伯特-拉戈（Talbot-Lago）T26 Record双门轿跑车

1940—1949年

→↓法国德拉海（Delahaye）175型汽车的造型很奇特，驾驶室的车顶好像被移去一样。德拉海175型配4.455升直列6缸发动机，最大功率125马力，配备4速手动变速器，前置发动机、后轮驱动。

1949年法国德拉海（Delahaye）175型双门轿跑车

1949年法国德拉海（Delahaye）175型

1948年阿斯顿·马丁（Aston Martin）DB1

←1947年，英国阿斯顿·马丁（Aston Martin）汽车公司陷入经济危机准备出售，而企业家戴维·布朗（David Brown）爵士最后仅以20500英镑的超低价格购买了阿斯顿·马丁。此后，他重振业务，专注生产根据第二次世界大战前研制的Atom车型改进而来的汽车，结果是"2升跑车"诞生了，并以戴维·布朗名字的缩写DB来命名新车型，这样DB1就成了戴维·布朗时期阿斯顿·马丁生产的第一款汽车。

DB1配备2.0升排量的发动机，最大功率90马力，最高车速150千米/时。这样的成绩对于一款跑车来说动力还不够强劲，因此DB1也只卖出15辆。

第一款自动变速汽车

1940年奥兹莫比尔（Oldsmobile）Custom Cruiser

←早在1901年1月17日，美国的托马斯（Thomas）兄弟公司就制造了一辆装配离心式离合器的3速自动变速汽车，并为此申请了专利，但由于自动变速器的问题太多，无法普及实用。直到1940年，在美国奥兹莫比尔（Oldsmobile）的Custom Cruiser汽车上，才首次采用没有离合器踏板的自动变速器，并且在广告中醒目标出"此车内没有离合器踏板"。这种自动档汽车在第一年就卖出了2.5万辆。

凯迪拉克汽车散热器盖上"飞翔女神"装饰

经典名车
豪华汽车（1940—1949）

1942年凯迪拉克（Cadillac）60特别款Brougham

1942年凯迪拉克（Cadillac）60特别款Brougham

←↑这是凯迪拉克（Cadillac）60特别款的第2代车型，于1942年推出，一直生产到1947年。第2代车型仍采用前置发动机、后轮驱动，仍然采用5.7升的V8发动机。变速器也没有变化，仍是配备3速手动变速器和4速自动变速器。但车身加长到5.69米，净重也超过了2吨。

这一代凯迪拉克60特别款的顶篷设计较为独特，前排顶篷像是断开一样，而行李箱盖则像是轿跑车的后背一样极具流线性。另外，它的后翼子板由两块钣金件组成，其中一块竟是后车门的一部分，很是独特。

→在空调尚未普及之前，驾驶人们用"4和60"方法使自己凉快些，意思是打开4个车窗，并把汽车速度控制在60千米/时左右。在20世纪30年代，美国西部的驾驶人在风窗上装一圆筒，里面放一些冷水或冰块，当空气吹过圆筒时，汽车温度自然会下降。

直到1939年的一次汽车展览上，美国帕卡德（Parkard）第一次推出带空调的汽车：1940年款帕卡德180型。此车空调由一台压缩机驱动工作，但冷却器却装在后排座椅的后面。

第一款装有空调器的汽车

1940年款帕卡德（Parkard）180型豪华轿车

← 美国林肯大陆（Lincoln Continental）第1代车型于1939年推出，一直生产到1948年。它是基于林肯泽弗（Zephyr）车型而设计的。它采用4.8升V形12缸发动机，车身长度达到5.54米，高1.6米，采用2门设计，有轿跑和敞篷版两种车身造型。

1941年林肯大陆（Lincoln Continental）双门敞篷轿车

→别克（Buick）Roadmaster生产于1936—1958年间，并在1946—1957年间曾是别克汽车的旗舰车型。右图是1942—1948年间生产的第4代车型，配备5.2升直列8缸发动机，采用3速手动变速器及2速自动变速器。车身最长时曾达5.524米。

1948年别克Roadmaster轿车

↓凯迪拉克（Cadillac）75系列是凯迪拉克品牌当时最大和最贵的车型，是凯迪拉克曾经的旗舰车型。它当时售价高达5170美元，到1949年停产时，75系列只生产了626辆。

此车采用5.4升V8发动机，最大功率160马力，配备自动变速器。

1949年凯迪拉克（Cadillac）75系列

181

经典名车
流线形车身（1940—1949）

1948年美国塔克（Tucker）48型大型轿车

→↑塔克（Tucker）48是美国Preston Tucker汽车公司于1948年生产的一款极具流线形的汽车，到公司于1949年3月份关门之前，此车只生产了51辆。

此车不仅尾部流线形极强，而且前面采用三个前照灯，很有个性。另外，这款车还配水平对置6缸发动机，5.475升排量，7.0∶1压缩比，最大功率166马力。车身长达5.56米，轴距3.25米，是一款典型的美国大车。

1948年美国塔克（Tucker）48型大型轿车

←1948年款雪佛兰（Chevolet）Fleetline车型，采用3.5升90马力的发动机，后轮驱动，车长5.004米，轴距2.921米。车尾采用典型的"快背"（fastback）式造型设计，双门，车侧则采用木条装饰，也是当时最时尚的装饰手法。

1948年雪佛兰（Chevolet）Fleetline双门轿跑车

→1949年，美国奥兹莫比尔（Oldsmobile）推出的Futuramic 88被看作是美国第一辆"肌肉车"（Muscle Car）。它配备顶置气门（OHV）V形8缸发动机，最大功率135马力。

美国第一辆"肌肉车"

1949年奥兹莫比尔（Oldsmobile）Futuramic 88豪华轿跑车

1940—1949年

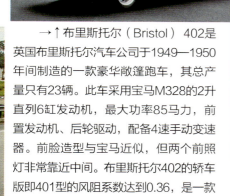

→↑布里斯托尔（Bristol）402是英国布里斯托尔汽车公司于1949—1950年间制造的一款豪华敞篷跑车，其总产量只有23辆。此车采用宝马M328的2升直列6缸发动机，最大功率85马力，前置发动机、后轮驱动，配备4速手动变速器。前脸造型与宝马近似，但两个前照灯非常靠近中间。布里斯托尔402的轿车版即401型的风阻系数达到0.36，是一款极具流线形的汽车。

1949年英国布里斯托尔（Bristol）402型敞篷轿车

←费利·保时捷（Ferry Porsche）在父亲老保时捷的支持下，于1948年制造出了第一辆悬架保时捷标志的汽车356。此车是一款豪华跑车，其底盘由钢管焊接而成，流线形车身由铝制构成，总重量只有585千克。它采用后置式发动机、后轮驱动。它采用改造后的甲壳虫1.131升水平对置4缸风冷发动机，改进后的功率由原来的25马力一下子提高到40马力，最高车速达到了130千米/时。

1948年底，这辆保时捷356参加了在奥地利的因斯布鲁克举行的汽车大赛，声名大振，在同级车中夺得第一名。

第一款保时捷汽车

1948年保时捷（Porsche）356型

→萨博（SAAB）92型是萨博生产的第一款汽车，它的风阻系数只有0.30，堪称当时最为流线形的汽车。它的车身由整块钢板冲压而成，然后再切出车门和车窗。采用横置水冷2缸2冲程发动机，排量为0.764升，25马力，其实就是一台摩托车发动机。配备3速变速器，前置发动机前轮驱动，最高车速105千米/时。

第一款萨博汽车

1947年萨博（Saab）92型原型车

←在汽车业处于战后恢复期间，这款法国塔伯特-拉戈（Talbot-Lago）制造的双座跑车，可能是当时最美的车身造型了。更重要的是它不仅外表美，而且还跑得快，更可靠，并赢得了1950年的勒芒大赛。此车配备4.482升直列6缸发动机，最高车速200千米/时。

1950年勒芒大赛冠军

1948年法国塔伯特-拉戈（Talbot-Lago）T26 GS 跑车

先驱人物
保时捷品牌跑车创始人：费利·保时捷

费利·保时捷（1909—1998）

费利·保时捷（Ferry Porsche）是费迪南德·保时捷的第二个孩子，生于1909年9月19日，当时他的姐姐路易斯（1904—1999）已经5岁了。而老保时捷当时正受雇于奥地利-戴姆勒汽车公司担任技术经理。

费利·保时捷博士继承了父亲对车辆的狂热以及科学天赋，10岁时便常跟在父亲身后，在16岁时便得到破例核准的驾驶执照。费利·保时捷在父亲于1931年成立设计公司时，便是最早的雇员之一，后来升任测试部主任。从1938年起，由于费迪南德·保时捷要花费越来越多的时间来具体负责"大众汽车"的制造，无暇顾及自己的设计公司，只好将保时捷设计公司交由费利·保时捷来打理。

在第二次世界大战中，由于受到越来越多的盟军空袭威胁，费利·保时捷将保时捷设计公司迁移到奥地利的克恩滕州格蒙特，但公司总部和他自己则仍留在斯图加特。

第二次世界大战结束时费利·保时捷曾被盟军拘禁几个月，在1946年6月才被放回奥地利，那里也成了保时捷公司的唯一基地。1946年7月起，费利·保时捷和姐姐路易斯共同负担起保时捷公司的经营责任。他不仅深爱父亲的事业，而且还有一个坚定信念：一定有人想买一辆与普通大众汽车不同、具有高速奔跑能力的汽车。这个想法在当时第二次世界大战刚过、百业待兴的欧洲，被人嘲笑为不切实际。

费利·保时捷在父亲的支持下实现了梦想，1948年制造出了第一辆保时捷跑车356，为保时捷的历史写下辉煌的篇章。这辆名叫356的跑车，底盘由钢管焊接而成，车身为铝制，总重量只有585千克。它采用改造后的甲壳虫1.131升发动机，改进后的功率由原来的25马力一下子提高到40马力，最高车速达到130千米/时！

1948年底，这辆保时捷356参加了在奥地利的因斯布鲁克举行的汽车大赛，声名大振，在同级车中夺得第一名。1949年，费利决定把车厂搬回到斯图加特，自己也正式成为保时捷公司的总经理。

1954年，当时45岁的费利·保时捷

除了推出第一辆保时捷汽车外，费利·保时捷的第二大成就是和大众汽车集团建立起特殊的财务关系，使保时捷进入一个平稳的发展时期。即使到了今天，与大众汽车集团的这种特殊的财务关系仍是保时捷稳定发展的有力支撑。

1954年，保时捷又推出一款竞速者（Speedster）跑车。这种性能优

1994年，费利·保时捷85岁生日时驾驶保时捷356跑车1号车型

1940—1949年

良、价格便宜的敞篷跑车，后来每参加车赛必获冠军，并把胜利的旗帜插到了大西洋彼岸的美国。

费利·保时捷一直主张将赛车的成功经验应用于道路版跑车上，并在1972年将保时捷公司转型为上市公司，与皮耶希（Piech）家族共同担任董事。费利·保时捷于1990年3月9日卸下保时捷董事会主席一职，成为终身荣誉主席。1998年3月27日，享年88岁的费利·保时捷在奥地利去世。

你知道吗？

第一辆叫保时捷的汽车：356

1951年保时捷（Porsche）356跑车

保时捷（Porsche）356是第一辆冠有"保时捷"车名的跑车，由费迪南德·保时捷之子费利·保时捷与人合作设计，1949年首次推出。之所以称之为356，一种说法是设计时作了356次修改，另一种说法则是保时捷设计室自1930年成立以来的第356个项目。

356为后置风冷式发动机，排气量仅为1086毫升，最大功率为40马力，最高车速130千米/时。

1958年保时捷（Porsche）356A 1600 Speedster

1952年保时捷（Porsche）356 美国版赛车

1960年保时捷（Porsche）356B敞篷跑车

1963年保时捷（Porsche）356B 1600跑车

图解汽车大百科 精装珍藏版

经典名车
小型车（1940—1949）

世界四大经典小型车之一

世界四大经典小型车：
大众甲壳虫
迷你
菲亚特500
雪铁龙2CV

雪铁龙（Citroen）2CV构造图

1948年雪铁龙（Citroen）2CV

雪铁龙（Citroen）2CV采用风冷双缸发动机，排量从0.375升到0.602升不等，前置发动机、前轮驱动，配备4速手动变速器，最高车速为69~116千米/时。

←↑↓雪铁龙（Citroen）2CV最初是专为农夫生产的汽车，想以此替代农夫的马和马车。可以说2CV是最早的"农用车"。它结构简单，价格低廉，顶篷可卷起，因此又称为"四个轮子一把伞"。据说，2CV的减振器性能优良，用车运鸡蛋也不会破碎。它在1948年的巴黎车展上露面时并不被人看好，但它方便、实用、省油、多功能的特点，将它的生命一直延续到1990年7月27日，共生产了5114966辆，成为法国名气最大、产量最高的车型。

你知道吗？
"CV"是什么意思

法国汽车常采用"数字+CV"的命名方式，如2CV、4CV等，其中CV源自法语"Chevaux-Vapeur"，是"蒸汽马力"的意思，但此马力并不是指发动机的实际功率，而是指其"征税马力"，因为从20世纪20年代起，法国征税部门根据发动机尺寸大小来估算其"征税马力"，于是雪铁龙干脆就用"征税马力"作为车名。如2CV就表明此车型按"2马力"征税，而雪铁龙2CV的实际功率是12~29马力。

现在意大利汽车的技术数据往往还采用CV作为功率单位的标称。

1948年雪铁龙（Citroen）2CV

1940—1949年

←莫里斯米诺（Morris Minor）由著名设计师阿莱克·伊西戈尼斯设计，他也是迷你的设计者。米诺于1948年推出，是英国首辆产量超过100万辆的汽车，该车累计生产了136万多辆。

在外形方面，因为受当时美国汽车设计的影响，米诺的车身充满圆拱的弧线，前挡泥板延伸至门框。米诺的外形在24年间基本上没有大改变，成为英国汽车经典之作，被誉为"人民轿车"。

米诺采用0.918升发动机，最高车速121千米/时。

1948年莫里斯（Morris）米诺系列（Minor）MM型

你知道吗？
莫里斯汽车标志

威廉·莫里斯（William Morris）于1910年建立了莫里斯车行（Morris Garages）经销汽车。1920年，他在牛津附近小镇考利组装出第一辆汽车"牛鼻子"（Bullnose）。虽然当时"牛鼻子"的所有核心零部件都是采购的，莫里斯只是进行了组装，但"莫里斯"品牌却开始大放异彩，成为英国最经典的汽车品牌之一。

后来随着英国汽车工业的衰败，莫里斯品牌也于1984年彻底停止使用。

1948年莫里斯（Morris）米诺系列（Mino）MM型

↓莫里斯Ten系列M型采用1.14升顶置气门发动机，最大功率37马力，配备4速手动变速器，车长4.013米，最高车速100千米/时。此款车共生产53566辆。

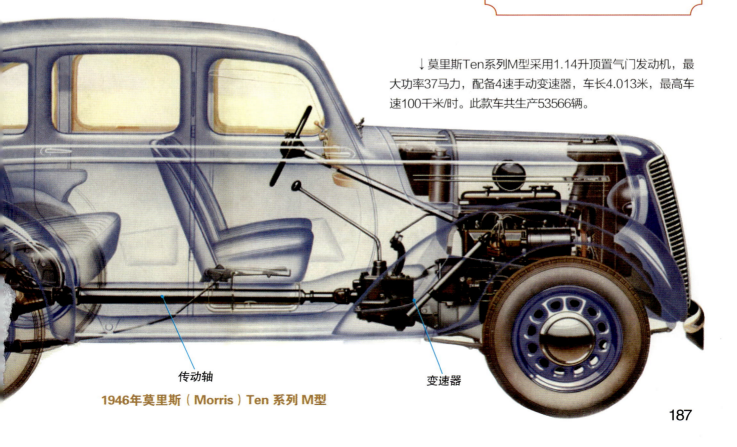

传动轴　　变速器

1946年莫里斯（Morris）Ten 系列 M型

经典名车
小型车（1940—1949）

第二次世界大战结束后，欧洲百废待兴，满足人们的基本需求是最重要的事情，还顾不上也没能力讲究奢华，因此在这个时期诞生了众多微型和小型汽车，其主要作用就是代步。

1949年英国MG公司TD车型

↑MG的T系列是在1936—1955年间生产的一款敞篷跑车，此系列包括TA、TB、TC、TD和TF车型。其中TD车型配备1.25升排量的直4缸发动机，57马力，车身长度只有3.683米。总产量近3万辆。

←1947年推出，长2.5米，宽1.22米，重150千克，后置式发动机，排量0.124升，最大功率6马力，最高车速75千米/时。

1947年A.L.C.A. Volpe 超微型汽车

↓你能想象在20世纪40年代一辆发动机排量只有1.1升、功率只有24马力的汽车，能跑到140千米/时的高速吗？就是这辆非常流线形的汽车，它由德国工程师Kurt Volkhart根据大众甲壳虫60型的底盘和动力系统打造。其主要核心技术都集中在车身上，不仅风阻非常小，只有0.217，而且采用铝制打造车身。由于战争的因素，此车只有一辆。

世界四大经典小型车之一

1949年大众（VW）甲壳虫1100（11型）

↑1945年4月11日，英国军队占领了德国大众汽车厂，伊万·赫斯特（Ivan Hirst）少校从瓦砾堆中拣回发动机零件，自己动手制造了两辆甲壳虫汽车并驶回英军总部，马上受到欢迎。少校决定尽快使侥幸保存的甲壳虫汽车生产线恢复生产。之后，赫斯特少校说服英国军方订购2万辆甲壳虫汽车，以供英国驻德占领军使用，大众因此得到了战后第一批订单。

1949年款的大众甲壳虫采用1.131升空冷水平对置4缸发动机，最大功率24马力，最高车速113千米/时。

1947年德国Volkhart V2 Sagitta

1940—1949年

你知道吗？
MG 汽车标志

MG品牌于1923年在英国创立，现已归上汽集团所有，中文称为名爵。MG品牌主打运动概念，其标志运用了源自英国圣公会教会天穹的极具张力、坚定和稳固的八角形，象征着热情与忠诚，而MG则是莫里斯车行（Morris Garages）的缩写，是MG品牌创始人威廉·莫里斯（William Morris）的汽车经销店名称。

↓针对战后私人轿车需求量大幅度增加以及燃料供应紧张的局面，法国雷诺公司于1947年推出了4CV轿车，并曾风靡一时、畅销不衰。4CV一直生产到1961年，总产量达到115万多辆，是雷诺销售量最大的车型，也是法国第一款销量超过百万的汽车。

4CV是"4马力"之意，其车长只有3.6米，采用后置发动机、后轮驱动方式，4缸发动机，排量0.76升，配备3速变速器。

1947年雷诺（Renault）4CV

1948年日产达塔桑（Datsun）DB

↑达塔桑（Datsun）DB是1948—1954年间生产的一款微型轿车，发动机排量只有0.772升，16马力，配备3速手动变速器。这款轿车是第一款日本在战后生产的具有现代造型的轿车。

↓绰号"小老鼠"的菲亚特500在1949年的日内瓦车展上推出新款，即500C型。车身整体造型没有太大变化，只有前脸稍有修饰。新车将备胎放在了车后下方，即行李箱底部，这样可以增大行李箱空间。500C配备0.569升排量的直列4缸发动机，最大功率16.5马力，配备4速手动变速器，电动起动，液压制动，两座设计，净重610千克，最高车速95千米/时。

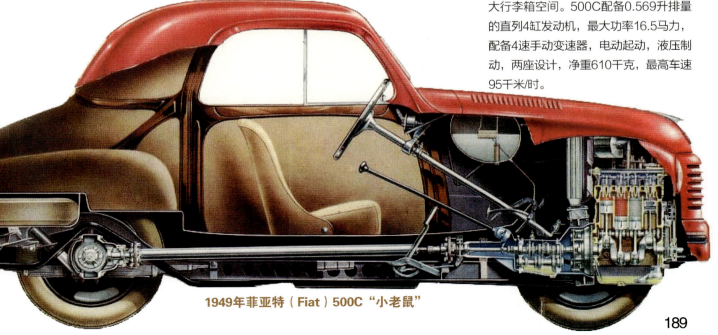

1949年菲亚特（Fiat）500C "小老鼠"

1950—1959年
赛车疯狂

战后已恢复元气的汽车业疯狂涌入赛车场。

汽车简历（1950—1959）

1950年 路虎汽车公司推出世界第一台废气涡轮增压发动机。

1950年 当年全球汽车产量突破1000万辆，达到1057万辆。

1950年 一级方程式（F1）大奖赛开始举行。

1951年 克莱斯勒推出助力转向。

1951年 国际比赛中强制使用防撞头盔。

1952年 铃木公司开始制造摩托车。

1953年 雪佛兰克尔维特跑车推出。

1953年 富士重工业公司成立。

1953年 米其林发明子午线轮胎。

1954年 奔驰300SL跑车采用燃油电子喷射发动机。

1954年 韩国双龙汽车公司成立。

1954年 德国人汪克尔设计出转子发动机。

1955年 福特创造一天生产10877辆汽车的纪录。

1955年 英国路特斯汽车公司成立。

1955年 丰田推出皇冠汽车。

1955年 本年度全球汽车产量达到1363万辆。

1955年 在法国勒芒大赛中，发生了一起最为悲惨的意外事故，82人丧生。

1956年 中国第一辆自行设计制造的解放牌载货汽车问世。

1957年 所有沃尔沃汽车均安装安全带。

1957年 在2名车手和2名观众丧生后，意大利政府停止了1000英里公路赛。

1958年 中国东风轿车问世，这是中国第一辆轿车。

1959年 迷你（Mini）车投产。

1959年 本田在美建摩托车厂。

1959年 全球汽车保有量超过1亿辆，当年产量达到1392万辆。

经典名车
赛车（1950—1959）

↓阿斯顿·马丁（Aston Martin）DBR1是从1956年开始制造的一款赛车，主要是用来参加世界跑车锦标赛（World Sportscar Championship）和其他车赛。它在1959年赢得勒芒24小时大赛（Le Mans 24 Hours），它是在20世纪50年代能够在同一年内赢得勒芒大赛和世界跑车锦标赛的三辆名车之一（另外两辆是1954年的法拉利375Plus和1958年的法拉利250TR）。阿斯顿·马丁DBR1曾创纪录地6次赢得世界跑车锦标赛。

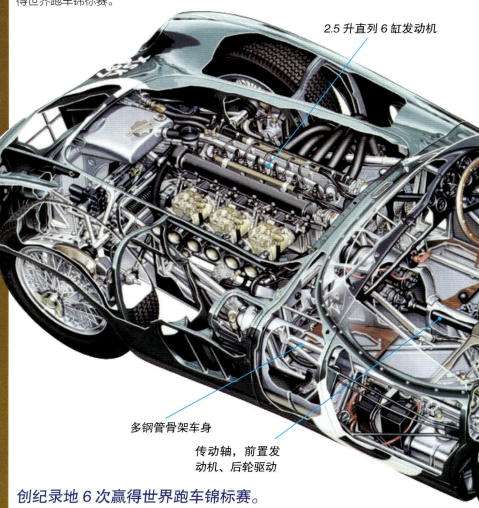

2.5升直列6缸发动机

多钢管骨架车身

传动轴，前置发动机、后轮驱动

创纪录地6次赢得世界跑车锦标赛。

1957—1959年阿斯顿·马丁（Aston Martin）DBR1赛车

1950—1959年

↓法拉利（Ferrari）250 Testa Rossa是一款2门赛车，前置发动机，后轮驱动，配备单顶置凸轮轴3.0升V形12缸自然吸气发动机，每缸2气门，最大功率300马力，最大转矩300牛·米。配备4速手动变速器，净重只有800千克，最高车速270千米/时。

法拉利共生产了22辆250 Testa Rossa，在1958—1961年间参加了19次世界跑车锦标赛及勒芒大赛，其中10次赢得冠军。

从1954年起，部分法拉利赛车和跑车就已将气门盖涂成红色。Testa Rossa（特斯塔罗萨）在意大利语中为"红头"的意思。一直到今天，法拉利的发动机气缸盖都喷涂成红色，因此也称"红头发动机"。

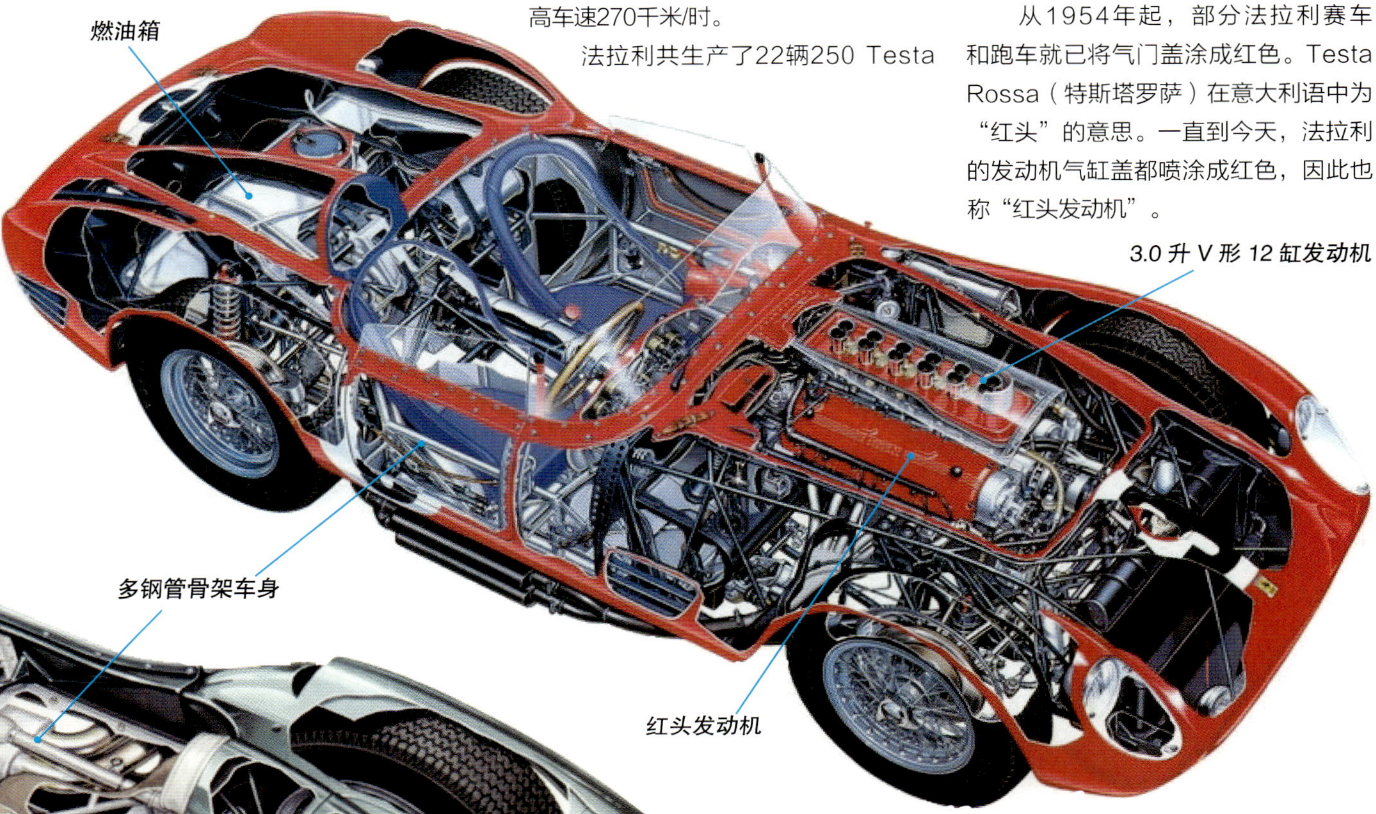

- 燃油箱
- 多钢管骨架车身
- 红头发动机
- 3.0升V形12缸发动机

1958年法拉利（Ferrari）250 Testa Rossa 赛车

法拉利红头发动机

- 燃油箱

1957—1959年阿斯顿·马丁（Aston Martin）DBR1赛车

1958年法拉利（Ferrari）250 Testa Rossa赛车

↓阿斯顿·马丁（Aston Martin）DB3S产于1953年，是为了参加当时世界跑车锦标赛而设计和制造的，产量只有11辆。

这辆DB3S除了显赫身世和稀有产量之外，更为独特的是它那非凡的征战经历。英国传奇车手斯特林·莫斯爵士（Sir Stirling Moss）曾经驾驶它参加众多汽车赛事，并取得了不俗战绩。在意大利Mille Miglia 1000英里耐力赛、比利时斯帕大奖赛及德国纽博格林1000公里场地赛中，都留下了DB3S疾驰而过的身影。

DB3S采用3.0升直列6缸发动机，顶置凸轮轴，3个化油器，4速手动变速器。

3个化油器

鼓式制动器

1953年阿斯顿·马丁（Aston Martin）DB3S赛车

1953年阿斯顿·马丁（Aston Martin）DB3S赛车

1950—1959年

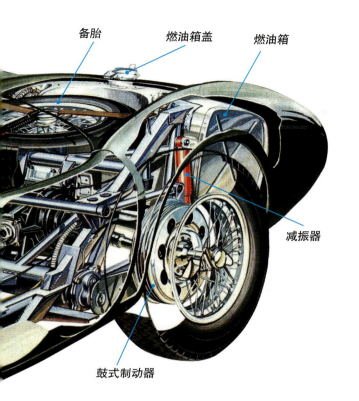

备胎　燃油箱盖　燃油箱

减振器

鼓式制动器

1959年阿斯顿·马丁（Aston Martin）DBR4赛车

1959年阿斯顿·马丁（Aston Martin）DBR4赛车

↓这款阿尔法·罗密欧（Alfa Romeo）159型是158型的继任车型，这两款赛车共取得177场胜利，其中在它们参加的54场大奖赛（GP）及后来的F1大赛中，共取得其中的47场胜利，可谓是无敌将军。

158原本是在1937—1938年间研制的一款赛车，直列8缸发动机的排量只有1.5升，但随后就爆发了第二次世界大战，因此在战前158并无施展的机会。

1947年，大奖赛的规则有了改变，允许使用1.5升增压发动机或4.5升的自然吸气发动机。158经改进后最大功率达到300马力，并从1950年开始，几乎赢得了它所参加的每一场大赛。到参加1951年赛季时，又将发动机进行了改进，最大功率增加到420马力，赛车型号也改为159。

↑阿斯顿·马丁（Aston Martin）DBR4是一款F1赛车。在此车推出之前，阿斯顿·马丁从20世纪50年代中期到后期，一直是世界跑车锦标赛和24小时勒芒赛的常胜将军，因此在1959年推出DBR4是试图延续其辉煌成绩，然而，DBR4的表现并不尽如人意。

DBR4是在DB3S的基础上改进而来的，采用了DB3S的底盘和发动机布置方式，并从1957年就开始测试。但由于研制期过长，等到1959年推出DBR4时，其中一些技术已显得过时了，比如DBR4仍采用前置发动机，而此时在F1赛场上后中置式发动机已占主流地位。DBR4在没有取得显著成绩的情况下迅速被DBR5替代，然而DBR5并没有取得好成绩，阿斯顿·马丁只好从F1赛场黯然退出，转而专注于他们更擅长的量产跑车生产。

1.5升直列8缸发动机

无敌将军阿尔法·罗密欧159！

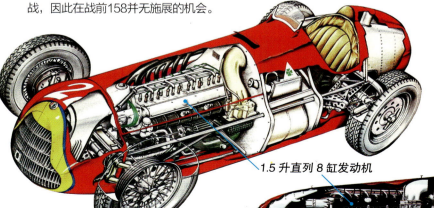

1951年阿尔法·罗密欧（Alfa Romeo）159型赛车

经典名车
梅赛德斯-奔驰300SLR

后制动器

燃油箱

钢管式车身

梅赛德斯-奔驰（Mercedes-Benz）300SLR是基于1954年和1955年征战F1赛场的W196赛车改造而来的。当时300SLR的开发代号是W196S，由于这个名号叫起来不响亮，于是奔驰为其取名为300SLR。"SLR"的意思是德语"Sport, Leicht, Rennsport"的缩写，意为：轻量化赛车。

300 SLR采用了管状车架，表面覆盖以密度极小的镁合金，使得整车净重只有880千克。一台来自F1赛车的2.5升直列8缸发动机经过扩缸和增加行程后，排量增至3.0升，可以爆发出310马力的最大功率。

300SLR没有令奔驰失望，在1955年Mille Miglia大赛上首秀即以157.65千米/时的平均速度获得冠军。之后300SLR又在其他赛事中多次获胜，直至1955年勒芒24小时耐力赛上发生汽车运动史上最严重的惨剧。

当比赛进入到第3小时的时候，捷豹车手霍索恩接到维修站信号准备进站，于是在主看台前的大直道上开

始减速，他身后的一辆奥斯汀赛车减速避让，但之后而来的里维夫驾驶的奔驰300SLR却未能及时反应过来，以240千米/时的速度一头撞上奥斯汀赛车。高速碰撞后300SLR瞬间解体并开始燃烧，变成一个火球并带着碎裂的赛车零件飞向观众人群。里维夫当场身亡，82名观众也不幸遇难，还有76人受重伤。这次惨剧后奔驰退出了所有的汽车运动，直至20世纪80年代中期才返回赛车场。300SLR赛车也仅仅制造了9辆。

1950—1959年

1955年勒芒惨剧中涉事车辆

- 进气管
- 减振器
- 散热器
- 鼓式制动器
- 钢管式车身
- 鼓式制动器
- 悬架连杆
- 后轴

1954年梅赛德斯-奔驰（Mercedes-Benz）300 SLR（W196R）赛车

- 进气管
- 鼓式制动器
- 空气滤清器

经典名车
赛车（1950—1959）

1957年路特斯（Lotus）Eleven（Series II）赛车

↑路特斯（Lotus）Eleven是由英国路特斯汽车于1956—1958年间制造的一款赛车。此款赛车由路特斯的创始人科林·查普曼（Colin Chapman）设计，其圆滑的车身则由空气动力学家Frank Costin设计。此车配备1.098升直列4缸发动机，采用单顶置凸轮轴技术，配备4速变速器，车长仅3.403米，整车净重仅有412千克。此车取得的最好成绩是1956年24小时勒芒大赛第7名。

↑法拉利（Ferrari）375是一款F1赛车，它配备V形12缸自然吸气发动机，但排量曾分别为3.3升、4.1升和4.5升。采用4速手动变速器。整车重量只有560千克。在它参加的10场F1大赛中，共取得3场胜利。

到1954年，由于规则要求F1赛车发动机排量不能大于2.5升，所以375 F1赛车从此退役。

1950年法拉利（Ferrari）375型F1赛车

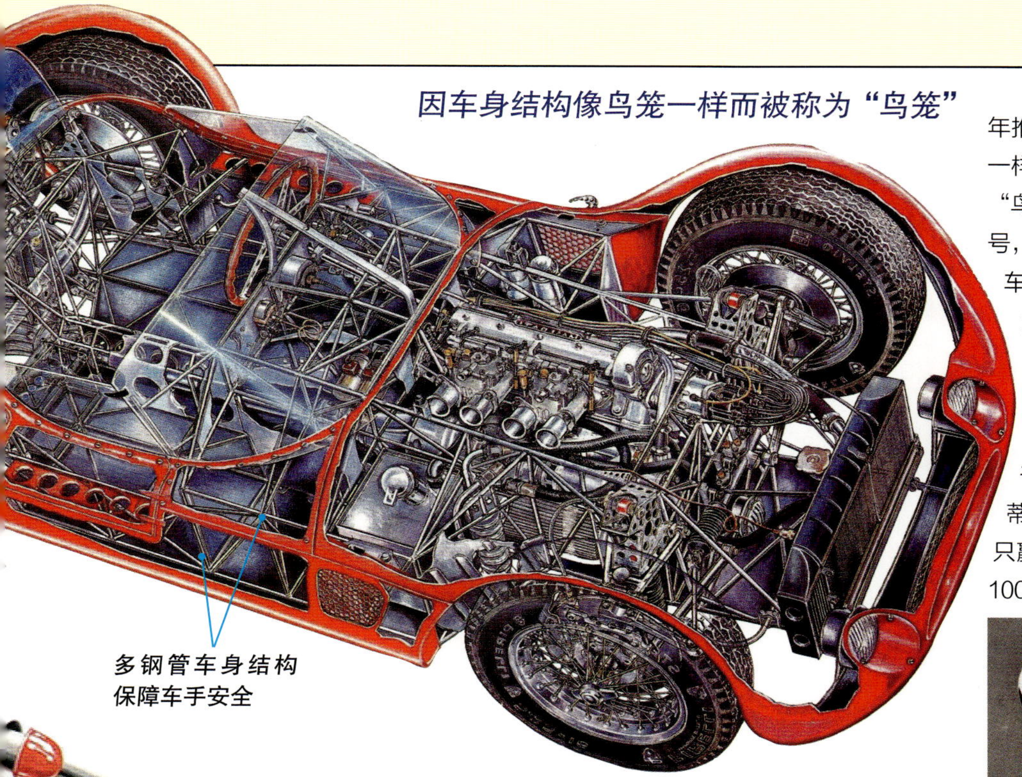

1950—1959年

因车身结构像鸟笼一样而被称为"鸟笼"

←玛莎拉蒂（Maserati）于1959年推出一款赛车，因其车身结构像鸟笼一样，被称为"鸟笼"（Birdcage）。"鸟笼"共有60型、61型和63型三种型号，先后活跃于20世纪60年代早期的赛车场，包括24小时勒芒大赛等。左图为"鸟笼"61型，此车为两座设计，配2.89升直列4缸发动机，最大功率250马力，前置发动机、后轮驱动，配备5速手动变速器，净重只有600千克。此车共制造了16辆。玛莎拉蒂61型在勒芒大赛并未取得过胜利，只赢得过1960年和1961年的纽博格林1000千米赛。

多钢管车身结构保障车手安全

排气管

1959年玛莎拉蒂（Maserati）"鸟笼"61型

1959年玛莎拉蒂（Maserati）"鸟笼"61型

←玛莎拉蒂（Maserati）250F是一款一级方程式（F1）赛车，征战于1954年1月到1960年11月间的F1赛场。此车在1954年配备2.5升直列6缸发动机，从1957年起改为配备V形12缸发动机，都采用前纵置式布局。玛莎拉蒂共制造了26辆250F赛车。

250F在所参加的46场F1大赛中，取得其中8场胜利。

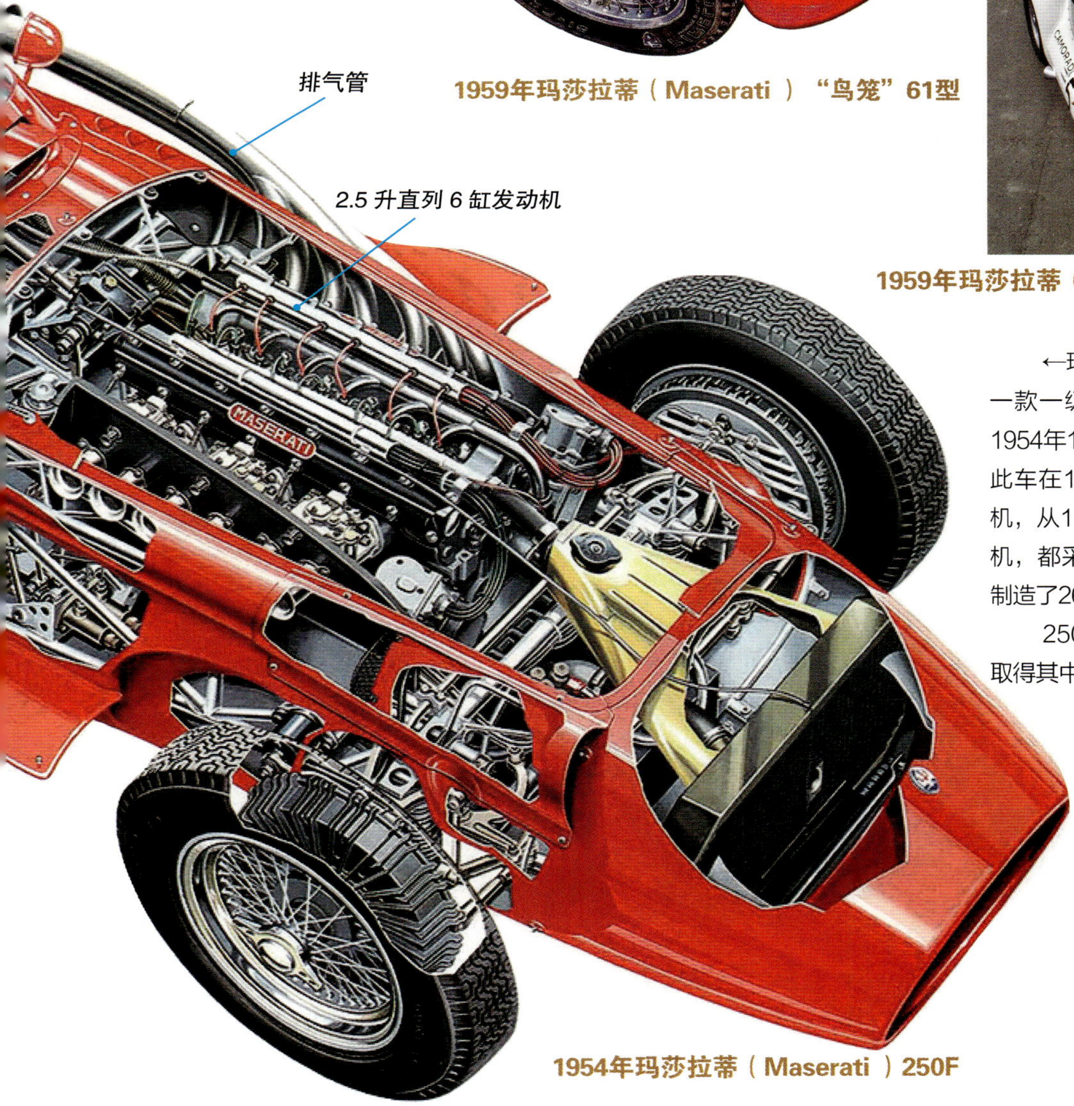

2.5升直列6缸发动机

1954年玛莎拉蒂（Maserati）250F

玛莎拉蒂（Maserati）汽车标志

第一款采用后中置发动机的 F1 赛车

→库伯（Cooper）T51是由英国的库伯汽车公司为1959赛季打造的F1和F2赛车。T51在赛车史上具有特殊意义。1959年，它使杰克·布拉巴姆（Jack Brabham）成为第一位驾驶后中置发动机赛车参加锦标赛的赛车手。T51的发动机放置在驾驶舱与后轴之间，采用2.5升或1.5升直列4缸发动机，但都是库伯采购他人的发动机。前悬架采用双叉臂+螺旋弹簧式，后悬架采用双叉臂+叶片弹簧式。T51参赛24次，共取得5场胜利。

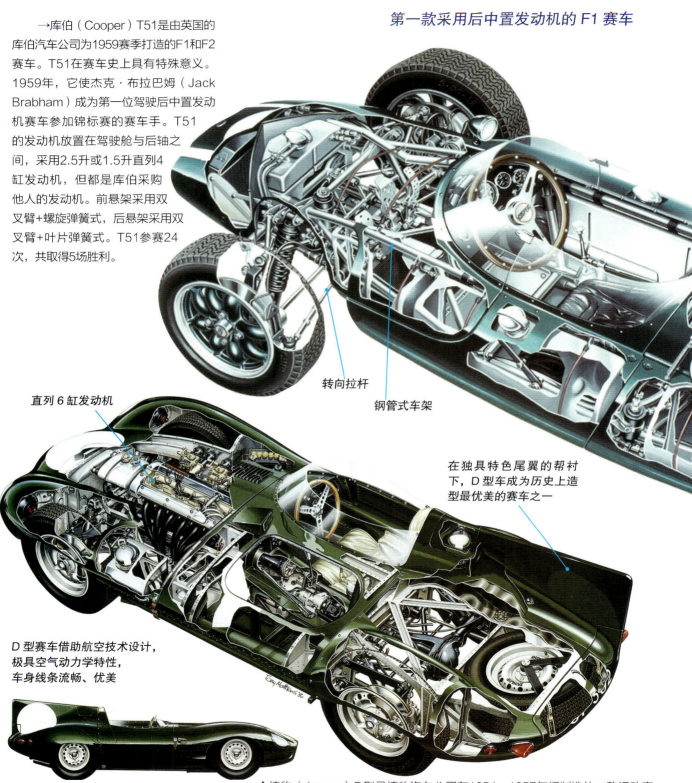

- 转向拉杆
- 钢管式车架
- 直列6缸发动机
- 在独具特色尾翼的帮衬下，D型车成为历史上造型最优美的赛车之一

D型赛车借助航空技术设计，极具空气动力学特性，车身线条流畅、优美

1955年捷豹（Jaguar）D型赛车

1955 年、1956 年和 1957 年勒芒大赛三连冠

↑捷豹（Jaguar）D型是捷豹汽车公司在1954—1957年间制造的一款运动赛车。虽然它与C型共享许多机械部件，包括直列6缸XK发动机（开始是3.4升，后来更新为3.8升），但基本结构并不相同，而且其空气动力学特性更加显著。D型曾赢得1955年、1956年和1957年勒芒大赛的三连冠。

1950—1959年

→法拉利（Ferrari）500 F2是一款二级方程式（F2）赛车，法拉利在1952—1953年间使用此车参加F2大赛。

此车由一台2.0升4缸发动机驱动。发动机放置在前轴后，以便改进前后重量分配比。此车采用4速手动变速器，净重只有560千克，单座位设计。法拉利500赛车参赛19次，获得冠军14次。

参赛19次，获得冠军14次

发动机在车身前部

1952年法拉利（Ferrari）500 F2赛车

发动机在车身后部

变速器

1959年英国库伯（Cooper）T51型F1赛车

当这辆后置发动机F1赛车库伯T51在1957年问世时，媒体调侃道："这辆赛车的发动机装错了地方。"

库伯是谁

英国库伯（Cooper）汽车公司成立于1947年，由查尔斯·库伯（Charles Cooper）和他的儿子约翰·库伯（John Cooper）共同组建。他俩一开始与约翰·库伯的儿时好友埃里克·布兰登（Eric Brandon）一起，在查尔斯的小车库里打造赛车。从20世纪50年代早期到60年代，他们打造的库伯赛车风靡欧美赛场，他们创新设计的后中置发动机单座赛车，改变了F1赛车和印第安纳波利斯500赛车的结构设计以及竞争格局；他们打造的迷你库伯（Mini Cooper）赛车则统治着拉力赛场。正是库伯的这些辉煌成就，使得至今宝马在迷你品牌上仍然使用"库伯"（Cooper）作为其性能车款的标识。

现在迷你车上带有约翰·库伯名字的标牌

201

经典名车
跑车（1950—1959）

↓恩佐·法拉利借助在赛场上的胜利开始打造并销售民用跑车，其中212型就是一个经典例子。212型有内销版（212 Inter）和外销版（212 Export）两种，两者的差别是内销版更强调舒适性，而外销版则更注重在赛场上的性能，比如内销版的轴距长达2.6米，而外销版的轴距只有2.25米。

每一款212跑车都不一样，都是由客户定制的，有众多选装配置供买家选择搭配，但它们的基本结构和2.562升V形12缸发动机都是一样的。212型跑车最高车速180千米/时。1953年，212型在生产了大约110辆后，被当时最快的公路跑车法拉利250型所替代。

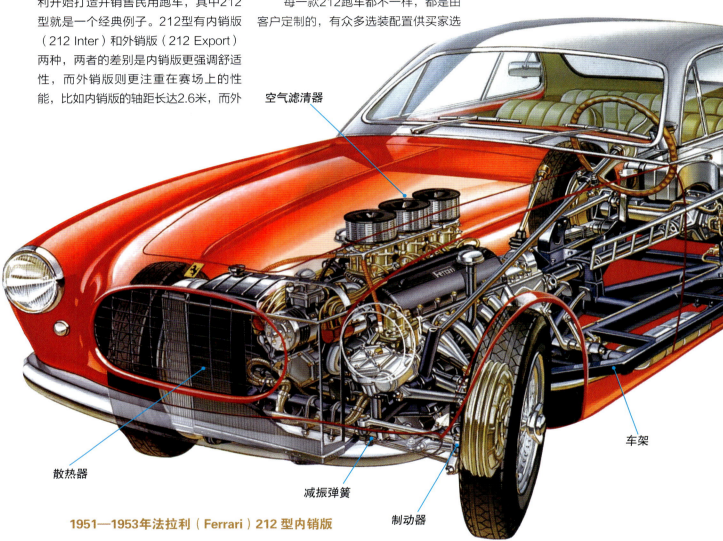

1951—1953年法拉利（Ferrari）212型内销版

→法拉利340 Mexico型跑车于1952年推出，它是在法拉利赢得1951年墨西哥泛美耐力赛的背景下推出的，此大赛历经5天行驶2000英里，其过程极其艰辛。法拉利340 Mexico采用4.1升V形12缸发动机，最大功率280马力。法拉利在340 Mexico型跑车基础上还推出340 MM型跑车，其最大功率高达300马力。

1952年法拉利（Ferrari）340 Mexico型硬顶跑车

1950—1959年

↓在1952年日内瓦车展上亮相的菲亚特8V是一款双门轿跑车。由于它是第一款采用V8发动机的菲亚特汽车,因此原来想取名V8,但这个名称与美国福特的一款V8车型同名,最后只好改名为8V。

菲亚特8V采用的2.0升V8发动机,本来是为打造一款豪华轿车而设计的,但后来此项目因故终止了,最后阴差阳错地用在了8V轿跑车上。菲亚特8V轿跑车的发动机可输出105马力的功率,配备4速手动变速器,四轮独立悬架、四轮鼓式制动,最高车速为190千米/时。

1953菲亚特8V轿跑车(Ghia设计)

1953年英国阳光(Sunbeam)Alpine敞篷跑车

↓戴姆勒(Daimler)SP250是由英国戴姆勒公司于1959—1964年间制造的一款跑车。这也是戴姆勒公司在1960年被其母公司卖给捷豹前推出的最后一款车型。此车为2座设计,前置发动机,后轮驱动,采用2.5升V8发动机,最大功率140马力,配备4速手动或3速自动变速器。整车净重940千克。

↑阳光(Sunbeam)Alpine是英国生产的一款双座敞篷跑车,于1953—1955年制造,后来又发展到5代车型,一直到1975年都采用Sunbeam Alpine这一名称。此车采用2.267升4缸发动机,最大功率78马力,0—100千米/时加速时间20.3秒,最高车速150千米/时。

英国戴姆勒(Daimler)汽车标志

1959—1964年戴姆勒(Daimler)SP250型

经典名车
阿斯顿·马丁DB2/4

阿斯顿·马丁（Aston Martin）DB2/4是由阿斯顿·马丁公司于1953—1957年间制造的一款双座轿跑车。此车基于阿斯顿·马丁DB2型设计，主要改进了前风窗、保险杠和前照灯等。其动力系统采用双顶置凸轮轴直列6缸发动机，最初其发动机排量为2.6升，1953年起又将发动机排量增至2.9升，最大功率也由125马力增至140马力，最高车速也提高到了193千米/时。

阿斯顿·马丁DB2/4的总产量为764辆。

1953—1955年阿斯顿·马丁（Aston Martin）DB2/4 轿跑车

1950—1959年

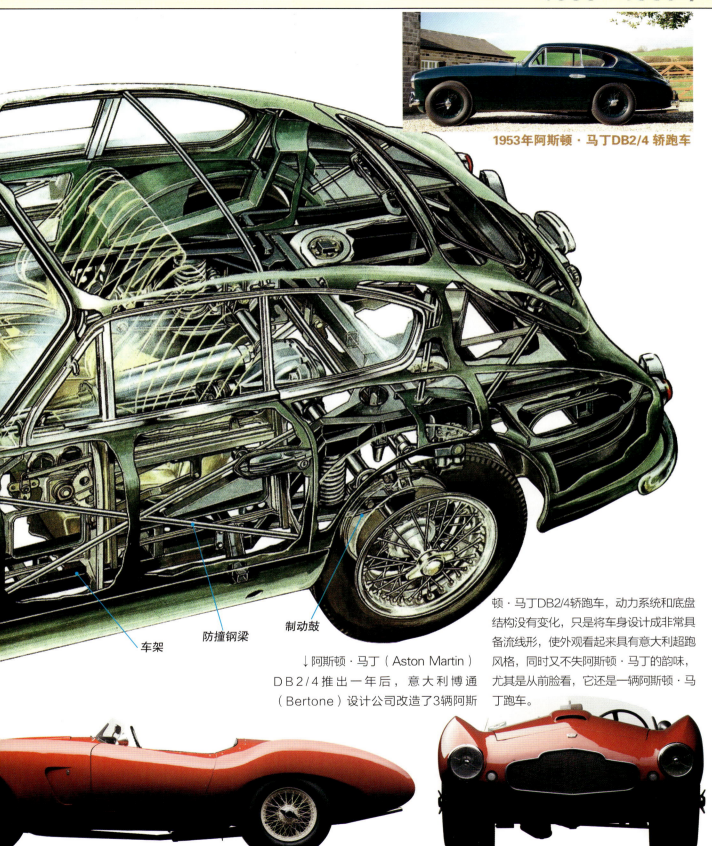

1953年阿斯顿·马丁DB2/4 轿跑车

车架　防撞钢梁　制动鼓

↓阿斯顿·马丁（Aston Martin）DB2/4推出一年后，意大利博通（Bertone）设计公司改造了3辆阿斯顿·马丁DB2/4轿跑车，动力系统和底盘结构没有变化，只是将车身设计成非常具备流线形，使外观看起来具有意大利超跑风格，同时又不失阿斯顿·马丁的韵味，尤其是从前脸看，它还是一辆阿斯顿·马丁跑车。

1953年阿斯顿·马丁（Aston Martin）DB2/4 博通（Bertone）敞篷跑车

经典名车
跑车（1950—1959）

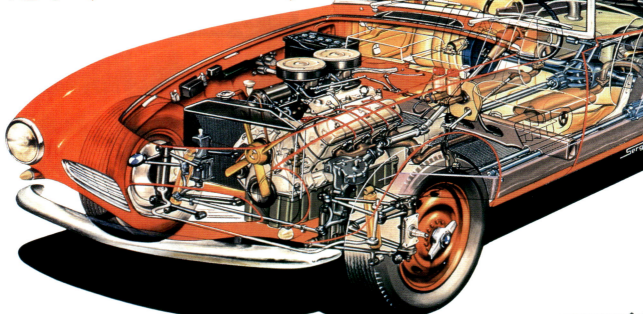

1956年宝马（BMW）507敞篷跑车

↑宝马（BMW）507是一款双座双门敞篷跑车，它制造于1956—1959年。本来推出507的最大目的是出口到美国市场，并希望年销数千辆。但由于定价过高，导致滞销，最后只生产了252辆，并造成宝马严重的经济损失。

此车采用3.168升V8发动机，配备4速采埃孚（ZF）手动变速器。0—100千米/时加速时间11.1秒，最高车速197千米/时。

1957年路特斯（Lotus）Elite（Type 14）

→↑路特斯（Lotus）Elite这个名字曾被路特斯用于两款量产车型及一款概念车名。最早使用此名称的车型就是1957年推出的路特斯14型双座跑车，制造于1958—1963年间。此车为前置发动机、后轮驱动，采用1.2升4缸发动机，配备4速手动变速器。据后来的测试，路特斯Elite最高车速为180千米/时。由于车身较轻，整车净重为503.5千克，0—100千米/时加速仅需11.4秒。此车于1963年停产，总产量为1047辆。

↑布加迪（Bugatti）101型是在1951—1952年间制造的一款轿车。它的底盘结构以及动力系统，都来源于布加迪57型，但车身造型则有4家车身公司打造，有4门与2门之分，以及敞篷、硬顶之分，但总产量也只有8辆。101型采用来自于布加迪57型的3.3升直列8缸发动机，配备4速手动变速器。

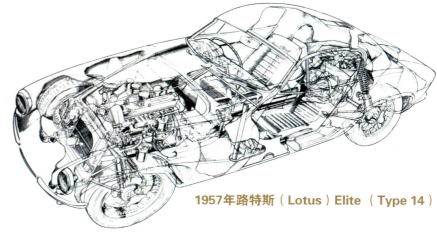

1957年路特斯（Lotus）Elite（Type 14）

1950—1959年

↓阿尔法·罗密欧（Alfa Romeo）Giulietta（750和101系列）实际上是一款家用轿车，它是阿尔法·罗密欧最成功的车型之一，从1954年开始生产，到1965年停产，共有177690辆Giulietta售出。Giulietta车型有多种车身形式，包括4门轿车、2+2轿跑车、2座轿跑车和敞篷车款等。前置发动机、后轮驱动，配备4速和5速手动变速器。

1958年阿尔法·罗密欧（Alfa Romeo）Giulietta（博通设计）双门轿跑车

1951年法国布加迪（Bugatti）101型双门轿跑车

率先采用燃油喷射技术取代传统的化油器——远远领先于那个时代的其他同类车型

1954年 梅赛德斯-奔驰300 SL鸥翼式超级跑车

↓↑奔驰300SL（W198）是20世纪50年代最著名的车型之一，这不仅是因为它是鸥翼式车门车型的鼻祖，更为重要的是它采用了许多里程碑式的技术，如燃油直接喷射技术等。同时，300SL还是当时世界上跑得最快的量产车，最高车速高达260千米/时。

奔驰300SL最早亮相于1954年的纽约车展。该车基于奔驰W194赛车打造，采用3升6缸发动机，最大功率210马力。

此车名称300SL中的"300"是指它采用3.0升发动机，"SL"则是德语Sport Leicht（Sport Light）之意。在300SL之后，还推出配备1.9升发动机的兄弟车型，并命名为190SL。

银色是德国赛车官方标识色

液压支撑杆

鸥翼式车门

车身结构由一系列三角形框架构成，可以承受极大的扭曲力并且有极好的弹性和伸缩度

1954年梅赛德斯-奔驰300 SL（W198）

→这是意大利蓝旗亚（Lancia）于1950—1958年间生产的一款名为奥瑞利亚（Aurelia）的双门轿跑车，此车型还有四门轿车和双门敞篷车等车款。此车的最大亮点是率先采用V6发动机，排量也从1.8升到2.5升不等，配备4速手动变速器，采取前置发动机、后轮驱动布局方式。此车将后轮制动器设置在后差速器两侧，极具个性。

此车型总产量18201辆。车名奥瑞利亚取自罗马街道的名称：奥瑞利亚大道，此道路从罗马通向比萨。

将后轮制动器设置在后差速器两侧，极具个性，后来发展成为蓝旗亚汽车的特点之一

1954年蓝旗亚（Lancia）奥瑞利亚（Aurelia）双门轿跑车

↓进入20世纪50年代，美国的喷气式飞机影响到汽车造型设计。意大利领先的汽车设计室宾尼法利纳（Pininfarina）闻风而动，根据蓝旗亚奥瑞利亚（Aurelia）打造一款具有喷气飞机造型风格的概念车，并在1952年的都灵汽车展上亮相，目标直指美国市场。这款概念车非常吸引眼球，不仅车身极具飞机的流线造型，而且前脸也与喷气飞机非常近似。然而，由于多种原因，最终并未实现进军美国市场的梦想，只是打造了6辆样车。

1952年蓝旗亚（Lancia）奥瑞利亚（Aurelia）PF200敞篷概念车（宾尼法利纳设计）

→法拉利（Ferrari）335S是在1957—1958年间生产的一款运动赛车，但仅制造了4辆。法拉利335S创新性地采用4.023升V12发动机，最大功率高达390马力，最高车速竟达300千米/时。这款几乎是当时世界最高性能的赛车，却引发一起赛车场上的灾难。

在1957年的意大利Mille Miglia大赛上，驾驶法拉利335S赛车的西班牙手阿方索处于第3位，在大直道上突然爆胎，赛车直接冲向右侧的观众人群，当场有9名观众遇难，阿方索及副车手也不幸身亡。此灾难发生的直接后果是从第二年开始，著名的Mille Miglia大赛停止举办。

2016年在巴黎的一次拍卖会上，一辆法拉利335S以3.21亿欧元的价格成交，创世界汽车拍卖新纪录。

以3.21亿欧元创世界汽车拍卖纪录

1957年法拉利（Ferrari）335 S敞篷赛车

1950—1959年

←第二次世界大战结束后,众多欧洲跑车涌入美国,成为当时富人和明星们追逐的目标,而当时通用汽车的传奇设计师哈利·厄尔也非常喜爱运动跑车,于是他设计一款双门跑车,并在雪佛兰品牌下专门开辟了一个子品牌克尔维特(Corvette)。

1953年,通用汽车手工打造了300台白色车身的克尔维特,马上被抢购一空。随后在1954年,克尔维特又增加了三种车身颜色,其中红色成为克尔维特的标志色。由于第1代克尔维特(简称C1)采用非独立式的后悬架,因此又俗称C1为"硬轴"。

从1953年到1962年,克尔维特C1共生产了9年。最早在C1上搭载的是一款3.9升直列6缸发动机;1954年款车型在此基础上做了细微调校,功率增加到155马力,并配备2速自动变速器。后来又采用了更为生猛的V8发动机,并配备了燃油喷射系统,功率猛增到360马力,同时还增加了3速手动和4速手动变速器。

1953年克尔维特(Corvette)C1超级跑车

1953年克尔维特标志

↓宾利(Bentley)R型从1952年推出到1955年停产,共卖出2323辆,算是一款非常成功的豪华轿车。而且,除了宾利自己生产的标准版R型外,还有四五家车身定制厂打造的个性版宾利R型。下图就是由Mulliner车身厂打造的双门四座轿跑车。宾利R型采用4.6升直列6缸发动机,最大功率130马力,配备4速手动和4速自动变速器,最高车速大约164千米/时。

1952年宾利(Bentley)R型 Continental轿跑车(Mulliner打造)

经典名车
前脸造型（1950—1959）

进入20世纪50年代，汽车设计师们更加重视流线形设计，将车头逐渐变低变宽，并将原来裸露的前照灯收入到前挡泥板中，将挡泥板（翼子板）、前照灯、进气格栅三者融为一体，使前脸造型越来越简洁，就像是由繁体字进化到简体字一样。

↓凯迪拉克（Cadillac）62型发动机盖上大大的"V"字标示此车采用V8发动机，因此其车头可以设计得稍低一些，其进气格栅可以呈横形。其进气格栅的竖条看起来更像凶猛动物的牙齿。

1958年福特埃兹尔（Edsel）轿车

↑埃兹尔（Edsel）是亨利·福特的儿子，也是福特二世父亲的名字。1957年，福特汽车投入2.5亿美元推出以埃兹尔命名的车型。然而，人们认为此车丑陋无比，尤其是车头的"马颈圈"设计非常难看。此车因销量太低而在两年后即停止生产，并且成为"大公司也会犯错误"的典型案例。

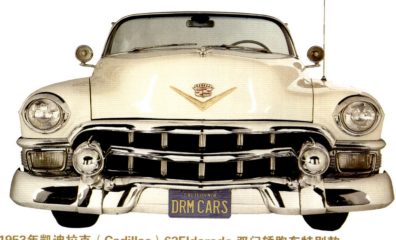

1953年凯迪拉克（Cadillac）62 Eldorado 双门轿跑车特别款

↓1957年的凯迪拉克（Cadillac）62的前脸不再那么凶猛，车头变得更低一些，进气格栅条变得很细密，凯迪拉克引以为傲的"V"变得更大，但像八字胡须的保险杠设计却看起来有点丑。

1957年凯迪拉克（Cadillac）62硬顶双门轿跑车

1950—1959年

1957年别克（Buick）Roadmaster双门轿跑车

↑别克（Buick）车型的前脸早就采用瀑布式造型，一直到今天生产的别克汽车，仍在采用瀑布式前脸造型。

1953年哈德森（Hudson）大黄蜂（Hornet）

↑美国哈德森（Hudson）汽车的进气格栅造型更像是蛤蟆嘴，发动机盖上还设一个扁平的进气孔，更像是呼吸的鼻孔。

1954年宝马502型敞篷车

↑到1954年，宝马的进气格栅造型与"肾"还有点近似，车头比较高，两个"口"字呈竖形状。但随着发动机体积越来越小，车头越来越低，两个"肾"逐渐变成了两个"口"字。

1956年劳斯莱斯银云（Silver Cloud）双门敞篷轿跑车

←↑劳斯莱斯（Rolls-Royce）的前脸设计借鉴了希腊神殿的外观造型，看起来典雅、大气和庄重。即使到了21世纪，劳斯莱斯的最新车型仍采用这种希腊神殿式前脸设计。

希腊神殿

1958年梅赛德斯220 SE豪华轿车

←奔驰的前脸造型为"N横1竖"。从高高的车头可以看出，当时欧洲采用V形发动机的汽车还不太多，而同期的美国汽车已有不少采用V8发动机。此车采用2.2升直列6缸发动机，配备4速手动变速器。

1951年法国德拉海（Delahaye）235 敞篷轿车

先驱人物
概念车之父：哈利·厄尔

哈利·厄尔（Harley Earl）是美国最著名的汽车设计师，由于他在1939年推出别克Y-Job概念车的人，是世界上最先推出概念车，因此哈利·厄尔被誉为"概念车之父"。

哈利·厄尔于1893年出生在美国好莱坞，他父亲是一位汽车车身制造商，专为好莱坞明星定制个性化的车身。哈利·厄尔从小耳濡目染，对车身打造也有兴趣。虽然他上了著名的斯坦福大学，但也时常在父亲的车身厂帮忙，并开始显露在车身造型设计方面的才华。后来厄尔车身制造厂被一位凯迪拉克经销商买走，但仍让哈利·厄尔担任设计指导。

有一天，凯迪拉克的总经理劳伦斯P.费希尔（Lawrence P. Fisher）视察经销商及其相关机构，在原来的厄尔车身厂遇到了哈利·厄尔并慧眼识出他的设计才华，尤其是哈利·厄尔利用黏土模型设计车身的方式给费希尔留下了深刻印象，随后他邀请哈利·厄尔加入通用汽车公司，并为哈利·厄尔专门设立了一个新部门：艺术与色彩部，哈利·厄尔成为通用汽车公司的第一任造型设计负责人。

哈利·厄尔不负费希尔的重托，他仅用三个月就主持设计出第一

1938年别克Y-Job概念车由别克量产车底盘改进而来。之所以称之为"Y"，是由于当时许多汽车厂家将自己的实验性汽车称为"X"车。此后生产的别克和凯迪拉克的许多车型上，都能看到Y-Job的影子

世界第一款概念车
1938年别克Y-Job概念车

1927年凯迪拉克（Cadillac）LaSalle

款车型：凯迪拉克LaSalle（左图）。此车在1927年一经推出，就引起轰动，它那圆润线条、锥形尾部和修长低矮的车身，与当时高大的方盒子形汽车格格不入。凯迪拉克LaSalle采用双侧备胎、金属辐条车轮、可折叠座椅、彩色顶篷以及"大汤匙"前挡泥板、高尔夫球专用箱等。一时间凯迪拉克LaSalle成为当时最能代表时尚潮流的作品。

1937年，艺术与色彩部改名为造

1951年的通用LeSabre是最著名的概念车之一，它由哈利·厄尔负责设计，其造型设计灵感来自当时的喷气战斗机。后来厄尔把它当成日常上下班的座驾。这款车上有两项技术较为突出，一是使用双燃料（汽油和酒精），二是装有湿气传感器，当车主不在车跟前但天下雨时，它能自动将车顶篷关闭上

1951年凯迪拉克LeSabre概念车与哈利·厄尔

1950—1959年

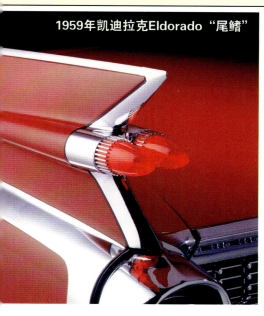

1959年凯迪拉克Eldorado"尾鳍"

型部，哈利·厄尔也升任通用汽车的副总裁。

1938年，哈利·厄尔负责的设计部又推出令人瞠目的别克Y-Job车型，它不是量产车型，只是一款用来展示设计思想和理念的概念车，这种做法前无古人，因此别克Y-Job又被称为世界第一款概念车。有意思的是，向公众展示后，哈利·厄尔每天驾驶这辆概念车上下班。

有一种造型设计堪称哈利·厄尔的代表作，那就是20世纪50年代在美国广为流行的汽车"尾鳍"。哈利·厄尔带领通用设计团队在1948年设计凯迪拉克60系列特别款（Sixty Special）时，最先采用尾鳍造型设计。虽然它的尾鳍看起来还比较小而圆，但它开创了一种新的设计风格。到第二次世界大战结束后，这种夸张尾鳍的设计在美国汽车上随处可见。另外，大量采用镀铬装饰也是凯迪拉克60系列特别款的亮点之一，并引领数十年的设计风格。

据称，哈利·厄尔推崇的镀铬装饰和漂亮尾鳍设计灵感源自洛克希德（Lockheed）P-38战斗机造型。包括后来哈利·厄尔为庞蒂克设计的火鸟（Firebird）系列车型、凯迪拉克Eldorado Biazzitz车型等，都是源自喷气式战斗机的设计灵感。

1953年，哈利·厄尔还首次采用整块弧形玻璃作为前风窗玻璃，以代替以前的平板玻璃，并很快成为20世纪50年代汽车的设计风尚。据称这一设计也是源自战斗机驾驶舱的造型。

1958年，哈利·厄尔光荣退休，1969年去世，享年75岁。

第一款采用"尾鳍"设计的汽车

最早出现的"尾鳍"

1948年凯迪拉克（Cadillac）60系列特别款

1954年庞蒂克火鸟（Firebird）I型概念车

1956年庞蒂克火鸟（Firebird）II型概念车

1958年庞蒂克火鸟（Firebird）III型概念车

←1954年的火鸟（Firebird）I型概念车，由哈利·厄尔领导设计。很明显此车仍受到喷气战斗机外观的影响。车身采用玻璃纤维制成。请注意它那尖尖的鼻子，与当时喷气机巨大的进气孔不同，但却与现在战斗机的鼻子极为相似。难道哈利·厄尔还能领航空造型设计之风骚？在这款概念车的尖鼻子后面、驾驶人前面，放置的不是发动机，而是玻璃纤维制成的35加仑汽油箱。发动机则放置在驾驶人身后。

←1956年，火鸟II型于1956年设计完成，它由上代的单座改为4座，并采用不少先进技术，如涡轮增压发动机、第一个使用盘式制动器、四轮独立悬架及电子牵引系统等。

←从侧面看，它非常像是一架小型飞机，机头、机翼、驾驶舱（双座）都是克隆自飞机造型。不仅如此，里面也没有方向盘，只有一个像飞机操纵杆一样的"单棍"，它可以替代方向盘、制动踏板和加速踏板，这实际上就是现在作为先进技术宣传的"线控操作"（Drive-by-wire）系统。

经典名车
汽车尾鳍

进入20世纪50年代，喷气飞机及火箭等航空航天新技术成为人们茶余饭后谈论的话题。此时汽车设计师们也大胆借鉴飞机和火箭的造型设计，从而使汽车也进入到喷气造型时代。

在喷气造型时代，汽车的尾鳍与飞机的机翼或火箭的尾翼极为近似；汽车前部的前照灯则设计成与喷气飞机的进气口极为相似；车身也是像飞机机身一样呈修长、流线造型。总之，尽一切之能耐要将汽车设计成喷气飞机的风格，以此来吸引买主。

1957年福特（Ford）Fairlane 500 Skyliner 可收缩式硬顶跑车

1958年雪佛兰（Chevrolet）Bel Air Impala

1959 年旁蒂克（Pontiac）Bonneville Custom敞篷轿车

1959 年普利茅斯（Plymouth）Sport Fury硬顶轿跑车

1950—1959年

俗称"大火箭"的车型

1959年凯迪拉克（Cadillac）Eldorado豪华轿车

1958年福特 埃兹尔（Edsell）Citation四门硬顶轿车

1957年别克（Buick）Roadmaster

1957 年克莱斯勒（Chrysler） New Yorker

1957 年道奇（Dodge）Coronet 双门轿车

←1959年，哈利·厄尔（Harley Earl，通用汽车总设计师）时代达到顶峰，而其顶峰代表作就是喷气飞机式的造型设计，尤其是凯迪拉克Eldorado及其兄弟车型。

左图是1959年款Eldorado轿车，它采用6.4升V8发动机，轴距3.3米，车身总长达到5.715米。标准配置：空气悬架、自动门锁、带记忆功能的6向电动加热座椅、带遥控器的收音机、电动车窗。选装配置：空调、巡航系统、前照灯亮度自动调节、深色或彩色玻璃窗。

1959年款凯迪拉克Eldorado的尾鳍设计，已成为20世纪50年美国汽车喷气式造型的代表。由于其尾部造型也像是火箭尾部，因此又有国内车迷将此车俗称为"大火箭"。

第1代凯迪拉克Eldorado于1953年推出。它是一款典型的美国豪华轿车，自推出后一直到1966年，它都是凯迪拉克品牌中最昂贵的车型。以Eldorado命名的车系一直生产到2002年，共计有10代车型不断推向市场。

图解汽车大百科 精装珍藏版

经典名车
豪华汽车（1950—1959）

↓第1代雪佛兰（Chevrolet）Bel Air于1950—1954年间生产，其车长为4.966米，轴距2.921米，搭载一台3.9升直列6缸发动机，最大功率117马力，匹配备3速手动变速器或2速自动变速器，最高车速为137千米/时。当时售价仅1741美元，第1年就卖出76662辆。

1953年雪佛兰（Chevrolet）Bel Air 敞篷轿车

→↓凯迪拉克（Cadillac）62型采用6升汽油发动机，最大功率279马力，配备自动变速器，前置发动机、后轮驱动。此车由通用汽车总设计师哈利·厄尔操刀设计，车身修长，尾翼突出，是20世纪50年代经典美国汽车代表之一。

1957年凯迪拉克（Cadillac）62硬顶双门轿跑车

↓"银云"（Silver Cloud）是劳斯莱斯于1955—1966年间制造的一款豪华轿车。它是那个时期劳斯莱斯的核心车型。此车采用4.9升直列6缸发动机，后来又改为6.2升V8发动机，配备4速自动变速器。此车生产了7372辆。

1955年凯迪拉克（Cadillac）62硬顶双门轿跑车

1950—1959年

哈德森（Hudson）汽车标志

1953年美国哈德森（Hudson）大黄蜂（Hornet）

→↑哈德森（Hudson）汽车公司的大黄蜂（Hornet）制造于1951—1954年间，采用5升直列6缸发动机，配备3速手动变速器。当年要是选装8个频道的收音机还需要另付100美元。后来哈德森汽车公司合并于美国汽车公司（AMC），因此从1955年起开始在美国汽车公司生产，但仍采用哈德森的商标，直到1957年彻底停产。哈德森大黄蜂采用双色车身及溜背式尾部造型，使其看起来非常动感和尊贵。

1953年美国哈德森（Hudson）大黄蜂（Hornet）

←英国宾利（Bentley）一直致力于打造"安静的跑车"，既能乘坐舒适，还能跑得快。这辆宾利S2欧陆飞刺从1959年起改用6.23升V8发动机，以替代S1系列只有160马力的6缸发动机，从而使其功率提高到200马力。

英国宾利（Bentley）S2欧陆飞刺（Flying Spur）

1956年劳斯莱斯银云（Silver Cloud）双门敞篷轿跑车

故事传奇
新中国汽车起步

解放 解放牌汽车标志

新中国第一辆国产载货车

1956年一汽解放CA10载货车

1949年12月,毛泽东主席访问苏联,中苏双方商定,由苏联全面援助中国建设第一个载货汽车厂。经过一年多的调查研究和多个方案对比,1951年,中共中央和中央人民政府决定把第一汽车制造厂的厂址设在吉林省长春市郊。

1953年7月15日,在第一汽车制造厂的厂址平地上举行了隆重的奠基典礼。毛泽东主席亲自题写厂名。1956年7月13日,被毛泽东命名为解放牌的第一批国产汽车试制成功,并且采用毛泽东主席的题字解放作为商标名称。

长春第一汽车制造厂生产的解放牌汽车是以苏联生产的吉斯150型汽车为范本,并根据中国的实际情况改进部分结构而设计和制造出来的。这种汽车装有90马力、6个气缸的汽油发动机,最高车速只有65千米/时,载重量为4000千克。它不仅适合当时中国的道路和桥梁的负荷条件,而且还可以根据需要改装成适合各种特殊用途的变型汽车。首批汽车经过行车试验后,证明性能良好,符合设计要求。

1958年,第一汽车厂还制造出新中国第一辆小轿车:东风牌轿车,后来制造出红旗牌高级轿车。

↓1957年11月,一汽开始了东风牌轿车的设计,到1958年研制成功。东风轿车的车身和底盘都参考了法国希姆卡(Simca)公司的维迪蒂(Vedette)车型;发动机则参考了奔驰190车型,采用4缸顶置气门设计,最大功率52千瓦;变速器则是一汽自己设计制造的3速机械变速器。东风牌轿车的最高设计车速为128千米/时。

东风牌小轿车的型号为CA71,其中CA为生产厂家一汽的代码,7为中国轿车类型的编码,1表示第一款。

中国第一辆国产轿车

1958年东风牌CA71型

1950—1959年

1958年红旗CA72-1E

↑1958年，中央急于在建国十周年的庆典上用上国产高级轿车，向一汽下达了制造国产高级轿车的任务。一汽的工人们以从吉林工业大学（现吉林大学）借来的一辆1955年款克莱斯勒高级轿车为蓝本，根据中国的民族特色进行改进后以手工制成了一辆高级轿车。这辆轿车的动力系统和装备几乎和克莱斯勒一样，其实就是把克莱斯勒汽车完全拆开，对每个零件进行手工测绘，然后自己制造。吉林省委第一书记吴德在全厂万人集会时，正式给轿车命名为"红旗"。一汽的设计师又认真对红旗轿车整车做了5次系统的试验后，红旗轿车定型样车被正式编号为CA72。

红旗牌轿车标志

上海牌轿车标志

1974—1986年上海牌SH760A轿车

←↑上海汽车制造厂从1958年就开始轿车研制工作，当时主要是仿照欧美的轿车，先解剖，后仿制，再修改、调试，最后定型生产，到1963年才开始批量生产。初期的上海牌轿车为手工打造，采用上海汽车发动机厂生产的680Q型6缸发动机，最大功率90马力。当时上海牌轿车是除红旗轿车之外中国生产的唯一轿车产品。

1964年上海牌SH760轿车

你知道吗？
中国汽车之父：饶斌

饶斌被誉为新中国汽车之父。他出生于1913年，是中国汽车工业的杰出奠基人和开拓者，曾历任吉林市委书记，哈尔滨市市长，第一汽车制造厂厂长，国家经委副主任，第二汽车制造厂厂长，第一机械工业部部长，中国汽车工业公司董事长等职。1953年到长春任一汽厂长，仅用3年时间，就建成了中国汽车工业的摇篮——第一汽车制造厂，结束了中国不能自己造汽车的历史。

1964年，饶斌又受命组建第二汽车制造厂。经过深入调查研究，他领导制定了二汽建厂方针十四条，规定"要创中国的汽车工业发展道路，使中国汽车工业的布局、品种、产量和技术水平大翻身"，为二汽的成功建设奠定了基础。

他在担任中国汽车工业公司董事长期间，提出了汽车工业调整改组和发展规划，组织引进先进技术，加速产品换代，解决汽车工业"缺重少轻轿车空白"的局面。在他的大力支持下，促成了上海汽车与德国大众汽车的合资项目。

1987年，饶斌去世。

饶斌（1913—1987）

图解汽车大百科 精装珍藏版

经典名车
越野汽车（1950—1959）

1948年路虎（Land Rover）I系列80型软顶越野车

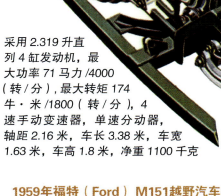

1970年福特（Ford）M151A2型越野汽车

↑1947年，罗孚（Rover）汽车公司技术总管莫里斯·威尔克斯（Maurice Wilks），与罗孚总经理即其兄斯潘塞·威尔克斯（Spencer Wilks），在自家农场里聊到美国的威利斯·吉普（Willys Jeep）时，突发奇想，罗孚也应该生产具有英国风味的越野车，于是着手制造以罗孚汽车配件为基础的越野车。

罗孚越野车的新设计在1948年春的阿姆斯特丹车展上大放异彩。从此，由莫里斯命名的兰德·罗孚（Land Rove，即路虎）80型越野车开始在汽车市场上走俏，成为美国吉普的最大对手。车名中的"80"是指其轴距为80英寸，即2米。

→第二次世界大战结束后，针对美军吉普车存在车身狭窄、定员太少、功率偏弱等问题，从1950年始，美军一直寻找一种更先进的新型军车。1951年福特公司与军方签订了一个共同研发合同，1952年第一辆样车诞生，并直到1959年车辆一直在进行改进。

1959年，福特研制的美军军用车M151终于正式定型并开始生产。该车采用了和原来美军吉普车不同的结构，不仅取消了车辆大梁，采用承载式车身，而且采用四轮独立悬架。这种结构可以降低车身高度、提高离地间隙。

但批量生产的M151在开始使用中暴露出一些问题，如高速行驶时容易侧倾等。后来经过重新调整悬架结构并增加防侧倾杆后问题得到解决，此后23年都是由福特M151作为美军的标准装备，一直生产到1982年，后来被悍马军车HMMWV所替代。

采用2.319升直列4缸发动机，最大功率71马力/4000（转/分），最大转矩174牛·米/1800（转/分），4速手动变速器，单速分动器，轴距2.16米，车长3.38米，车宽1.63米，车高1.8米，净重1100千克

1959年福特（Ford）M151越野汽车

1950—1959年

1951年丰田（Toyota）Jeep BJ 军用越野车

←1950年，朝鲜战争爆发，日本积极为美军提供后勤装备，甚至提出为美军制造一种类似威利斯（Willys）吉普车的汽车。1951年，丰田推出一款名为吉普BJ（Jeep BJ）的四驱车，但其车身要比威利斯大，而且装备3.4升6缸发动机，动力更强，并像威利斯吉普那样采用分时四驱方式，但分动器没有低速档位。这款车堪称丰田越野车的鼻祖。

1955年丰田（Toyota）J20

↑1955年，丰田推出第2代越野车型，名为J20系列。此时朝鲜战争已结束，丰田为了能够出口，就将此车型进行舒适性改进，使其比先前的BJ系列更民用化，不仅增加了许多舒适性配置，将发动机前移了120毫米，使车内更宽敞，而且还将发动机排量增大到3.9升，但仍采用3速手动变速器，并在高档位上安装了同步器，只是分动器仍没有低速档位。

1959—1982 年期间充当美国军车23年，产量超10万辆

四轮独立悬架

燃油箱

承载式车身

1954年日本三菱（Mitsubishi）Jeep（J3）越野车

←↑日本三菱汽车公司制造的吉普汽车，是在美国威利斯（Willys）公司的技术许可下生产的，并不是仿制山寨的，并且从1953年一直生产到1998年，生产期长达45年，最后才以无法满足环境和安全要求为由而停止生产。三菱生产的吉普汽车主要供应东南亚国家。

1970—1998年三菱（Mitsubishi）Jeep（J50）

经典名车
雪铁龙DS19（1955—1968）

1961年雪铁龙DS19型敞篷轿车

DS19是1955年法国雪铁龙DS品牌诞生时的首款车型，当时首次亮相巴黎车展，新颖的造型便引得无数人的关注。雪铁龙DS19由意大利雕塑家、工业设计师弗兰米尼奥·贝托尼设计，其车身设计极具未来风格，空气动力学设计使其看起来颇像是多了四个轮子的时髦航空器。DS19的超前设计在此后的20年内都引领潮流，完全改变了此前汽车在人们心中的形象。

当年，由于DS的造型太过超前，因此许多人还很难接受，以至于被人们称之为"从太空来的女神"。外观水滴造型以及溜背式车尾，加上半包的后轮，使其空气动力学特性非常强烈。其双色车身更是彰显其时尚前卫的特质。

除了外观奇特，DS还是当时世界最先进的汽车之一。它是第一款带有助力盘式制动器的量产汽车。该车还装备了液压悬架系统，包括自动找平系统，可以调节车身高度。还采用助力转向系统和半自动变速器。

DS19一经亮相便接到大量订单，创下了车展第一天就接到1.2万个订单的神话。DS19总共生产了145万多辆。

DS19还曾是法兰西第五共和国第一任总统戴高乐的座驾，它甚至在一次暗杀事件中还让戴高乐死里逃生。

DS来自法语中的Deesse一词，意思为"女神"，因此，DS19又被称为"公路女神"。由于其采用1.911升的发动机，所以称为DS19。

车身将后车轮部分包裹，溜背式尾部造型

DS19装备当时世界最先进的四轮液压气动式悬架系统及车身高度调整系统。此系统使用液压油与氮气的组合，代替弹簧的动作，可自动调节减振器中的液压油量，不论车辆负重多少，均能保持一定的高度，从而获得较佳的舒适性

1950—1959年

在1955年首次亮相时，DS19因独特的造型设计而被誉为"天外来客"

DS19的内部设计也与众不同，它采用非常独特的单辐式方向盘，车内后视镜就放在仪表板的上方

鉴于液压气动悬架系统兼顾行车安全与乘坐舒适性的特点，使得劳斯莱斯公司于1982年向雪铁龙购得此专利，装备在劳斯莱斯银影（Sliver shadow）车上

1955年雪铁龙（Citroen）DS19车型

经典名车
平民汽车（1950—1959）

1955年萨博（Saab）93型四门轿车

↑萨博（Saab）93是瑞典向外出口的第一款汽车，它最早于1955年底上市，也是萨博的第二款车型。此车采用纵置3缸二冲程发动机，0.748升排量，最大功率33马力，配备3速手动变速器。

1953年日产-奥斯汀 A40 Somerset（日本组装）

↑奥斯汀（Austin）A40 Somerset是英国奥斯汀汽车公司于1952—1954年间制造的一款小型汽车，它采用1.2升直列4缸发动机，最大功率42马力，配备4速手动变速器，并装有同步器，最高车速110千米/时。这款车共生产了17.3万台。有意思的是，在投产的当年，也就是1952年，英国奥斯汀公司与日本日产公司签订技术转让协议，在日本以CKD的方式组装奥斯汀A40 Somerset车型，并于1953年组装出第一辆A40 Somerset汽车。

1954年日产-奥斯汀A50 剑桥四门轿车（日本组装）

↑奥斯汀A50 剑桥（Cambridge）是替代A40的车型，不仅车身加大了，改成四门四座，而且发动机排量也扩大为1.5升，最大功率50马力，实测最高车速118.4千米/时。收音机和时钟仍是此车的选装配置。此车也在日本日产进行组装，以替代A40 Somerset车型。

1958年斯巴鲁（Subaru）360型

↑斯巴鲁（Subaru）360是斯巴鲁生产的第一款汽车，从1958年一直生产到1971年，总产量高达39.2万，是日本最著名的"国民车"之一。此车采用0.356升直列2缸发动机，而且发动机后置、后轮驱动，车长2.99米，净重410千克，绰号"瓢虫"，它基本就是一个带壳子的摩托车。

1950年大众（VW）T1小型客车

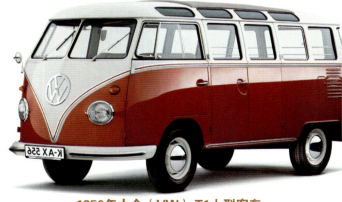

1950年大众（VW）T1小型客车

1950—1959年

↓斯柯达（Skoda）1201最早诞生于1952年，车长4.5米，当时应算是中型轿车了。它采用1.221升4缸发动机，最大功率33千瓦，配备4速手动变速器，最高车速105千米/时。

1951年沃尔沃（Volvo）PV444 CS车型

↑沃尔沃（Volvo）PV444型轿车采用全新设计的1.4升4缸发动机，是沃尔沃专门为轿车研制的第一款顶置式气门发动机，最初的输出功率为40马力，后来增加至44马力，配备3速手动变速器。原本想采用前轮驱动，但是沃尔沃公司创始人之一的古斯塔夫·拉森最终决定采用后轮驱动。因为他认为前置前驱方式太过超前。

1955年斯柯达（Skoda）1201（Type 980）

1955年标致（Peugeot）403

↑403是法国标致（Peugeot）在1955—1966年间制造的一款轿车，它总共生产了121.4万辆，是产量超过百万辆的第一款标致汽车。它最初采用1.468升直列4缸汽油发动机，可以输出65马力的最大功率，配备4速手动变速器，前置发动机、后轮驱动。

↑大众（Volkswagen）T系列源自1947年荷兰汽车进口商本·鲍恩（Ben Pon）的一张铅笔草图。他在大众汽车工厂内看到作为运输工具的平板车时，灵感迸发，觉得需要一辆结构简单且成本低的运输车来满足战后的重建。于是他拿出笔记本绘制了一个椭圆形的运输车，看起来就像是一大块面包安上了四个车轮，驾驶室则位于前轮上方，中部巨大的空间供于装载，发动机及传动部件放置在最后方。

大众Transporter第一代车型，简称T1，于1950年正式投产。T1拥有30个不同车型，从客车、厢式车到平板车，以及多款改装车型，其强大的灵活性充分满足了消费者的多样化需求。从1950年面世到1967年停产的18年中，T型车总共生产了180万多辆。

1954年英国沃克斯豪尔Cresta（PA）四门轿车

↑沃克斯豪尔（Vauxhall）Cresta是在1954—1972年间制造的一款英国轿车，按照时间顺序先后有E、PA、PB和PC四种型号。其中PA型号生产于1957—1962年，最初采用2.262升直列6缸发动机，配备3速手动变速器，车长4.5米。1960年起发动机改为2.651升直列6缸发动机，最高车速提高到152.4千米/时。当年购买一辆此车要花1014英镑。

先驱人物
阿莱克·伊西戈尼斯

阿莱克·伊西戈尼斯（Alec Issigonis）是一位富有传奇特色的设计师，他设计的汽车都是平民化汽车，其中迷你（Mini）是其代表作。

伊西戈尼斯于1906年在土耳其出生，自少年时代随父到英国读书定居。他从小就对机械有着浓厚的兴趣。1928年，伊西戈尼斯进入一家设计公司研究半自动变速系统。30岁那年他又进入英国莫里斯（Morris）车厂设计减振系统。

1948年，伊西戈尼斯为莫里斯设计出一款大受欢迎的经典名车迷诺（Minor）。此车省油、省车位的特点正符合战后经济衰退的需要。米诺从1948年投产，到1972年才停产。

1952年，莫里斯车厂与奥斯汀车厂合并成BMC公司。伊西戈尼斯感到

阿莱克·伊西戈尼斯（1906—1989）

发展机会不多，便跳槽到阿尔维斯（Alvis）汽车公司，但只待了两年也不理想，便又回到BMC公司。

在BMC公司，伊西戈尼斯设计出另一款经典迷你（Mini）汽车。从1957年3月开始设计，他只用4个月就完工。他打破常规，破天荒地将发动机放置在前厢，并且还横置呢！更令人惊奇的是采用了前轮驱动的设计。

当时的微型汽车，无论是德国大众的甲壳虫，还是意大利菲亚特126，都流行后置发动机后轮驱动。这是因为微型车空间本来就小，当时的技术还不能将发动机、转向机构、变速及驱动部件放在一处。然而，阿莱克却解决了这一难题。另外，为了

世界四大经典小型车之一

1963年英国莫里斯（Morris）迷你 Cooper S

1950—1959年

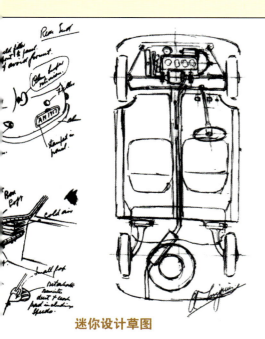

迷你设计草图

迷你采用 0.848 升 4 缸发动机,最大功率 37.5 马力,并首创微型车前置发动机前轮驱动设计,最高车速 115 千米/时

1959年Morris 迷你

迷你曾使用过的标志

1959年Morris迷你

别看迷你小巧,但在国际汽车公路赛中共获得近 30 个冠军。其中在 1965 年和 1967 年获得蒙特卡洛公路赛冠军

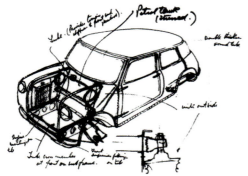

尽量缩小发动机所占空间,他将发动机和变速器使用同一润滑系统,这是一种全新独创的设计。

伊西戈尼斯采用的另一独特设计,是"橡胶锥"悬架设计,利用橡胶的反作用力而使得迷你的悬架简单而又明快。

1959年8月,迷你正式上市。迷你车的实用性、省油性等优点,很快就受到广大用户的肯定,销售量越来越大,成为与大众甲壳虫、雪铁龙2CV、菲亚特500齐名的四大经典微型车之一。

1989年,83岁的阿莱克·伊西戈尼斯去世,但他设计的迷你车型到21世纪时仍在生产。

1964年 迷你 Cooper S 拉力赛车

经典名车
小型汽车（1950—1959）

→↓菲亚特600（Fiat 600）是意大利菲亚特在1955年至1969年生产的都市车。菲亚特600车身只有3.22米长，是菲亚特生产的首部后置发动机车型，当时价值约为7300美元。1955至1969年，该车款总产量高达269.5万辆，成为第二次世界大战后一款经典国民车型。

菲亚特600的最高车速从95千米/时（0.633升发动机）至110千米/时（0.767升发动机）不等，四轮液压鼓式制动，四轮独立悬架系统，低油耗，空间紧凑，满足了当时西方社会经济飞速发展所带来的大众家庭需求。

1955年菲亚特（Fiat）600

1955年菲亚特（Fiat）600

1955年斯柯达（Skoda）440型小型轿车

←斯柯达440是1955—1959年间由捷克斯洛伐克生产的一款小型车，更多的人们称为它斯巴达克（Spartak）。它的发动机有1.1升和1.2升两款，直列4缸，采用前置后轮布局形式，有两门款和三门款车型。

1950—1959年

1957年西特（Seat）600轿车

←西特（Seat）是西班牙的汽车品牌。Seat是西班牙语the Sociedad Espanola de Automoviles de Turismo S.A.的缩写，于1950年5月9日正式宣告成立。初始与菲亚特合作，组装菲亚特小轿车，主要供应西班牙国内市场。这款西特600就是组装菲亚特600的车型。

在当时西特车标上，都要注明菲亚特技术许可（Licencia Fiat）字样

1956年奥斯汀（Austin）A35 两门轿车

↑英国奥斯汀（Austin）A35是于1956—1968年间制造的一款微型家用车，共计生产了28万辆。A35是替代成功车型A30的产品，车长3.467米，采用0.948升发动机，最大功率34马力，前置后驱，配备3速手动变速器。

→↓菲亚特Nuova 500是1957—1975年间制造的一款后置发动机微型汽车。Nuova 500是"新500"之意，以区别于1947年曾推出的前置发动机500车型，因此也称Nuova 500为第2代菲亚特500。

Nuova 500是比菲亚特600更廉价、更经济的小车，车长仅有2.97米，采用0.479升2缸发动机，空气冷却，配备4速手动变速器。Nuova 500共计生产389.3万辆。

1957年菲亚特（Fiat）Nuova 500

1957年菲亚特（Fiat）Nuova 500

经典名车
微型汽车（1950—1959）

1955年日本富士Cabin

1953年Messerschmitt KR175

1952年Messerschmitt KR200

1958年ＣＭ３ Ｃ-３Ａ

1952年法国Andex

↑Ardex是法国南泰尔的一家汽车制造商，这家公司曾制造三轮车和电动车。到了20世纪50年代就开始制造汽油车，它的发动机排量仅为0.1升。

1957年Biscuter 200-F Pegasin

1956年Heinkel Kabine 175

1957年Voisin C31 Biscooter

1955年Biscuter 200-A Zapatilla

1950—1959年

1952年Messerschmitt KR200

1956年德国Fuldamobil S-6

1952年Fuldamobil N-2

1957年FMR Messerschmitt TG500 Tiger

1957年宝马伊斯塔（Isetta）300

1957年宝马伊斯塔（Isetta）300

1955年宝马伊斯塔（Isetta）

←↑20世纪50年代初期，经济萧条，市场对于轿车的需求较弱，而经济实惠的小车更受欢迎。于是，宝马就从意大利购得伊斯塔（Isetta）的知识产权、设计图纸和生产设备等，于1955年正式推出Isetta。

在近7年的生产中，宝马共推出了250毫升、300毫升两个排量的伊斯塔车型，其型号分别为250和300。它们的发动机都来自于宝马摩托车的单缸发动机，功率分别为9千瓦和10千瓦。伊斯塔的最高速度能达到85千米/时，而油耗仅仅约为3.8升/100千米。伊斯塔只有一个车门，而且是前开式，当打开时会连同方向盘一起向外移动，其结构布局设计可谓绝妙。宝马总共生产了161728辆伊斯塔。

1960—1969年
跑车时代

以英国捷豹为首进军跑车领域,带动欧美日纷纷开发跑车。

汽车简历（1960—1969）

1960年 装有前置发动机的法拉利跑车在汽车大奖赛中获胜。

1962年 全球汽车总产量达到1800万辆。

1962年 兰博基尼汽车公司成立。

1963年 全球汽车总产量超过2000万辆。

1964年 保时捷911跑车问世。

1964年 唐纳德·坎贝尔用蓝鸟汽车创造了648千米/时的最高车速纪录。

1965年 两辆水陆两用汽车横渡英吉利海峡。

1965年 韩国亚细亚汽车公司成立。

1965年 克雷格·博瑞德拉夫驾驶美国精神号喷气式汽车创造了967千米/时的最高车速纪录。

1965年 美国颁布"机动车安全法"。

1966年 查帕瑞2F赛车首次采用导流板。

1967年 韩国现代汽车公司成立。

1968年 日本丰田汽车产量突破100万辆。

1968年 福特公司推出防抱死制动装置（ABS）。

1969年 丰田累计出口汽车100万辆。

1969年 本年度全球汽车总产量2980万辆。

1969年 德国汽车联盟与NSU公司合并而成立奥迪汽车联合公司，并以奥迪为公司以及品牌的正式名称。

经典名车
捷豹E型（1961）

捷豹E型被誉为"有史以来最美的汽车"

1962捷豹（Jaguar）E型跑车（系列1）

捷豹E型赢得5次勒芒大赛冠军

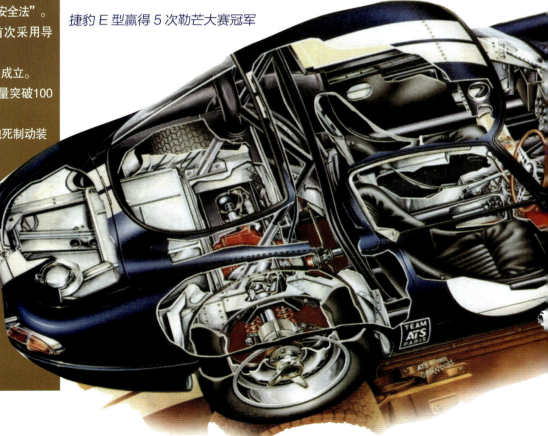

1962捷豹（Jaguar）E型跑车（系列1）

1960—1969年

1962捷豹（Jaguar）E型硬顶跑车（系列1）

1961年捷豹（Jaguar）E型敞篷跑车（系列1）

发动机盖中间凸起，这是为了安置顶置凸轮轴的发动机而设计的

1962捷豹（Jaguar）E型跑车（系列1）

捷豹E型（Jaguar E-Type）于1961年3月在日内瓦车展上首次亮相。当时是由捷豹的奠基人里昂斯爵士亲自驾驶E型车赶赴瑞士日内瓦参展。E型车一经亮相就引起轰动，一时难以满足各方面的试驾要求，里昂斯不得不派参与研发的车手紧急驾驶第二辆E型车从英国考文垂直奔日内瓦车展现场。等车展结束时，捷豹就已获得500多份E型车的订单，而他们原本只打算量产250辆。14年后，这款20世纪60年代的经典传奇跑车已售出7.2万多辆。

E型车漂亮的造型也引起了恩佐·法拉利的注目，并称E型车为"有史以来最美的汽车"，随即在法拉利汽车的设计中借鉴E型车的设计理念，推出著名的法拉利250 GTO跑车（见下页）。

捷豹E型有双门硬顶和双门敞篷版。E型车配备3.8升和4.2升两款直列6缸发动机，最大功率都是265马力，配备4速手动变速器。硬顶版的最高车速高达241千米/时，0—96千米/时加速仅需7秒。这样的成绩在当年已非常了得。捷豹E型当时采用多项先进技术，如单体硬壳式车身、盘式制动器、齿轮齿条式转向器、前后独立悬架等。

捷豹E型战功卓著，共为捷豹赢得5次勒芒大赛冠军，在20世纪60年代风靡欧洲赛车场。

经典名车
法拉利250GTO（1962）

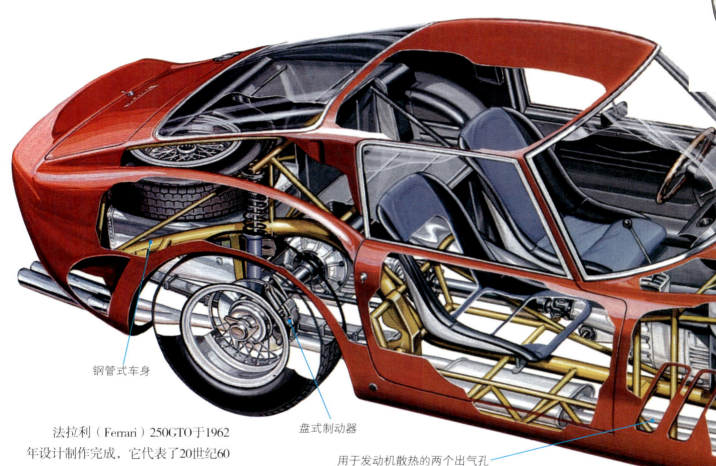

钢管式车身
盘式制动器
用于发动机散热的两个出气孔

法拉利（Ferrari）250GTO于1962年设计制作完成，它代表了20世纪60年代初法拉利的综合技术水平。该车外形线条圆滑而不失刚劲，属典型的"柔中带刚"设计。该车采用3.0升V形12缸发动机，最大功率为300马力，配备5速手动变速器，最高车速241千米/时，0—96千米/时加速仅需5.9秒。

法拉利250GTO只生产了39辆，乃稀世珍宝。2012年，一辆1962年生产的法拉利250 GTO曾以3500万美元价格被拍卖成交。

1960—1969年

用于发动机散热的两个出气孔

制动系统散热出气孔

1962年法拉利（Ferrari）250 GTO（2出气孔）

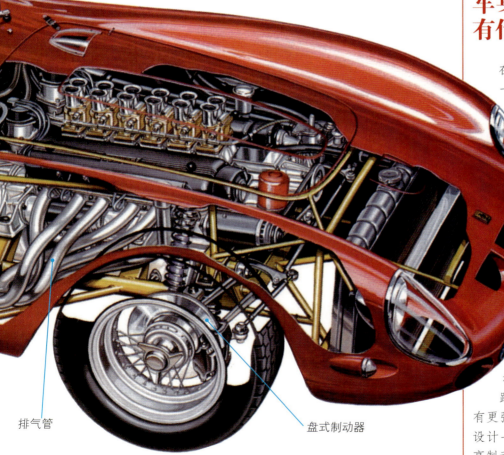

排气管

盘式制动器

1962年法拉利（Ferrari）250 GTO（2出气孔）

> **你知道吗？**
> ### 车身上的"孔洞"有什么作用
>
> 在跑车的车身上，往往会设计一些孔，它们的主要作用是帮助发动机和制动系统散热。
> 跑车的发动机虽然功率强大，但它也需要更迅速的散热效果，以便维持它的良好运行状态。如果是前置发动机，就会在前轮后设计一些出气孔；如果是后置发动机，则会在后轮前侧设计一些进气孔，这些孔可以使流过发动机的冷却气流更顺畅，从而达到帮助发动机散热的效果。
> 跑车速度更快，因此也需要拥有更强大的制动效果，在车轮前后设计一些进气孔和出气孔，可以提高制动系统散热效果。

1962年法拉利（Ferrari）250 GTO（3出气孔）

←法拉利（Ferrari）250GTO的车身造型也有不同，最明显的区别就是前轮后面的出气孔数量，左图是三个，而其他都是两个出气孔。

图解汽车大百科 精装珍藏版

经典名车
AC 眼镜蛇（1962）

英国AC 眼镜蛇（Cobra）跑车，在美国以谢尔比AC眼镜蛇（Shelby AC Cobra）和谢尔比眼镜蛇（Shelby Cobra）的名义出售。它是一款装备福特V8发动机的英美混血跑车，从1962年起断续性地在英国和美国生产。

在美国销售的车型中之所以名字中有谢尔比（Shelby），是因为它是由美国著名汽车设计师卡罗尔·谢尔比（Carroll Shelby）将一台福特V8发动机，安装在英国AC跑车上，从而成就了AC眼镜蛇跑车。

AC眼镜蛇跑车曾装备4.3升、4.7升及7.0升V8发动机，其中装备7.0升V8发动机的427型AC眼镜蛇跑车，在英国新开通的M1公路上，曾创下315千米/时的量产汽车最快速度世界纪录。此举还促使英国政府开始在高速公路上实行70英里/时（110千米/时）的最高限速，直到2013年英国政府才将此限速提高到80英里/时。

1963年AC 眼镜蛇（Cobra）勒芒赛车

采用铝板作为车身面板

制动盘　排气管　排气管　消声器

英国AC汽车公司标志

1997—2001年英国AC 眼镜蛇（Cobra）Superblower（第4代车型）

后来生产的AC 眼镜蛇仍然采用复古式造型，这已成为AC 汽车的最大卖点

1960—1969年

AC 眼镜蛇在赛场上曾多次取得胜利

AC 眼镜蛇一直采用 V8 发动机，但发动机排量却有 4.3 升、4.7 升和 7.0 升三种不等

英美混血跑车，英国典雅的身躯内，装有一颗强大的美国心脏

钢管式车架

减振器

制动盘

1962—1963年AC 眼镜蛇（Cobra）（第1代车型）

经典名车
丰田2000GT（1967）

雅马哈与丰田合作打造的跑车

丰田（Toyota）2000GT原来是为参加日本汽车大奖赛而开发的车型，显然它的外观借鉴了前面介绍的捷豹E型车的设计。动力系统则采用来自丰田皇冠的2.0升直列6缸发动机，并请雅马哈（Yamaha）帮忙调校，而且雅马哈还为其引入了双顶置凸轮轴（DOHC）技术，使其最大功率达到150马力。此车配备5速手动变速器，后轮驱动，最高车速217千米/时。

2000GT的悬架系统使用双叉臂式结构，并采用了在当时只有高端车型才会配备的四轮盘式制动。此外，2000GT的车架也采用了钢管式设计，车重也因此只有1120千克。

2000GT曾作为超级特工邦德的座驾出现在007电影《雷霆谷》中，这也是目前为止唯——辆产自日本的邦德座驾。但在拍摄过程中，身高1.88米的主演肖恩·康纳利根本坐不进2000GT，车厢实在是太狭窄了。最后丰田不得已只好用两个星期的时间把整个车顶切掉，将其改造成一辆敞

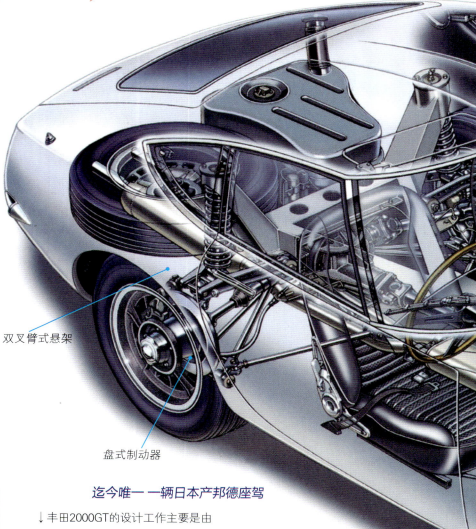

双叉臂式悬架

盘式制动器

肖恩·康纳利根本坐不进2000GT内

篷车。然而，肖恩·康纳利腿太长，在车内还是不方便操作车辆，因此整部电影中主要由邦德的女搭档在驾驶这辆丰田2000GT。

2000GT车名中的"2000"显然源自其2000毫升的发动机排量，"GT"则是高性能汽车的标识。

迄今唯一 一辆日本产邦德座驾

↓丰田2000GT的设计工作主要是由雅马哈（Yamaha）完成的，包括车身和发动机调校等。本来此车是雅马哈为日产的双座跑车Fairlady打造的，虽然样车都打造好了，但日产却没看中此设计，拒绝采用。雅马哈就想将此车身设计转给丰田，而丰田此时正想要打造一款跑车，双方一拍即合，并顺便请雅马哈来调校其动力系统，从而由雅马哈与丰田共同成功打造出集优美身段与卓越性能于一身的2000GT。

1967年丰田（Toyota）2000GT跑车

1960—1969年

丰田汽车标志

1967年丰田2000GT Targa款

→↑Targa车身形式是一种半敞篷造型，它的车顶后半部分不能打开，并且与防滚架整合在一起，而驾驶人头顶上方的顶篷则是可打开的。

昔日跑车上非常流行"跳灯"设计，平常"闭眼"，只有在需要时才会"睁开眼睛"。后来因可能对行人造成安全危害而被交通法规禁止。另外，美国安全法规定可回缩式双前照灯必须在3秒内升起打开

脚踏操纵板

盘式制动器　　双叉臂式悬架　　**1967年丰田（Toyota）2000GT跑车**

经典名车
跑车（1960—1969）

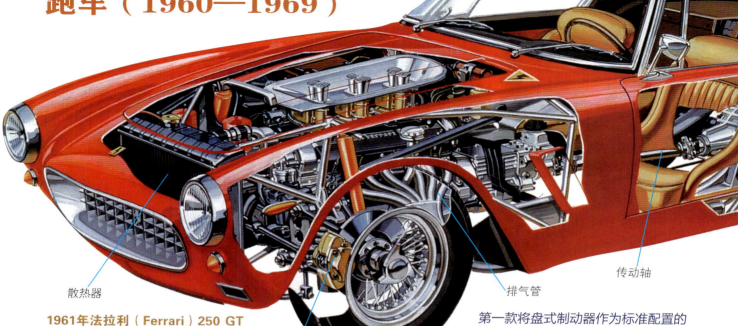

散热器

传动轴

排气管

制动钳

1961年法拉利（Ferrari）250 GT Berlinetta Passo Corto 跑车

第一款将盘式制动器作为标准配置的法拉利汽车，曾称霸欧洲GT赛场

→↑这款法拉利（Ferrari）250GT Berlinetta Passo Corto是在1959年巴黎车展上率先亮相的，它是法拉利250GT的继承者。此车也是第一款将盘式制动器作为标准配置的法拉利汽车。它采用2.953升V12发动机，单顶置凸轮轴，最大功率280马力，配备4速手动变速器。此车在赛场上多次为法拉利赢得胜利，包括1960—1962年的环法汽车赛三连冠、1960年和1961年勒芒GT组冠军、1961年和1962年的纽博格林1000千米赛等，几乎垄断了当时欧洲的GT赛场。

1961年法拉利（Ferrari）250 GT Berlinetta Passo Corto 跑车

自称"美国唯一四座高性能跑车"
最高车速 315 千米/时！

1963年美国史蒂倍克（Studebaker）Avanti 超级跑车

↑史蒂倍克（Studebaker）Avanti是一款意大利风格的美国超级跑车，其车名Avanti就是意大利语"向前"之意。此车曾是20世纪60年代美国最疯狂的汽车之一，它的制造商自称此车是"美国唯一四座高性能跑车"。它装备一台4.7升机械增压V8发动机，最大功率为240马力，车身由碳纤维打造，装备钳式制动盘，这两项技术都是第一次在美国大批量生产的汽车上使用。加强版Avanti的最高车速达到315千米/时，即使今天看来这个速度也十分惊人。

史蒂倍克 Avanti 的方向盘个头真不小

1960—1969年

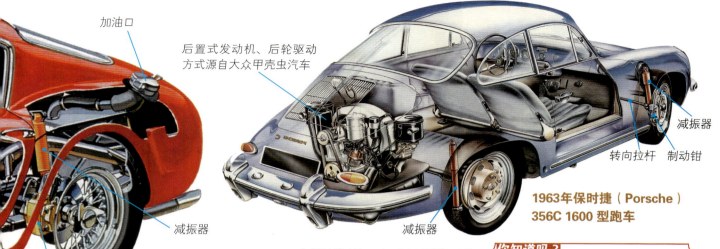

加油口
后置式发动机、后轮驱动方式源自大众甲壳虫汽车
减振器
转向拉杆　制动钳
减振器
制动钳
减振器

1963年保时捷（Porsche）356C 1600 型跑车

↑保时捷（Porsche）356C是356跑车的最后一款车型，于1964年推出，到1965年就停产了。它相对356B型的主要改进是用盘式制动替代了鼓式制动，而其1.6升水平对置4缸发动机并没有什么改进，仍然为95马力。4速手动变速器也与356B型一样。

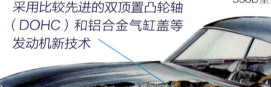

采用比较先进的双顶置凸轮轴（DOHC）和铝合金气缸盖等发动机新技术

1960年阿斯顿·马丁（Aston Martin）DB4 GTZ

↓↑阿斯顿·马丁（Aston Martin）DB4生产于1958—1963年间，它采用3.7升直列6缸发动机，并且采用了双顶置凸轮轴（DOHC）和铝合金气缸盖等新技术，最大功率240马力。据英国《汽车》杂志在1960年所做的一次测试，DB4的最高速度为224.2千米/时，0—96千米/时加速需要9.3秒，百千米油耗16升。此车当时的含税售价为3967英镑。

1960年阿斯顿·马丁（Aston Martin）DB4 GTZ

> **你知道吗？**
>
> ## 阿斯顿·马丁标志
>
> 阿斯顿·马丁（Aston Martin）汽车标志是一只展翅飞翔的大鹏，中间有公司名称。此标示寓意该公司像大鹏一样，具有从天而降的冲刺速度和志向远大的气魄。
>
>
>
> 1921—1926 年
> 1927 年
> 1930 年
> 1932 年
> 1971 年
> 2003 年

先驱人物

保时捷911之父：亚历山大·保时捷

保时捷家族第三代传人费迪南德·亚历山大·保时捷（Ferdinand Alexander Porsche），于1935年12月11日出生于德国斯图加特，他是费迪南德·保时捷的长孙、费利·保时捷的长子。他在童年时期就与汽车结下不解之缘，大部分时间都在爷爷费迪南德·保时捷的办公室和研发车间里度过。1943年，他与全家人及公司一起迁至奥地利，并在策尔湖畔展开求学之路。1950年他重返斯图加特，后来考取了著名的乌尔姆设计学院。

1958年，亚历山大·保时捷加入保时捷公司的前身保时捷工程设计室，并很快展露出其在设计领域的非凡天赋，用黏土塑造了保时捷356车型系列的后继车型。1962年，他接管保时捷设计部，并在一年后打造出了风靡全球的保时捷901（后更名为911）。

保时捷911型至今仍在生产，被誉为跑车领域的"常青树"。其实现在一提起"保时捷"，第一个联想就是911的独特外形。亚历山大·保时捷被誉为911之父。

911车型是在1963年的法兰克福博览会上作为保时捷356型的替代品而首次露面的。当时它的名字为901，采用356型的2+2外形，力求在舒适性、安全性和长途旅行等方面都成为第一。唯一的问题是，当时法国标致公司已经注册登记将所有中间为0的三位数字据为该公司专用命名方式，因此，901被迫改名为911。

亚历山大·保时捷还同时涉足20世纪60年代的赛车设计领域。其中最为著名的车型包括804型F1赛车，以及现在被称为"史上最美赛车"之一的保时捷904 Carrera GTS。

1971—1972年间，亚历山大·保时捷与其他家族成员一起退居二线。1972年，他在斯图加特成立了保时捷设计工作室，其总部于1974年迁至奥地利。在接下来的几十年中，他以"保时捷设计"（Porsche Design）之名设计了许多经典男士精品，其中包括手表、眼镜和书写工

1967年保时捷（Porsche）911 L 2.0 Coupe（901）

1960—1969年

具等，其设计大受好评。

20世纪80年代末期，保时捷汽车遇到空前危机，销量下跌。亚历山大·保时捷在1990—1993年重回保时捷担任董事会主席，协助家族公司渡过危机。2005年，他将董事会主席的重任交给爱子奥利弗，自己则担任董事会名誉主席一职。

2012年4月5日，"保时捷911之父"亚历山大·保时捷在奥地利去世，享年76岁。

亚历山大·保时捷和他设计的保时捷911跑车

你知道吗？
第一代保时捷911（1964—1973）

1964年第一代保时捷（Porsche）911

第一代保时捷911的底盘和传动结构沿用了保时捷356的技术，包括四轮盘式制动器和后悬架，而前悬架则是全新开发。但是，保时捷356使用的1.6升水平对置4缸发动机被放弃，更换为2.0升水平对置6缸发动机，最大功率增加到130马力，峰值转矩也增加到161牛·米。配备一款全新5速手动变速器。0—100千米/时加速时间为9.1秒，最高车速210千米/时。

经典名车
跑车（1960—1969）

→法拉利（Ferrari）500 Superfast是一款限量车，每月只生产两辆，由法拉利提供法拉利330GT的底盘，然后由宾尼法利纳（Pininfarina）打造车身及内饰，并重新改造了原来的5.0升V12发动机，使最大功率提高到400马力，以用来驱动加重后的车身。此车仍为2+2座位布局，前纵置发动机、后轮驱动，配备4速或5速手动变速器，前后都是盘式制动，最高车速280千米/时。

1964年法拉利（Ferrari）500 Superfast Speciale

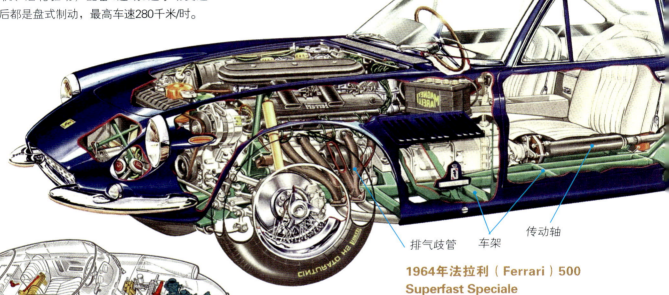

1964年法拉利（Ferrari）500 Superfast Speciale

1963年潘哈德（Panhard）CD跑车采用钢管底盘结构

↓↑潘哈德（Panhard）CD是一款真正的跑车，别看它的发动机排量只有0.848升，最大功率才50马力，最高车速100英里/时（160千米/时），但它拥有空气动力学车身，而且采用钢管式底盘结构，更重要的是它曾参加了1962年度的勒芒大赛。

→法拉利（Ferrari）330是法拉利250的继任者，最初于1963年投产。330有多种型号，其中330GTS是由宾尼法利纳设计的双座软顶敞篷款，1966—1968年间生产，只制造了100辆。330GTS采用4.0升V12发动机，最大功率300马力，它的继任者是1968年法拉利推出的365GTS。现在一辆法拉利330GTS大约价值290万美元。

1966年法拉利（Ferrari）330 GTS

1963年法国潘哈德（Panhard）CD跑车

1963年潘哈德（Panhard）CD勒芒赛车

1960—1969年

→严格来说，菲亚特（Fiat）850 Coupe不能算是跑车，虽然它名字称为Coupe（轿跑车），因为它是根据原来的经济型轿车菲亚特600改进而来的。虽然它也像跑车那样采用后置发动机、后轮驱动形式，但它的发动机排量只有0.843升，最大功率仅47马力，最高车速才135千米/时。

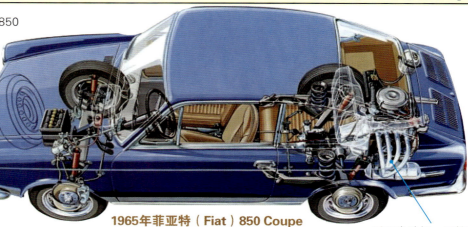

1965年菲亚特（Fiat）850 Coupe

后置发动机、后轮驱动

↓日本曾有王子（Prince）汽车公司，成立于1952年，但在1966年合并于日产汽车公司。王子汽车公司曾请意大利的乔瓦尼·米凯洛蒂（Giovanni Michelotti）设计公司设计一款名为地平线（Skyline）的双门轿跑车，并在1960年的都灵汽车展上亮相，但直到1962后才开始生产。此车配备1.862升4缸发动机，最大功率94马力，前置发动机、后轮驱动，5速手动变速器，最高车速150千米/时。然而，由于此车售价高达195万日元，又是意大利式的车身造型，上市后无人问津，只售出60辆左右就被迫于1964年停产。但王子地平线堪称第一辆具有意大利长相的日本汽车。

第一辆具有意大利长相的日本汽车

1962年日本王子（Prince）地平线轿跑车

↓阿尔法·罗密欧（Alfa Romeo）Giulia Sprint GT Veloce由意大利著名设计公司博通（Bertone）设计，它最早在1964年推出，它采用1.57升直列4缸发动机，最大功率122马力，最高车速180千米/时，0—96千米/时加速时间为10.6秒。当年在美国市场售价为4395美元。

1965年阿尔法·罗密欧（Alfa Romeo）Giulia Sprint GT Veloce（博通设计）

→迪诺（Dino）是法拉利汽车旗下一个独立的品牌，是法拉利汽车创始人恩佐·法拉利为了纪念他早逝的儿子而特别设立的一个品牌，它比法拉利品牌更年轻、更低端一些。

迪诺名字早就出现在赛车场，法拉利曾在1958年以迪诺来命名其F1赛车，并取得了众多胜利。后来，恩佐·法拉利又请宾尼法利纳设计一款针对年轻消费群的公路版跑车，并以迪诺来命名，而且拥有自己的商标。

迪诺跑车从1968年开始生产，一直到1976年才停产。一开始推出时采用2.0升V6发动机，因此其型号也根据法拉利的传统命名为迪诺206GT，其中前两位数字"20"代表发动机排量为2.0升，第3个数字"6"代表气缸数目为6。后来又将迪诺的动力扩大到2.4升V6和3.0升V8发动机，其型号也分别为246GT和308GT。

迪诺246GT为硬顶款，为双门双座钢制车身，其敞篷款称为246GTS，它们都采用2.4升V6发动机，最大功率195马力，后中置发动机、后轮驱动，配备5速手动变速器，0—96千米/时加速仅需6.8秒，最高车速235千米/时。此成绩在当时也算是非常了得。

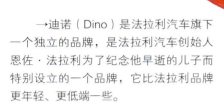

迪诺拥有独立的商标：手写体 Dino

1968年法拉利（Ferrari）迪诺246GT

→当年，法拉利想用迪诺（Dino）参加F2汽车赛，但比赛规则要求赛车发动机必须是至少在12个月内装车量达到500辆，而以生产超级跑车为主的法拉利根本没有这个能力，于是就与菲亚特达成协议，由菲亚特生产一款采用法拉利V6发动机的车型，并且年产500辆。就这样，菲亚特迪诺（Fiat Dino）因此而诞生。

菲亚特迪诺是一款前置发动机、后轮驱动的跑车，与法拉利迪诺的后中置后驱跑车截然不同。它制造于1966—1973年间，其敞篷款车身由宾尼法利纳设计，而其硬顶款则由博通设计，最高车速210千米/时。

1966年菲亚特（Fiat）迪诺敞篷款（Dino Spider）

1960—1969年

后中置发动机、后轮驱动

1968年梅赛德斯-奔驰（Mercedes-Benz）280 SL（W113）

↑梅赛德斯-奔驰（Mercedes-Benz）W113底盘编号涵盖230SL、250SL和280SL三款车型，分别配备2.3升、2.5升和2.8升直列6缸发动机，其中280SL的最高车速为200千米/时。它们都是双座敞篷/硬顶跑车，车身外形都一样，都是在1963—1971年生产。W113 SL采用许多新技术，包括多点燃油喷射技术等。

↓卡迈罗（Camaro）是雪佛兰旗下的跑车品牌。这款卡迈罗RS327采用5.4升V8发动机，最大功率275马力，0—100千米/时加速时间为7.5秒，最高车速195千米/时。

1968年法拉利（Ferrari）迪诺246GT

1962年雪佛兰（Chevrolet）Bel Air 轿跑车

1968年雪佛兰 卡迈罗（Chevrolet Camaro）RS

↓雪佛兰科尔维特（Chevrolet Corvette）第2代简称C2，又名"魔鬼鱼"（Sting Ray），是一款制造于1963—1967年间的跑车。此车全部配V8发动机，最小排量5.4升，最大排量竟达7.0升。此车造型冲击力极强，侧面看更像是一艘快艇。

↓↑进入20世纪60年代，雪佛兰（Chevrolet）Bel Air也进入了第5代（1961—1964），虽然轴距没有变化，仍为3米，但车身长度缩短到5.32米。发动机有3.9升直列6缸和4.6~6.7升四款V8发动机供选择。变速器也有3速和4速手动及2速自动变速器供选择。车身造型更有5种形式供选择。内饰设计中，将转速表放置在转向柱旁是其最大特色。

克尔维特标志（2005年）

克尔维特标志（2014年）

1963年雪佛兰（Chevrolet）科尔维特"魔鬼鱼"

249

1963年阿斯顿·马丁（Aston Martin）DB5

1963年阿斯顿·马丁（Aston Martin）DB5詹姆斯·邦德（James Bond）版

→↑↓这款阿斯顿·马丁（Aston Martin）DB5是阿斯顿·马丁公司于1963年推出的车型。1964年，007电影主角詹姆斯·邦德（James Bond）选择DB5作为电影《金手指》中的座驾，从而使DB5声名大噪。

DB5采用3.7升和4.0升直列6缸全铝发动机，双顶置凸轮轴（DOHC），配备5速手动和3速自动变速器。DB5 4.0L款最大功率282马力，其0—96千米/时加速时间仅为8.1秒，最高车速233千米/时。

融合了捷豹激情与劳斯莱斯典雅的DB5，共生产了1022辆。

1963年阿斯顿·马丁（Aston Martin）DB5

由于车身较低，前照灯必须先抬起升高后，才能提供足够的照明区域

燃油加注口隐藏在进气格栅下面

007电影主角詹姆斯·邦德选择DB5作为电影《金手指》中的座驾

1960—1969年

1966年兰博基尼（Lamborghini）缪拉（Miura）P400

→↑↓1966年推出的兰博基尼（Lamborghini）缪拉（Miura），绝对是未来主义者车型，即使今天看来其车身造型都不算过时。缪拉车身由当时年仅25岁的设计大师马赛罗·甘迪尼（Marcello Gandini）打造，在1966年日内瓦车展上惊艳亮相，成为兰博基尼真正能够挑战法拉利的第一款超级跑车。

缪拉P400采用4.0升V12型发动机，最大功率385马力，后中置发动机，而且是横放在后轴前。缪拉配备5速手动变速器，后轮驱动，0—96千米/时加速时间为6秒，最高车速290千米/时。在它发布时，它是当时世界上跑得最快的量产道路版汽车。

曾是世界上跑得最快的量产道路版汽车

1966年兰博基尼（Lamborghini）缪拉（Miura）P400超级跑车

为了节省空间，变速器、主减速器和发动机曲轴箱都铸为一体

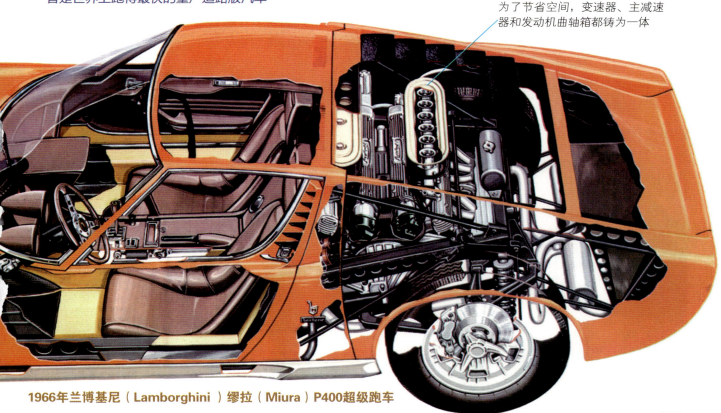

1966年兰博基尼（Lamborghini）缪拉（Miura）P400超级跑车

先驱人物
车坛猛牛：费鲁西奥·兰博基尼

费鲁西奥·兰博基尼及他制造的跑车和拖拉机

费鲁西奥·兰博基尼（1916—1993）

费鲁西奥·兰博基尼（Ferruccio Lamborghini）是意大利兰博基尼汽车公司的创始人。他于1916年4月28日在意大利北部靠近费拉拉（Ferrara）的一个农场出生。他在农业机械堆里长大，因此对机械非常感兴趣。

第二次世界大战中，他在意大利空军服役，这期间又增长了许多机械知识及修理经验。在第二次世界大战即将结束时，他被英军俘虏，并被关在罗得岛（Rhodes）。战后返回家乡，他将弃之不用的军用车辆改装成农用机械，且财运亨通，于是到1948年就在森托（Cento）买下一家工厂制造拖拉机。

兰博基尼生产拖拉机也非常成功，到1959年，产量达到每天10辆，成为意大利第三大拖拉机厂。有了钱之后的兰博基尼不满足于现状，创办了空调器生产厂后又向政府提出生产直升飞机的申请，结果未批准。于是他在1963年就创办汽车公司，专门生产超级跑车。

至于他为何自己制造跑车，有两种说法：一是兰博基尼嫌他的一辆法拉利跑车声响大，散热也不好，就跑到恩佐·法拉利的办公室诉说该车的不足。法拉利岂容无名之辈在面前指手画脚，就反讥道："你还是制造拖拉机去吧，至于如何制造跑车，那得听我的。"此话对兰博基尼刺激很大，决心要生产一种超过法拉利的跑车。另一说法是他发现自己拥有的几种跑车毛病都不少，如捷豹、法拉利、玛莎拉蒂等，价格却不菲，因此认为如能自己生产性能更完美的跑车，一定能赚大钱。

兰博基尼从法拉利公司挖走几位设计人员后精心运作。1963年的

1960—1969年

都灵车展上，第一辆兰博基尼跑车350GTV亮相，立即引起轰动，并很快成为法拉利跑车的竞争对手。1967年推出的缪拉（Miura）超级跑车，配备4升V12发动机，最高车速达290千米/时，从而成为法拉利的真正挑战者。

到20世纪70年代初，由于意大利农业衰退，兰博基尼的拖拉机厂濒临破产，空调器厂也不景气，于是他有了隐退的念头。他痛下决心，将兰博基尼卖给一个瑞士商人，拖拉机厂卖给菲亚特，空调器厂关门大吉。而他本人则移居到意大利南方佩鲁贾（Perugia），转而种植葡萄、酿制兰博基尼葡萄酒。

1993年2月20日，世界车坛一代巨匠兰博基尼去世，享年76岁。

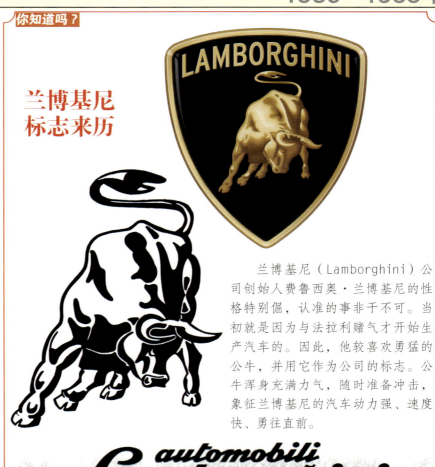

你知道吗？

兰博基尼标志来历

兰博基尼（Lamborghini）公司创始人费鲁西奥·兰博基尼的性格特别倔，认准的事非干不可。当初就是因为与法拉利赌气才开始生产汽车的。因此，他较喜欢勇猛的公牛，并用它作为公司的标志。公牛浑身充满力气，随时准备冲击，象征兰博基尼的汽车动力强、速度快、勇往直前。

经典名车
福特野马第1代（1964—1973）

你知道吗？
野马标志来历

野马（Mustang）的名称是为了纪念第二次世界大战中富有传奇色彩的美军P-51型野马（Mustang）战斗机。Mustang是墨西哥和美国加利福尼亚州出产的一种马，它身强力壮，善于奔跑。用它作为福特跑车的标志，象征野性十足、速度极快、充满青春活力。

福特野马（Ford Mustang）是由当时福特汽车公司福特品牌总经理李·亚科卡（Lee Iacocca）一手推出的一款跑车。在此之前的跑车都是高价位车型，此时正值战后生育高峰期的一代刚刚进入购车年龄，这一代人对车的要求与其父母大相径庭，他们想张扬自己的个性，野马应运而生。野马跑车每辆仅售2368美元，可以满足许多年轻人的消费要求，因此，在1964年上市的前4个月内就售出10万辆，1966年，销售量高达100万辆。

第一代野马跑车为双门4座，采用3.3升直列6缸和4.7升V8发动机，最高车速为204千米/时。

从1964年问世到1973年停产，第一代野马跑车在9年中卖了310万辆。也由于其在《007金手指》中的出现，使野马成为世界电影史中第一辆出现在电影中的跑车。

福特野马汽车海报

1960—1969年

第1代福特 野马 谢尔比（Mustang Shelby）GT500

↑1962年，美国知名赛车手卡罗尔·谢尔比（Carroll Shelby）建立了自己的谢尔比（Shelby）公司，专业从事福特汽车的高性能改装。他的改装逐渐被福特认可，随后几乎所有被福特承认的高性能野马都是由谢尔比设计制造的。谢尔比车型车身上有非常明显的眼镜蛇标识。现在福特野马谢尔比已经成为福特旗下高性能跑车的代名词。

> **你知道吗？**
>
> ## 眼镜蛇标志来历
>
> 谢尔比用眼镜蛇（Cobra）作为野马谢尔比高性能版的名字，并使用一个眼镜蛇图案作为其标志。因为眼镜蛇是北美大陆最剧毒的品种，谢尔比以此作为标志，是为了向别人表明：这车非常厉害，疯狂起来谁都惧怕。

第1代福特野马（Mustang）跑车

经典名车
赛车（1960—1969）

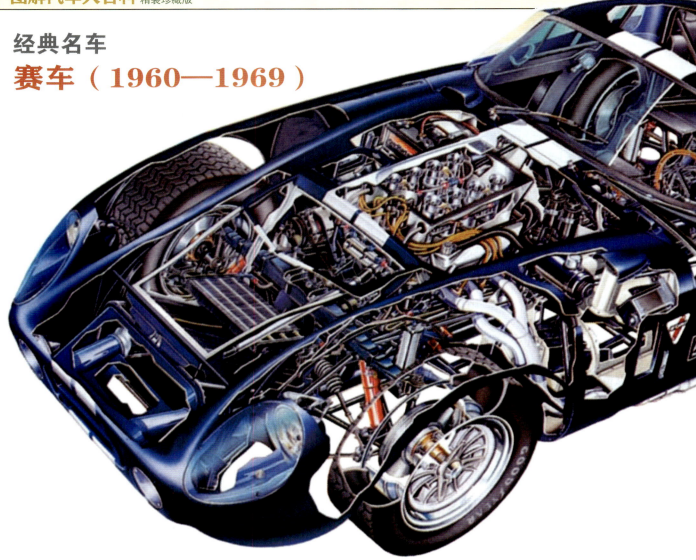

1964年谢尔比AC眼镜蛇（Shelby AC Cobra）德通纳（Daytona）赛车

→日本王子（Prince）R380型赛车是王子汽车公司为出战日本大奖赛（Japanese Grand Prix）而在1965年特别设计的赛车。它采用特别研发的2.0升直列6缸发动机，最大功率200马力，中置后驱，5速手动变速器。R380在1966年的日本大奖赛中战胜了保时捷906而获得冠军。但在同年，王子汽车与日产汽车合并，随后日产将R380升级后推出R380-II型（也称R380 Mk.II）赛车，最大功率也提高到220马力，但在来年的日本大奖赛中却输给了保时捷906赛车。

1965年日本王子（Prince）R380赛车

1960—1969年

1964年谢尔比AC眼镜蛇 德通纳（Daytona）赛车

←↓↑前面曾提过的美国知名汽车设计师卡罗尔·谢尔比（Carroll Shelby），曾是一位赛车手，他曾联手他人驾驶阿斯顿·马丁赢得1959年的勒芒24小时耐力赛。在1958年和1959年，谢尔比还参加了世界一级方程式大奖赛，共参加了8场分站赛，最好成绩是1958年意大利大奖赛的第四名。由于他在赛车场上出色的表现，他两次被《体育画报》评为"年度最佳车手"。遗憾的是，在1960年，由于心脏病原因谢尔比不得不中断他喜爱的赛车运动。退役后，谢尔比转行汽车设计与改装工作。他在1962年开了一家高端驾驶学校和谢尔比美国公司。

前面也提到，谢尔比促成了英国AC公司和福特公司的合作。据说是谢尔比写信给英国AC公司说，"给我一个车身，我可以给它安上福特的发动机"，然后写信给福特说"给我一台发动机，我可以把它安装在AC车身上"，于是就诞生了带有眼镜蛇标志的系列跑车。

1964年，谢尔比采用福特的V8发动机制造了"谢尔比AC 眼镜蛇德通纳"（Shelby AC Cobra Daytona）跑车。此车采用4.727升V8发动机，最大功率390马力，前纵置发动机、后轮驱动，最高车速307千米/时，0—96千米/时加速只需4.4秒。此款赛车共打造了6辆，并使用此车在1965年赢得FIA GT世界锦标赛冠军。自此次成功之后，谢尔比与福特汽车公司展开深入且长期的合作，共同设计了福特GT40、谢尔比GT350和谢尔比GT500等几款车型，并且都在赛场上表现不凡，其中GT40还在1966年的勒芒大赛中包揽前三名，在1966—1969年勒芒24小时汽车耐力赛中获得四连冠，创下赛车史上的奇迹。

福特GT40共有4种型号，分别是MKⅠ、MKⅡ、MKⅢ及MKⅣ，从1964年投产，到1968年停产时仅生产107辆。车身形式为双门双座，曾采用4.195升、4.727升及6.997升三种V8发动机，最高车速为249~322千米/时。

福特GT40中的"GT"代表高性能汽车，"40"则是指汽车为40英寸高。

> **你知道吗？**
>
> ## "德通纳"是什么
>
> 德通纳（Daytona）是指位于美国佛罗里达州的一条赛道，于1959投入使用，是美国最有声望的赛道，更是一条国际著名赛道。每年这里都举行德通纳500国际汽车大赛、德通纳24小时耐力赛等。为了标榜汽车性能、促进销售，一些在德通纳赛道取得过胜利的车型就加上"德通纳"字样。

获得勒芒大赛四连冠
1967 年福特 GT40（Mk Ⅳ）

1967 年福特 GT40（Mk Ⅳ）

经典名车
赛车（1960—1969）

↓日产（Nissan）R382是为参加日本汽车大奖赛（Grand Prix）而于1969年打造的一款赛车，以替代前代R381赛车。R382采用日产第一款V12发动机，排量6.0升，最大功率600马力，中置后驱。日产派出两辆强大的R382参加1969年的日本汽车大奖赛，最终战胜了保时捷917K赛车和丰田7型赛车等对手，并包揽冠亚军，冲过终点时竟然领先第三名丰田7型赛车整整1圈。

日产汽车第一款 V12 发动机

1969年日产（Nissan）R382型赛车

1960—1969年

2.0升,水平对置发动机,后中置、后轮驱动

1966年保时捷(Porsche)906型赛车

1966年保时捷(Porsche)906型赛车

1966年保时捷(Porsche)906型赛车

←保时捷(Porsche)906也称卡雷拉(Carrera)6,它是904的继任车型。由于904在1965年的2.0升GT锦标赛中输给了法拉利迪诺206,保时捷被迫设计一款更强大的车型,这个任务就交给了费迪南德·皮耶希(费迪南德·保时捷的外孙子,后来德国大众集团董事长),由他带队开发出一款使用玻璃钢车身的赛车,这就是保时捷906。

此车仅重580千克,比前任904轻了113千克。保时捷906仍然采用2.0升水平对置6缸发动机,最大功率220马力。保时捷906在设计过程中曾在风洞里做过空气动力学试验,因此在勒芒大赛中它才能够跑出280千米/时的最高车速。

保时捷906在几场24小时耐力赛及1000千米竞速赛中并未取得胜利,但1966年在著名的Targa Florio大赛中获得了冠军。

保时捷906不仅是一辆赛车,而且也是一辆可以合法上路的跑车,总计产量30辆。

经典名车
F1赛车（1960—1969）

→20世纪60年代的一级方程式（F1）赛场是英国路特斯（Lotus）的天下，当时的路特斯车队就像是现在的法拉利车队一样称雄F1赛场，主要原因就是路特斯的F1赛车总是在不断创新并引领潮流。

1965年，路特斯车队进行了一场设计革命，推出了单体硬壳式车身的路特斯25型F1赛车，这种赛车更轻巧、更坚固，结果1965年的车队总冠军和车手总冠军都落入路特斯囊中。1967年，路特斯49型F1赛车（右图）又率先采用了前后扰流器，加强了车身贴地性。

1968年，路特斯又引进福特考斯沃斯（Cosworth）3.0升发动机，结果路特斯49型F1赛车出场42次共取得12次胜利。但是，同年福特宣布公开出售考斯沃斯发动机，结果从1968年起到1974年的7年间，所有F1车队和车手冠军用的都是考斯沃斯发动机。直到1975年，尼克·劳达（Nick Lauda）驾驶最新的法拉利T312赛车（下图）才打破了考斯沃斯发动机在F1赛场的垄断。

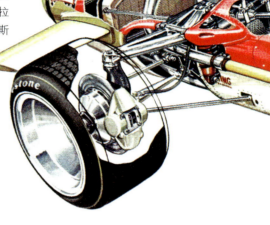

前扰流板可以改善流过车身的气流，减小空气阻力，增强行驶稳定性

↑法拉利（Ferrari）312赛车最早始于1966年赛季，因为从这个赛季开始才允许使用3.0升发动机。法拉利312就是一辆采用3.0升V12发动机的赛车。但在20世纪60年代，法拉利F1赛车并不像今天这么强大，在1966—1969赛季，法拉利一直使用312赛车征战F1沙场，但出场38次只取得3次胜利。

法拉利312赛车采用3.0升V12发动机，故此称为"312"

1966年时每侧放置6根排气管，而到了1967年，所有排气管都改放置在上部了

1967年法拉利（Ferrari）312型F1赛车

1966年法拉利（Ferrari）312型F1赛车

1960—1969年

曾称霸F1赛场的路特斯战车，出场42次，取胜12次！

高大的尾翼可以增大下压力，增强后轮的抓地力，提高加速性能

福特考斯沃斯（Cosworth）3.0升V8发动机

1968年路特斯（Lotus）49型F1赛车

←路特斯（Lotus）63型F1赛车是一辆探索性的赛车，它由技术总监柯林·查普曼（Colin Chapman）及总设计师莫里斯·菲利普（Maurice Philippe）共同设计，仍然采用福特3.0升V8发动机，用来征战1969赛季的F1大赛。

之所以说它是探索性的赛车，是因为它采用四轮驱动方式设计。虽然此前已有四驱车征战F1失败的惨痛教训，但路特斯就是不信邪，结果63型F1赛车出场7次一次未赢，只好迅速退出赛场，但它的部分技术被应用到1971赛季路特斯56B型四轮驱动赛车上。

一款探索性的四轮驱动F1赛车

1969年路特斯（Lotus）63型四轮驱动F1赛车

经典名车
耐力赛车（1960—1969）

→意大利阿尔法·罗密欧（Alfa Romeo）33型赛车最早亮相于1967年，一直参赛到1977年。在长达10年间，33型共有6代车型，其中第3代赛车33/3型于1969年亮相，首先参加Sebring 12小时耐力赛，发动机排量由原来的2.0升扩大到3.0升，最大功率也提高到400马力。原来的钢管式车架铝合金车身也改造成了铝合金单体车身。但在与保时捷908和法拉利312P的同场竞争中，阿尔法·罗密欧33/3型赛车的战绩并不理想。

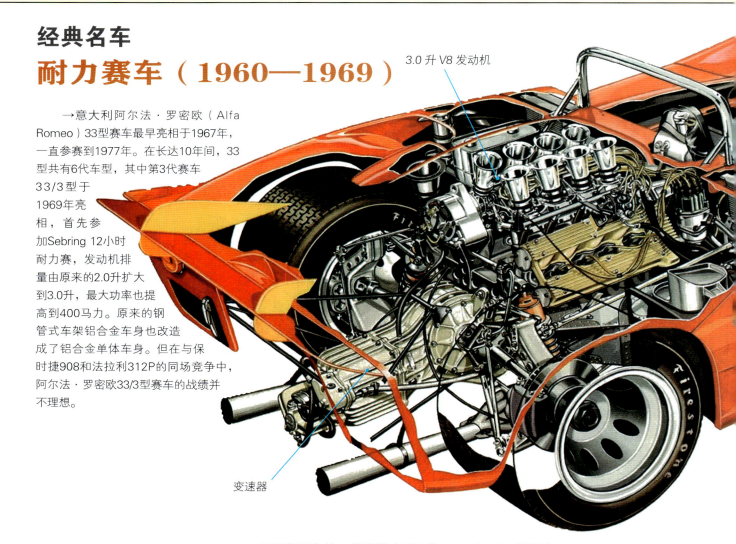

1969年阿尔法·罗密欧（Alfa Romeo）33/3型赛车

→1963年10月，法拉利（Ferrari）250 LM的出现惊艳巴黎车展。作为250P的继任者，250LM很好地完成了它的历史使命，法拉利依靠250LM在1965年的勒芒24小时耐力赛中勇夺冠军，这也是法拉利在勒芒赛场上的最后一次胜利。

250LM赛车堪称法拉利赛车中最漂亮的车型，它的车身由宾尼法利纳（Pininfarina）设计，采用3.285升V12发动机，最大功率320马力，干式油底壳，钢管底盘铝制车身，前纵置发动机、后轮驱动，配备5速手动变速器，最高车速289.7千米/时。法拉利250LM总计只生产32辆，现在每辆250LM都价值上亿元人民币。

宾尼法利纳（Pininfarina）标志

1960—1969年

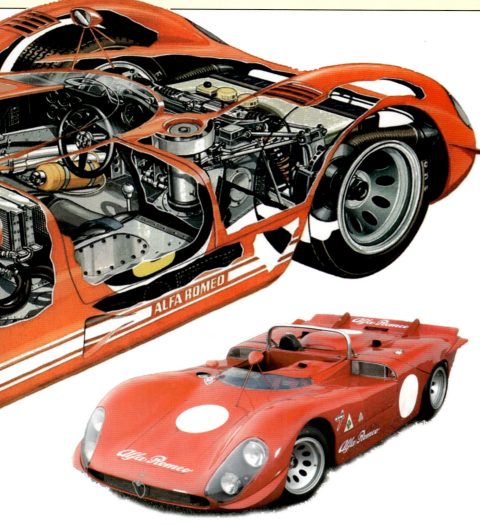

你知道吗？

阿尔法·罗密欧标志

阿尔法·罗密欧（Alfa Romeo）标志的中心图案是公司所在地米兰市的市徽，也是中世纪米兰头领维斯康泰公爵的家徽。标志中左半部分的十字旗源于十字军从米兰市向外远征的故事；右半部分是一条蛇正在吞一个撒拉逊人。维斯康泰的祖先曾率众击退了食人的毒蛇，所以将"蛇吞人"的图案印在家徽上。

1946—1972年

1969年阿尔法·罗密欧（Alfa Romeo）33/3型赛车

1964年法拉利（Ferrari）250LM

263

经典名车
豪华汽车（1960—1969）

→↑↓1963—1981年生产的梅赛德斯-奔驰600（W100），曾是世界顶级豪华轿车，曾作为许多国家的领导人和明星的座驾。它采用6.332升V8发动机，前置后驱，最大功率250马力，配备4速自动变速器，标准轴距版奔驰600车长5.45米，最高车速204.8千米/时，加长款奔驰600Pullman版车长6.24米，最高车速200千米/时。

奔驰600采用前后空气悬架，循环球式转向系统，四轮盘式制动，并装备一套复杂的液压系统，采用150巴（1巴=100千帕）的液压力量来驱动车窗玻璃升降、座椅调节、天窗开关、行李箱盖开关以及车门自动开关。

1964年时奔驰600标准轴距版和奔驰600Pullman的售价，分别约合2.2万美元和2.4万美元。在1963—1981年间，奔驰仅制造了2677辆奔驰600，包括428辆硬顶版600Pullman和59辆敞篷版600Pullman，更有一辆为梵蒂冈教皇检阅专门打造，带有加高车顶和单人专座。

1963年梅赛德斯-奔驰600豪华轿车（W100）

1963年梅赛德斯-奔驰600 Pullman 四门版（W100）

利用液压力量来驱动车窗玻璃升降、座椅调节、天窗开关、行李箱盖开关以及车门自动开关等

1963年梅赛德斯-奔驰600豪华轿车

1960—1969年

迄今最畅销的劳斯莱斯汽车，采用雪铁龙汽车的液压控制系统，通用汽车的自动变速器

↑劳斯莱斯（Rolls-Royce）银影（Silver Shadow）制造于1965—1980年，它是劳斯莱斯第一辆采用承载式车身的车型，并且是迄今产量最大的车型，共生产了30057辆。1965—1969年间，银影采用6.23升V8发动机，最大功率173马力，但从1970年起，改为采用6.75升V8发动机，最大功率189马力。两种动力的车型都配备美国通用汽车的4速自动变速器。

劳斯莱斯银影采用的最先进技术当数从法国雪铁龙引进的液压控制系统，应用于液压制动系统和液压自平衡悬架系统。一开始前后悬架都采用液压自平衡系统，但从1969年起取消了前面的自平衡系统，因为当后面的自平衡系统工作时前面的系统也会工作。

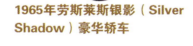

1965年劳斯莱斯银影（Silver Shadow）豪华轿车

1963年劳斯莱斯银云3型豪华轿车

←劳斯莱斯（Rolls-Royce）银云3型（Silver Cloud III）诞生于1962年9月，到1966年停产。它采用6.23升V8发动机，最大功率220马力，最高车速187千米/时。它外观造型和谐大方，线条简洁流畅，采用了全新的冲压钢体流线形车身。它当时甚至被一些媒体誉为"世界上最好的轿车"。当时劳斯莱斯公司在银云3型的广告中写道：当车速达到60英里/时时，您在车厢里可以听到的最大噪声是从钟表发出的声音。

1963年劳斯莱斯银云3型豪华轿车

1965年红旗CA770型三排座高级轿车

←红旗CA770型三排座高级轿车由第一汽车制造厂在1965年研制成功并正式定型生产。车身长5.98米，车身全部用手工打造。前后座舱间设有升降隔离玻璃，中排座椅为折叠式，供随行人员、翻译乘坐。发动机是参照1959年购进的凯迪拉克轿车的5.56升V8发动机自行设计制造，最大功率为164千瓦，2速自动变速器，最高车速165千米/时。

从1966年起，红旗CA770轿车开始全面取代苏联轿车，成为中央领导、外国元首及贵宾用车。

1969年林肯大陆总统专车

↑这款1969款林肯大陆总统专车（Lincoln Continental Presidential Limousine），是专为当时的美国总统尼克松打造的，车身长6.558米，宽2.024米，轴距为4.064米。其动力系统采用一台7.5升V8发动机，最大功率370马力，峰值转矩678牛·米。传动系统配3速自动变速器。虽然此车重达2770千克，但从0加速到100千米/时只需要11.1秒，最高车速可达205千米/时，100千米油耗也高达30升。

↓宾利（Bentley）S3是1962—1965年间由劳斯莱斯生产的一款四门豪华轿车，它的外观造型与同时期的劳斯莱斯银云3型（Silver Cloud III）非常相像，所配备的6.23升V8发动机也与银云共享。其实从20世纪40年代开始，宾利汽车与劳斯莱斯汽车就像是孪生兄弟，除了车标与发动机罩外，几乎完全一样。

你知道吗？

林肯汽车标志

林肯（Lincon）是福特公司中的高端轿车品牌，它采用美国第16任总统林肯之名作为车名，是想向世人表明林肯车的档次为总统级，其质量自然不言而喻。林肯汽车标志是在一个矩形中含有一颗闪闪发光的亮星，表示林肯轿车光辉灿烂、前途无量、尊贵气派。

1968年宝马2500（E3）豪华轿车

↑在20世纪60年代初，宝马决定要打造一款装备直列6缸发动机的豪华轿车，并请意大利的博通（Bertone）和Michelotti设计室参与设计，这就是宝马2500，内部编号E3，也是宝马7系的鼻祖车型。尽管宝马E3系列车型比当时同级别的奔驰S更长，但E3仍是一款偏重驾驶性能的车型，与更注重驾乘舒适性的奔驰S级相比，E3的竞争力仍偏弱。

最初E3系列中的宝马2500和2800分别采用2.5升和2.8升直列6缸发动机，配备4速、5速手动变速器和3速自动变速器。

它从1968年投产一直生产到1977年才被E23系列所取代，10年内总计生产了221991辆。

1962年宾利（Bentley）S3型豪华轿车

1960—1969年

↓法国法希（Facel）公司原来是制造钢制家具和冲压件的，后来开始制造军用飞机部件，第二次世界大战后又转产汽车车身。但随着承载式车身的流行，车身都由整车厂商自己制造了，法希在面临破产的情况下就斗胆制造汽车，而且起点非常高，上来就制造豪华轿车。他们从美国克莱斯勒、瑞典沃尔沃及英国奥斯汀进口发动机，从1954年起开始推出名为维加（Vega）的豪华汽车。

法希维加II型制造于1962—1964年间，它采用美国克莱斯勒6.3升和6.7升V8发动机，最大功率分别为3554马力和390马力，最高车速高达247千米/时。因此，法希公司在广告中声称维加II型是"世界上跑得最快的四座轿跑车"。

声称是"世界上跑得最快的四座轿跑车"

法希维加汽车标志

1964年法国法希维加（Facel Vega Facel）II型轿跑车

1962年日产公爵（Cedric）（第1代）

↓1967年，为了纪念丰田创始人丰田佐吉诞辰100周年，丰田推出了基于皇冠Eight打造的丰田世纪（Century）。当时的世纪使用了丰田最先进的技术，采用3.0升V8发动机和4速自动变速器。第一代世纪车身庞大，普通版车长就达到了5.12米，轴距2.86米；加长版车长5.27米，轴距更是超过了3米达到3.01米。这样的车身尺寸在现在看来都是非常大的。丰田世纪只在日本国内销售，它是日本有史以来最豪华的轿车，至今仍然如此。

日本最豪华品牌汽车

↑日产公爵（Cedric）是从1960年开始制造的一款大型轿车。此车名来自弗朗西斯·霍奇森·伯内特（Frances Hodgson Burnett）的小说《小公子》中的人物名。公爵第1代车型包括30系列和31系列，从1960年生产，一直到1965年被第2代公爵取代。采用1.5升和1.9升直列4缸发动机的公爵分别称为1500型和1900型。公爵特别款则采用2.8升直列6缸发动机，配3速自动或4速手动变速器。

1967年丰田世纪（Century）豪华轿车（第1代）

经典名车
转子发动机汽车（1960—1969）

1963年，德国NSU车厂（奥迪前身之一）推出世界第一部搭载转子发动机的汽车Spider，并于1964年正式批量生产。

在1964年9月举行的东京国际车展上，日本马自达也推出一款搭载双转子发动机的汽车Cosmo Sport，但直到1967年才开始正式批量生产。对马自达汽车而言，Cosmo Sports是个重要的里程碑。自1961年与德国NSU车厂签约取得转子发动机的专利权以来，攻克了许多技术难关，如发动机铸造技术、"恶魔的爪痕"（转子室内壁的波状磨损）、转子顶点的密封部件材质等，这款双门轿跑车最终才得以诞生。

1967年8月，德国NSU又推出搭载双转子发动机的汽车Ro80，双转子发动机的总排量为0.995升，压缩比为9.0：1，可输出115马力的功率，与当

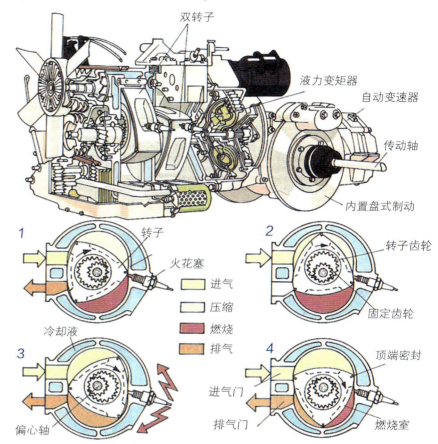

德国NSU转子发动机构造与原理图

1964年德国NSU转子发动机汽车构造图

1960—1969年

时4缸自然吸气发动机的功率相当。发动机前置并采用前驱方式。

这款双转子发动机虽然在动力性上表现不俗，但它具有一个致命缺陷，就是耐久性差，并最终导致NSU Ro80退出车市。

其实早在NSU Spider车型上，转子发动机的问题就存在。由于结构的问题，发动机磨损非常严重。最早在2.4万千米时，发动机的毛病就会显现，5万千米时发动机就要大修。与此同时，转子发动机天生的高油耗，经销商与机修师对转子发动机的技术知之甚少，都导致消费者信心丧失，销量越来越小。到1977年，NSU Ro80就完全停产了。10年期间，NSU Ro80共生产了37406辆。

1967—1977年德国NSU Ro 80 转子发动机汽车

1967—1977年德国NSU Ro80 转子发动机汽车构造图

双转子发动机前置，前轮驱动

盘式制动器

燃油箱

1967年马自达Cosmo Sport（L10A）转子发动机汽车

故事传奇
安全带的发明

尼尔斯·博林（1920—2002）

1902年在纽约举行的一场汽车竞赛上，一名赛车手为防止在高速中被甩出赛车，用几根皮带将自己拴在座位上。竞赛时，他们驾驶的汽车因意外冲入观众群，造成两人丧生，数十人受伤，而这名赛车手却由于皮带的缘故而死里逃生。这根皮带就算是安全带在汽车上的首次使用，但真正将其作为汽车上的安全配置，则要归功于瑞典人尼尔斯·博林（Nils Bohlin）的发明。

1958年，尼尔斯·博林被当时沃尔沃的总裁任命为公司的安全总工程师，他上任的第一项任务就是设计出一款真正安全的安全带，用来装备在沃尔沃最新推出的汽车上。

据博林自己回忆说，他当时面临的最大的挑战是："找到一种简单而有效的解决之道，让人们可以用一只手完成整个操作过程。"为此，他总结归纳出了安全带的"黄金定律"：安全带必须包含一段环绕臀部或大腿的部分、一段跨越上半身胸前的对角线部分，构成一个从生理学角度来说十分正确的造型，也就是让安全带跨越骨盆和肋骨部位，并固定在座位旁边低处的定点上；而安全带的几何造型是一个V字，交叉点的尖端位于靠近地板的位置，让安全带在承受力量时，必须能够保持在应有的位置上，不会随意移动。尼尔斯·博林创造性地把搭扣从中部挪到了一侧，V字三点式安全带就此诞生了。这一设计不但符合工程学原理，也更加人性化。

1959年，沃尔沃为博林设计的V字三点式安全带申请了专利，并马上

未系安全带警示标志

配备在沃尔沃新上市的车型上。不过由于对使用安全带的好处宣传不够，人们认为安全带碍手碍脚，一时难以形成使用习惯，因此安全带的使用率比较低。虽然沃尔沃汽车公司已免费向其他生产商提供了三点式安全带的设计，但安全带的普及实在太低。

直到1967年，尼尔斯·博林在美国发表了《28000起交通事故报告》，当中记录了1966年瑞典国内所有沃尔沃汽车的交通事故。数字清楚显示，三点式安全带不但在超过半数

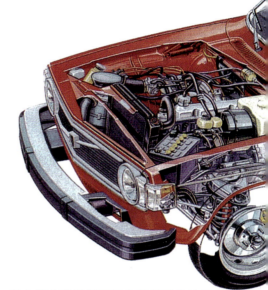

的个案中降低甚至避免乘客受伤的机会，更能够保住性命。1968年，美国规定所有新车都要安装安全带。中国对安全带的强制使用规定于1993年7月1日正式施行，当时违反规定者将会得到警告或者5元的罚款处罚。

当三点式安全带的发明者尼尔斯·博林在2002年去世时，沃尔沃估计他的设计已经至少拯救了100万人的生命。

1960—1969年

1966年沃尔沃（VOLVO）144型

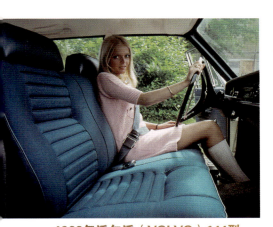

1966年沃尔沃（VOLVO）144型

↑1966年，沃尔沃推出144车型。此车的最大特色之一就是采用方正设计造型，这也是后来在20世纪七八十年代最流行的造型设计；另一个最大特色则是144成为第一款根据全方位安全理念所设计的车型，并被评为全球最安全车型。它不仅配备了沃尔沃发明的三点式安全带，而且还配备了双回路制动系统及四轮盘式制动系统。144车型还配有减速阀，防止紧急制动时抱死，防止车辆侧滑，此时ABS（制动防抱死系统）还未发明。144的上市加速了沃尔沃，乃至世界各国对于更高安全标准的追求。各国开始制定严格的安全标准。140车系也成为沃尔沃首个销量突破100万的车系。

1959年8月13日，第一款将三点式安全带作为标准配置的车型沃尔沃PV544上市

你知道吗？

沃尔沃汽车标志

沃尔沃（Volvo）一词来源于拉丁文，其意是"滚滚向前"，因此沃尔沃用一个滚动的车轮来表示事业不断前进。

沃尔沃在1927年生产出第一辆汽车。20世纪二三十年代，沃尔沃标志是对角线上有一个带箭头的圆圈，就像是生物学中的雄性符号。

1932年沃尔沃汽车标志

1937年沃尔沃汽车标志

2015开始使用的沃尔沃标志

经典名车
平民汽车（1960—1969）

1960年菲亚特Nuova 500D型沙滩车

→↑↓1957年推出第2代菲亚特500即Nuova500（新500）后，又进行了多次改款，分别是500型（1957—1960）、500D型（1960—1965）、500F型（1965—1973）、500L型（1968—1972）、500R型（1972—1975）等。其中500D型主要改进了动力系统，将直列2缸发动机的排量由原来的0.479升增大到0.499升，最大功率提高到17马力。

进入20世纪60年代后，菲亚特还推出了500三厢版、500沙滩车等变型车，以满足更多人的需求。

1960年菲亚特（Fiat）Nuova 500 D 型

↓丰田花冠（Corolla）最早于1966年推出，到1974年就成为世界最畅销的车型。到1997年，花冠超越大众甲壳虫成为世界销量最大的单一车型，到2016年，其总产量已高达4400万辆。

1960年菲亚特（Fiat）500 Limousette（菲亚特500三厢版）

1966年菲亚特（Fiat）124

1966年丰田花冠（Corolla）

→↑菲亚特124是一款1966—1974年间制造的中级轿车，采用前置发动机、后轮驱动方式。它不仅有四门轿车款，还有四座轿跑车、双座敞篷车以及旅行轿车款等。其豪华款则称为菲亚特125型。菲亚特124曾赢得1967年的"欧洲年度车型"称号。在20世纪六七十年代，菲亚特124曾通过技术转让的方式在苏联、印度、西班牙、土耳其、韩国、埃及和保加利亚等地组装销售。

1967年菲亚特（Fiat）125

1960—1969年

1960年萨博（Saab）96型

←萨博（Saab）是瑞典一家汽车公司。萨博96型最早于1960年推出，一直生产到1980年1月。它的外观造型非常具备流线形，有双门与四门款。萨博96最初采用0.841升2冲程3气缸发动机，后来改为福特的1.5升和1.7升4冲程V4发动机。

→Amphicar770水陆两用车制造于1961—1967年间，由当时的联邦德国（西德）制造，总产量4500辆左右，但大多数都销往美国。此车采用1.147升发动机，最大功率45马力，发动机后置，在水上最高速度为7英里/时，在陆地上最高车速为70英里/时，因此其型号取为770型。

1961年联邦德国Amphicar 770 Convertible 水陆两用车

1964年澳大利亚Zeta Sports

↑1964年，澳大利亚一家名为Lightburn的汽车公司，制造了一款名为Zeta Sport的汽车。它全身用玻璃纤维打造，全车仅重400千克。

↓大众Type3是大众汽车继甲壳虫（Type1）、巴士（Type2）后投产的第3款车型。它采用基于甲壳虫发动机的1.5升水平对置风冷发动机，因此也称大众Type3称为大众1500型。

1961大众（VW）1500型（Typ 3）

与甲壳虫车型一样采用后置发动机、后轮驱动方式

1961大众（VW）1500型（Typ 3）

273

→英国汽车公司（BMC）ADO16型是20世纪60年代英国最畅销的经济型家用汽车，它于1962年开始由BMC生产，后来又由英国利兰（Leyland）生产。此车共使用8种品牌名称上市销售，包括莫里斯（Morris）、奥斯汀（Austin）、MG等。此车配备1.1升和1.3升发动机，与同期其他车型后轮驱动不同，它采用前置发动机、前轮驱动的传动方式。

1962年英国汽车公司ADO16型经济型家用轿车

1966年本田S800 双门轿跑车

↑本田（Honda）S800是一款跑车，它最早亮相于1965年的东京车展，用来替代成功车型S600。

从型号上也可看出，本田S800采用0.8升排量的发动机，最大功率70马力，它也是本田第一款最高车速超过160千米/时的车型。它在1967年也被描述成当时世界上跑得最快的1升排量汽车。这主要是得益于它那最高转速高达10000转/分的发动机。

→阳光（Sunny）原是达塔桑（Datsun）品牌下的一个车型，从1966年就开始生产，但到20世纪80年代，阳光成为日产（Nissan）品牌下的一个车型。第1代阳光轿车称为B10型，旅行轿车称为VB10型。它们都采用前置发动机、后轮驱动方式，0.988升直列4缸发动机，配备4速手动变速器。

1966年达塔桑 阳光旅行轿车（VB10）

→本田（Honda）于1969年推出了N600车型，这是本田专为美国市场开发的第一款车型。此车采用0.6升风冷发动机，车重只有550千克，其造型设计借鉴了当时最流行的英国微型车迷你。

1969年本田N600型（美国版）

1964年阿尔法·罗密欧（Alfa Romeo）Giulia 1300

↑阿尔法·罗密欧（Alfa Romeo）Giulia1300是一款前置发动机、后轮驱动车型，它最早于1964年推出，到1970年停产。它采用1.3升直列4缸发动机，双顶置凸轮轴，最大功率57千瓦，配备4速手动变速器，最高车速155千米/时。

1960—1969年

雪铁龙（Citroen）Ami是一款四门车身的前轮驱动型轿车，它从1961年生产，一直到1978年才停产，是当时法国最畅销的车型。Ami在法语中是"朋友"的意思。此车采用0.602升水平对置2缸发动机，是在著名的2CV车型发动机基础上发展来的，因此又将此车称为3CV。

1961年雪铁龙（Citroen）Ami 6型轿车

鉴于DS19取得了巨大的成功，1965年雪铁龙又推出动力更强劲的DS21型。它采用了当时还不怎么普及的助力转向和助力制动技术，原来DS19上的液压气动悬架依然保留，有五种车身高度供驾驶人选择。

1967年9月，雪铁龙第一次将主动转向前照灯作为选装配置加入到DS21的配置表中。其中内侧前照灯总成能够根据驾驶人的意愿水平旋转约80°。

DS21配备2.175升的发动机，因此称为DS21，其最高车速187千米/时。

1961年雪铁龙（Citroen）Ami 6型轿车

主动转向前照灯可水平旋转约80°

1965年雪铁龙（Citroen）DS21型

标致（Peugeot）204、304和404都是由意大利设计大师宾利法利纳设计的，从而塑造了标致统一的新风格，成为1965—1975年间最经典的车型之一。

标致204采用前轮驱动，配备1.13升单顶置凸轮轴发动机，是1969—1971年间法国最畅销的汽车。

1965年标致（Peugeot）204

1969年标致（Peugeot）304四门轿车

标致（Peugeot）304于1969年的巴黎车展上亮相，一直生产到1980年才停产，总产量达117.8万辆。它配备1.3升直列4缸发动机，前置发动机、前轮驱动。实际上304是在204的基础上发展而来的，与204共用许多部件，只是前脸造型有所区别。

1966年标致（Peugeot）404四门轿车

标致（Peugeot）404生产于1960—1975年间，采用1.5升和1.6升直列4缸发动机，配备4速手动或3速自动变速器。标致404在澳大利亚、南美都有生产，如果把全球的产量都算上，标致404的总产量高达288.5万辆，可谓畅销全世界。

1964年标致（Peugeot）404敞篷车型

275

先驱人物
本田宗一郎

本田宗一郎（1906—1991）

1906年1月17日，本田宗一郎出生在日本滨海小镇一家铁匠铺里，小镇名叫滨松，坐落在太平洋沿岸名古屋的北面。20世纪初，工业化在以农立国的日本逐渐发展，靠锻造镰刀谋生的老本田也随即转而修理自行车。

1922年，本田宗一郎16岁，他在杂志上看到东京一家车辆修理行招收徒工的广告。他前往应试，结果被录用了。本田来到了"技术商行"，干的头一件活是替主人家看孩子。说是学手艺，他却根本沾不到车辆的边。第二年，9月1日，那天早晨东京大地震，为修理着了火的车轮，修理行的工人全部出动。这时，本田才首次骑上了摩托车。本田发现，木制辐条的车轮有个最大缺点，一沾上了油很容易着火烧起来。22岁时，本田学艺满师回到滨松。在家乡小镇，他挂起了"技术商行"分行的牌子，开始从事车辆修理业。这期间，他发明了铸造可以防火的车轮辐条的方法。今天，在本田所拥有的一百多项专利权中，这是清单中的第一项。

1937年7月，本田眼看修理进口车辆的事业前程黯淡，便决定把业务从修理转向制造。他选中了在战时和平时都有用的活塞环作为他的产品。然而，他头一次铸造活塞环的尝试失败了。看来，冶金术不是在铁匠铺里就可学成的。1939年初，33岁的本田报名进了当地一家技术专科学校。在学校里，同学们都要比他年轻十来岁。由于修理行还有着繁忙的业务，本田只好选修有关学科。他放弃了德文、军训和日本伦理学三门必修课。校长知道后，告诫他说：这样做将得不到毕业文凭。而本田却逞能地反问："你的文凭又算得了什么！至多像一张电影院里的票子保证你有个位子罢了！"这样，没有得到毕业文凭他就离开了学校。

一开始，活塞环业务几乎没有

本田宗一郎是个典型的"匠人"

什么进展，本田的第一个主顾是正在试制汽车的丰田公司。丰田试了他的五十只活塞环，只留用了三只，其余都退货。本田夜以继日地在炉前反复试验，产品质量终于逐渐有了提高。不久，他制造的活塞环被用到了著名的"奥斯卡"轰炸机上。

1945年，日本战败，本田的工厂如同许多别的工厂一样也倒闭了。这时，对他来说，唯一的出路是做机器生意。他通过黑市搞到了五百辆日本军队用来带动野外电台的小发动机。作为战争物资，这些东西则应由美国

1963年本田制造的第一辆汽车T360

1963年本田制造的第一辆跑车S500

1960—1969年

占领当局收缴后加以销毁。而他却把这些小发动机安装在自行车上了。本田发现这种改装的机动自行车非常畅销。尽管小发动机在燃烧混合汽油时会发出阵阵难闻的气味,但车主们并不在意,头一批改装的机动自行车售完,但仍有人在排队等候。

下一步就是照样再造一批。生产也随即在军队废弃的一个仓库角落里开始了。本田宗一郎郑重其事地给工厂起了名:"本田技研工业株式会社"。

此后,本田着手设计了第一辆真正的摩托车,气缸容量98毫升,只有3马力,定名为"梦想D型"。

1945年,本田宗一郎去英国考察摩托车工业。他认为,英国在这个行业上是走在世界前列的。当时在欧洲,意大利产的低座小型摩托车风行一时。但是本田宗一郎觉得,这种车子对于日本城镇的街头巷尾和乡村的弯曲小道显得太大太笨重。然而另一方面,本田生产的摩托车和机动脚踏两用车又显得太单薄了些。本田宗一郎反复进行对比,并到车间向工人征求意见,最后,1958年8月,他生产出了第一辆新颖的C-100型摩托车。这种摩托车一出来立即获得了好评,很快就畅销世界。像福特T型汽车一样,本田摩托车已开创了自己的市场。继而,1963年,本田技研正式发布了自己的第一款四轮量产汽车T360型小货车。随后,小型跑车S500也在1963年登上舞台。随着它们的热销,本田技研彻底敲开了汽车市场的大门。

1964年,本田开始进军F1赛场,设计出RA270型F1赛车,但却以完败而告终。1965年,改进后的本田RA272型F1赛车卷土重来,勇夺墨西哥分站赛胜利。这个胜利对于像本田这样一个汽车业新兵来说简直就是个奇迹。本田技研顺势利用F1赛车技术和影响力,在1967年推出著名的N360轿车,该车曾连续三年成为日本国内最畅销的车型。

1991年8月5日,本田宗一郎以85岁的高龄与世长辞。

1.5升V12发动机横置在驾驶座后方,最大功率170千瓦

1965年为本田取得首胜的RA272型F1赛车

1964年本田制造的第一辆F1赛车RA270

1967年本田N360成为日本最畅销的轿车

1970—1979年
直线潮流

方盒子式汽车造型成为潮流,车身线条以直线为主。

图解汽车大百科 精装珍藏版

汽车简历（1970—1979）

1971年 本年度全球汽车产量突破3000万辆，达到3343万辆。

1971年 耗资500万美元的月球车在月球上行驶。

1971年 无花纹的赛车轮胎问世。

1972年 韩国大宇汽车公司成立。

1973年 克莱斯勒汽车装上了电子点火器。

1973年 通用汽车首先采用安全气囊。

1973年 本年度全球汽车产量为3992万辆。

1974年 最后一辆德国产甲壳虫在德国本土下线。代替甲壳虫的高尔夫牌汽车投产。

1975年 保时捷推出涡轮增压式赛车，并成为加速最快的公路跑车。

1976年 奔驰建成气流速度达270千米/时的汽车风洞，为世界之最。

1977年 中国第二汽车厂建成投产。

1977年 雷诺在F1赛车上采用涡轮增压器。

1977年 第一届国际电动汽车会议在芝加哥召开。

1977年 本年度汽车产量达4095万辆。

1978年 在英国，一辆太阳能汽车速度达到130千米/时。

1978年 马自达推出双转子发动机双座跑车RX-7。

1978年 日本研制出混合动力汽车。

1979年 巴西研制成功酒精汽车，并成为酒精汽车大国。

经典名车
赛车（1970—1979）

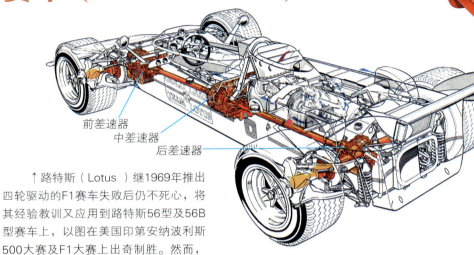

↑路特斯（Lotus）继1969年推出四轮驱动的F1赛车失败后仍不死心，将其经验教训又应用到路特斯56型及56B型赛车上，以图在美国印第安纳波利斯500大赛及F1大赛上出奇制胜。然而，虽然在印第安纳波利斯500大赛上出战三场，但无一胜绩。而且由于油箱过大，虽然可以使它不用中途加油，但总重超过F1规则规定的重量，从而使路特斯56型赛车根本无法参加F1大赛。

1971年英国路特斯（Lotus）56B 赛车

前差速器
中差速器
后差速器

5速手动变速器，最高车速320千米/时。法拉利312PB的战绩一般，只在1972年的世界跑车锦标赛上取得过车队冠军。

水平对置 12 缸发动机

↓法拉利（Ferrari）也制造过水平对置发动机赛车，而且还是12缸的呢。这就是法拉利312PB。其官方名称是312P，但为了与1968年推出的312P区别，媒体就将1970年推出的312P称为312PB。此车与前面的312及312P有巨大不同，最明显的区别就是采用3.0升的水平对置12缸发动机，而此前法拉利的赛车都采用V形发动机。312PB的最大功率440马力，配备

3.0升水平对置 12 缸发动机，每缸4气门，4顶置凸轮轴，最大功率440马力/11000（转/分），纵向后置

1971年法拉利（Ferrari）312 PB 赛车

1970—1979年

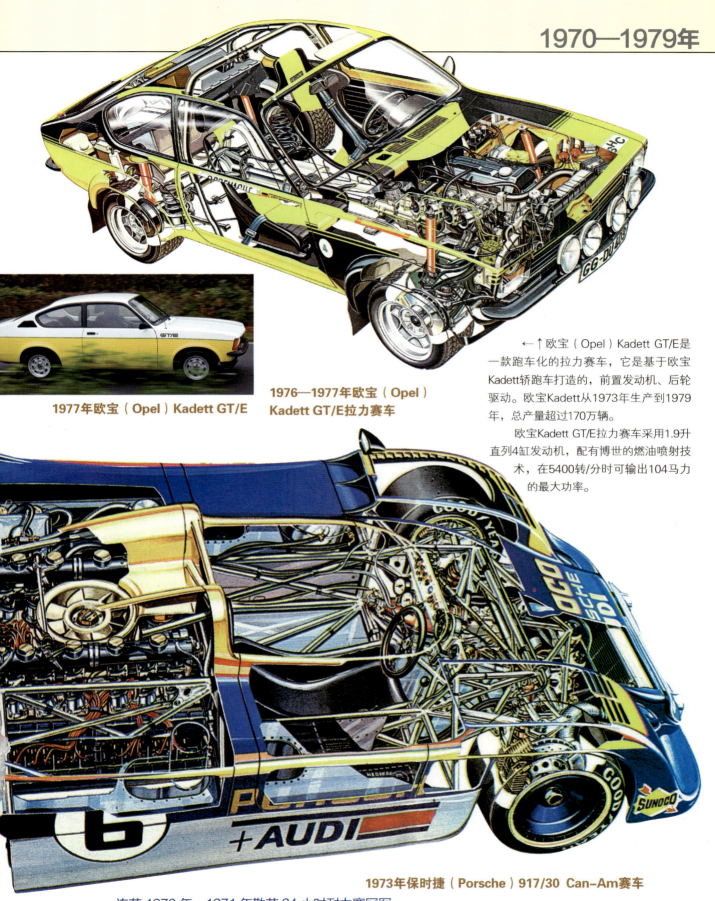

1977年欧宝（Opel）Kadett GT/E

1976—1977年欧宝（Opel）Kadett GT/E拉力赛车

←↑欧宝（Opel）Kadett GT/E是一款跑车化的拉力赛车，它是基于欧宝Kadett轿跑车打造的，前置发动机、后轮驱动。欧宝Kadett从1973年生产到1979年，总产量超过170万辆。

欧宝Kadett GT/E拉力赛车采用1.9升直列4缸发动机，配有博世的燃油喷射技术，在5400转/分时可输出104马力的最大功率。

1973年保时捷（Porsche）917/30 Can-Am赛车

连获1970年、1971年勒芒24小时耐力赛冠军

图解汽车大百科 精装珍藏版

→1976年菲亚特阿巴斯（Abarth）131Rally被打造出来。此车由菲亚特、阿巴斯和博通（Bertone）联合打造，采用2.0升直列4缸发动机，每缸4气门，双顶置凸轮轴（DOHC），最大功率138马力，配备5速手动变速器，后轮驱动，0—100千米/时加速时间为8.2秒，最高车速190千米/时。400辆民用版菲亚特阿巴斯131Rally在3天内即销售一空。

赛车版菲亚特阿巴斯131 Rally的动力更强一些，发动机采用电子喷射技术，最大功率215马力。

2.0升发动机，后轮驱动，四轮独立式悬架，四轮盘式制动

1976—1981 菲亚特Abarth 131拉力赛车

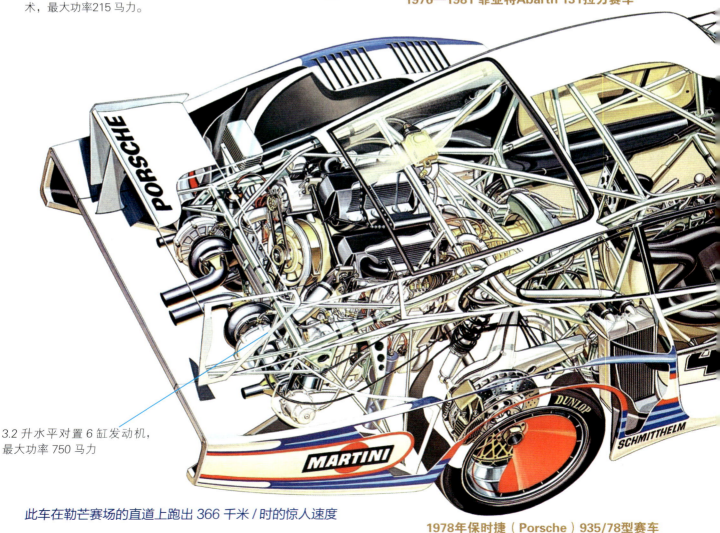

3.2升水平对置6缸发动机，最大功率750马力

此车在勒芒赛场的直道上跑出366千米/时的惊人速度

1978年保时捷（Porsche）935/78型赛车

1970—1979年

←阿尔法·罗密欧（Alfa Romeo）33型赛车活跃于1967—1977年间的欧洲赛车场，其间共推出6款车型以应对越来越激烈的汽车比赛，其中阿尔法·罗密欧33/TT3型于1969年推出，1972年退役。此车采用3.0升V8发动机，最大功率440马力/9800（转/分），后中置发动机、后轮驱动。

1971年阿尔法·罗密欧（Alfa Romeo）33 TT3型赛车

1971年英国赛车队（BRM）P160 一级方程式赛车

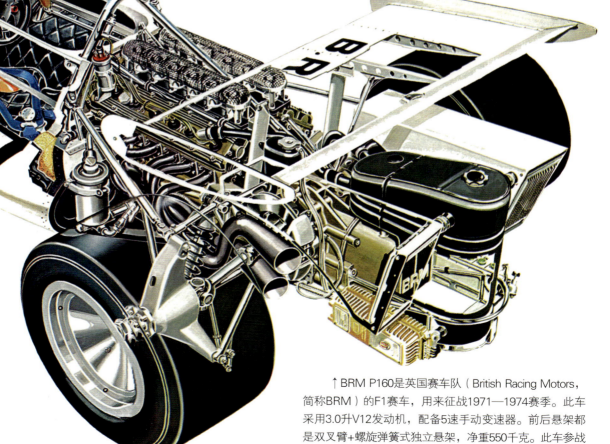

↑BRM P160是英国赛车队（British Racing Motors，简称BRM）的F1赛车，用来征战1971—1974赛季。此车采用3.0升V12发动机，配备5速手动变速器。前后悬架都是双叉臂+螺旋弹簧式独立悬架，净重550千克。此车参战50次，但只取得3场胜利，从未赢得车手或车队总冠军。

1971年英国赛车队（BRM）P160 一级方程式赛车

→Zakspeed是德国一个赛车队的名称，在20世纪70年代后期，这个车队成为福特汽车在德国DRM（德国汽车锦标赛）及其他车赛中的官方代表队。此车是利用福特Capri轿跑车改装的DRM赛车，在1978—1981年间参加系列汽车比赛。从1982年起Zakspeed改用福特野马跑车来参加比赛。

此赛车长5.6米，宽2米，但高只有1.15米，净重850千克。采用1.427升发动机，最大功率380马力/9000（转/分），发动机前置，后轮驱动，0—100千米/时加速只需4.2秒，0—200千米/时加速时间为13.2秒，最高车速290千米/时。

1978年德国Zakspeed 福特 Capri Turbo DRM 赛车

1973年保时捷（Porsche）917/30 Can-Am赛车

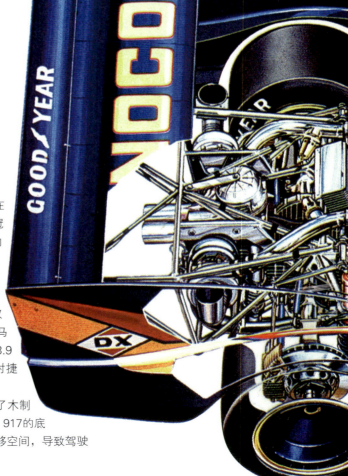

→↑保时捷917，号称有史以来世界最伟大的赛车。它曾在欧洲夺得众多胜利，曾连获1970年、1971年勒芒24小时耐力赛冠军，并以220.1千米/时的平均车速创造了惊人的5335.212千米的总行驶里程纪录。为了参加Can-Am赛事（北美一项赛事，其名称取自加拿大及美国两个国家名称的组合），保时捷随后连续推出了917/10、917/20、917/30赛车，配备5.0升水平对置12缸双涡轮增压发动机。1973年，917/30参战Can-Am赛事，其车重仅为850千克，最大功率高达1000马力，如果不限制可以达到1500马力，0—60千米/时加速时间为2.1秒，0—100千米/时加速时间为3.9秒，0—200千米/时加速时间为13.4秒。在足够宽敞道路上，保时捷917/30可以达到386千米/时的速度。

保时捷917的轻量化运用了很多从未想过的设计，比如使用了木制的变速杆，很多螺栓的中心都挖出了一个洞。让人不可思议的是，917的底盘重量仅为42千克。尾部为巨大的水平对置12缸发动机预留了足够空间，导致驾驶室显得格外局促，驾驶人坐进去后，腿部已经越过了前轮。

1970—1979年

世界第一辆六轮F1赛车

1976年英国Tyrrell车队P34型六轮F1赛车

↑英国Tyrrell车队的P34是世界上第一辆六轮F1赛车,它拥有四个小尺寸的前轮,一对常规尺寸的后轮,于1976和1977年短暂征战F1赛场,在1976年瑞典站获得第一个也是唯一一个F1分站冠军。

然而P34存在两大先天缺陷:首先,由于前轮直径只相当于后轮的62.5%,导致前轮的旋转速度是后轮的1.6倍,因此导致严重的轮胎磨损问题;其次,驾驶四前轮的P34在弯中选择正确路线非常困难,远不如两前轮赛车更灵活和精准。

短暂的辉煌无法掩饰六轮赛车的缺陷。轮胎供应商固特异对深入研究小尺寸赛车轮胎没有兴趣,四个小前轮的磨损及由此带来的制动散热问题也一直无法解决,到1977年赛季结束后P34就彻底退出了赛场。

行李箱改成了燃油箱

←↓保时捷935是从1976年推出的一款赛车,它从1977赛季开始投入赛场,而935/78则是指保时捷935赛车1978年款。由于保时捷加长了935的尾部,并且风阻系数极低,使其看起来更像是一条大白鲨,因此就昵称935/78为"大白鲨"。

此车配备3.2升水平对置6缸发动机,最大功率750马力。在1978年的勒芒24小时耐力赛上,935/78虽然没有取得冠军,但它是直道上跑得最快的赛车,最高车速达到366千米/时,即使今天看来这个速度也是非常惊人的。

由于尾部较长,使其体形看起来更像是一条大白鲨,因此就昵称935/78为"大白鲨"

1978年保时捷(Porsche)935/78型赛车"大白鲨"

经典名车
蓝旗亚斯特拉托斯

横向后中置发动机

1972年蓝旗亚（Lancia）斯特拉托斯（Stratos）拉力赛车

意大利蓝旗亚（Lancia）汽车公司为了提高自己在车坛中的地位，请设计大师博通（Bertone）设计了一款外形"疯狂"的车型，取名斯特拉托斯（Stratos，希腊地名），并装用法拉利迪诺（Dino）的发动机和底盘，但法拉利要求蓝旗亚标称该V6发动机的功率较低，以免抢走法拉利的客户。

蓝旗亚最早以Stratos Zero概念车的形式在1970年都灵车展上展出，1972年正式投产，共生产492辆。该车在赛车场上战绩辉煌，曾在世界拉力锦标赛中获得1974年、1975年、1976年三连冠，并在蒙特卡洛拉力赛中令人难以置信地四次获得第一名。

蓝旗亚斯特拉托斯采用法拉利的2.418升V6发动机，横向后中置，最大功率190马力，配备5速手动变速器，后轮驱动，0—100千米/时加速时间6秒，最高车速225千米/时。

1970年蓝旗亚（Lancia）斯特拉托斯（Stratos）Zero概念车

1970—1979年

在后风窗外采用黑暗板条，就像是百叶窗似的，虽是20世纪70年代的时尚，但它对后方视野确实有影响

采用法拉利的V6发动机，横置在驾驶舱后部，最大功率190马力

曾在世界拉力锦标赛中获得三连冠，在蒙特卡洛拉力赛中四次获得第一名

1972年蓝旗亚（Lancia）斯特拉托斯（Stratos）拉力赛车

经典名车
高性能汽车（1970—1979）

→↓宝马（BMW）3.0 CSL是专为参加欧洲汽车巡回锦标赛（European Touring Car Championship）而打造的赛车，1972年首次推出，共生产1265辆。3.0 CSL车名中的"L"是指"轻量化"而不是指加长。此车采用了高强度薄钢板、铝制车门和保险杠、有机玻璃车窗等来减轻车身重量。1973年，宝马3.0 CSL获得欧洲汽车巡回锦标赛冠军以及勒芒赛中一个级别的冠军。更令人惊奇的是，从1975年到1979年的欧洲汽车巡回锦标赛冠军全部由宝马3.0 CSL夺得。

1972年宝马3.0CSL（E9）

1972年宝马3.0CSL（E9）赛车

↓1977年，宝马（BMW）推出专为参加组别5（Group 5）赛事而特别打造的赛车320i Turbo（E21），以替代战绩辉煌的宝马3.0 CSL赛车（上图）。由于其外形比较方正，因此此车又被称为"飞砖"（Flying Brick）。此车采用二级方程式赛车的2.0升直列4缸发动机，最大功率高达306马力。此车在没有技术图纸的情况下在12周内就打造完成。

由于其外形比较方正而被称为"飞砖"（Flying Brick）

1977—1979年宝马 320i Turbo Group 5（E21）赛车

1970—1979年

←德托玛索（De Tomaso）黑豹（Pantera）是一款中置发动机的跑车，由意大利德托玛索从1971年开始生产，一直到1991年才停产，在20年内总产量超过7260辆。此车采用福特的5.8升V8发动机，最大功率330马力，后中置发动机、后轮驱动，最高车速256千米/时。

1972年意大利德托玛索（De Tomaso）Pantera（黑豹）跑车

↓法国雪铁龙（Citroen）SM是1970—1975年间制造的一款高性能轿跑车。雪铁龙一直试图打造一款性能卓越的高性能跑车，但只有独特的悬架技术是不够的，因此雪铁龙在1968年收购了意大利的玛莎拉蒂（Maserati）公司，想将玛莎拉蒂的高性能V6发动机与雪铁龙卓越的悬架技术及液压技术相结合。两者结合的成果就是这款雪铁龙SM。据说SM之意就是指"运动的玛莎拉蒂"（Sports Maserati）。SM最先在1970年的日内瓦车展上亮相并引起轰动，在1971欧洲年度车型评选中名列第三。

雪铁龙SM采用3.0升V6发动机，虽然最大功率只有170马力，不及同级对手，但它的最高车速却是同级车型中最高的，达到220千米/时。

德托玛索（De Tomaso）汽车标志

雪铁龙借助玛莎拉蒂
发动机技术合力打造

1970—1975年雪铁龙（Citroen）SM轿跑车

↓捷豹（Jaguar）XJ–S是一款豪华跑车，它从1976年开始制造，一直到1998年才停产。在20年内共生产11.5万辆。它采用5.3升V12发动机，0—100千米/时加速时间为7.6秒（自动变速器），最高车速230千米/时。

1976年捷豹（Jaguar）XJ–S跑车

↓阿尔法·罗密欧（Alfa Romeo）蒙特利尔（Montreal）是一款制造于1970—1977年间的双门轿跑车。它由博通（Bertone）设计，其概念车型于1967年在蒙特利尔车展亮相并因此得名。此车采用2+2座位布局，前置发动机、后轮驱动，配备2.6升V8发动机，最大功率230马力，5速手动变速器，0—100千米/时加速仅需7.4秒，最高车速220千米/时。

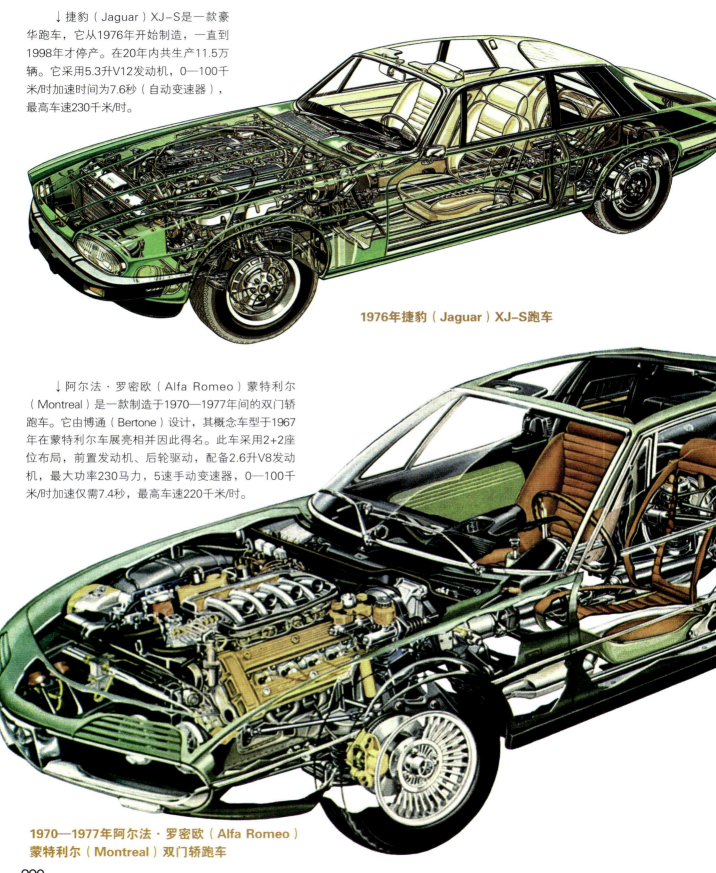

1970—1977年阿尔法·罗密欧（Alfa Romeo）蒙特利尔（Montreal）双门轿跑车

1970—1979年

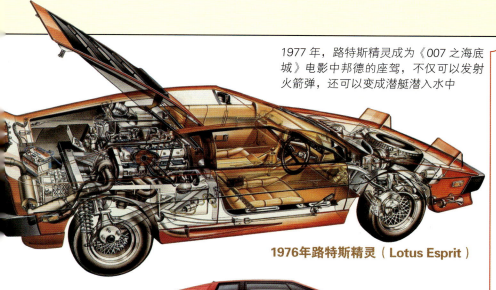

1977年，路特斯精灵成为《007之海底城》电影中邦德的座驾，不仅可以发射火箭弹，还可以变成潜艇潜入水中

1976年路特斯精灵（Lotus Esprit）

1976年路特斯 精灵（Lotus Esprit）

↑路特斯 精灵（Lotus Esprit）最早出现在1975年，从1976年开始生产，一直到2004年才停止生产。精灵的车身由玻璃钢制造，底盘采用钢式骨架结构。其外观造型由乔治亚罗领军的Italdesign操刀设计，锐利而扁宽，与英国汽车保守绅士的形象不同，而是充满活泼的青春气息。第1代精灵采用2.0升发动机，可输出160马力的功率，纵置在驾驶舱后面，配备5速手动变速器，最高车速222千米/时。

你知道吗？

路特斯汽车标志

路特斯（Lotus）标志由创始人柯林·查普曼的名字（Anthtony Colin Bruce Chapman）缩写字母ACBC叠加图案及"路特斯"（Lotus）字样组成。Lotus意为"莲花"，但在进入中国市场后发现"莲花"中文商标已被中国汽车厂商抢先注册，只好改用Lotus的音译"路特斯"作为品牌名称。路特斯机械工程公司于1952年元旦成立，第二年开始使用这个徽标。查普曼肯定没想到，在30多年后，路特斯公司就因经营不善而几经转手，最后竟落到了马来西亚宝腾汽车公司手中。

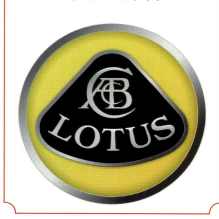

1970年福特（Ford）Capri RS 2600

←福特（Ford）Capri是一款溜背式双门轿跑车，它制造于1969—1986年间。它的设计师也是福特野马跑车的设计师。福特Capri也是作为野马跑车的欧洲兄弟而推出的，并由欧洲福特制造，结果获得巨大成功，总销售量高达190万辆。Capri采用很多款发动机，排量由1.3升到5.0升不等，发动机形式有直列4缸、V4、V6和V8四种。左图福特Capri RS2600采用2.637升V6发动机，在燃油喷射技术支持下最大功率提高到150马力，在7.7秒内可以从静止加速到100千米/时。

→阿尔法·罗密欧（Alfa Romeo）Alfetta生产于1972—1987年间，它有四门轿车款及双门轿跑款。右图是其参加国际汽联（FIA）组别2的赛车版，它采用2.0升直列4缸发动机，前置发动机、后轮驱动，在1975年曾赢得世界汽车拉力锦标赛组别2的胜利。

1975年阿尔法·罗密欧（Alfa Romeo）Alfetta GT Group 2赛车

↓玛莎拉蒂（Maserati）Bora是一款超级跑车，不论是以过去还是现在的标准衡量。它最初采用4.7升V8发动机，后来又改用4.9升V8发动机，最大功率也增加到310马力，最高车速达258千米/时。值得一提的是，设计此车时玛莎拉蒂正寄居在雪铁龙旗下，因此在此车上也采用了雪铁龙最拿手的液压控制技术，用于调节座椅、脚踏板、前照灯高度以及制动系统。

1971—1978年玛莎拉蒂（Maserati）Bora AM117超级跑车

1970—1979年

→法拉利（Ferrari）365 GTB/4最早亮相于1968年的巴黎汽车展上，用来替代法拉利275GTB/4。此车由宾尼法利纳设计车身，采用4.4升V12发动机，每气缸排量为0.365升，因此其型号称为365。12个气缸可以输出357马力的功率。此车不像其他超级跑车那样将发动机装置在后部，而是放置在前端。但却将5速手动变速器装置在车辆后部，以便使车辆的前后配重比更均衡。其0—96千米/时加速仅需5.4秒，最高车速280千米/时。此车在1973年被365 GT4 Berlinetta Boxer（下图）所替代。

1971年法拉利（Ferrari）365 GTB/4超级跑车

每气缸排量为0.365升，因此称为365

↓法拉利（Ferrari）Berlinetta Boxer是法拉利在1973—1984年制造的一款超级跑车，此车在法拉利历史上意义非凡，它是第一辆采用后中置发动机并挂有法拉利名称和腾马标志的道路跑车。因为法拉利的老板恩佐·法拉利一直认为后中置发动机车型对买主来说不好操控，除非他是赛车手。此前曾有法拉利Dino采用过后中置发动机布局，但Dino是个独立品牌，并没悬架法拉利车名和腾马标志。

法拉利Berlinetta Boxer采用水平对置12缸发动机，最大功率380马力，比其前任车型365 GTB/4（上图）稍高。其0—100千米/时加速时间为5.4秒，最高车速302千米/时。

1973年法拉利（Ferrari）365 GT4 Berlinetta Boxer

第一辆采用后中置发动机并挂有法拉利名称和腾马标志的道路跑车

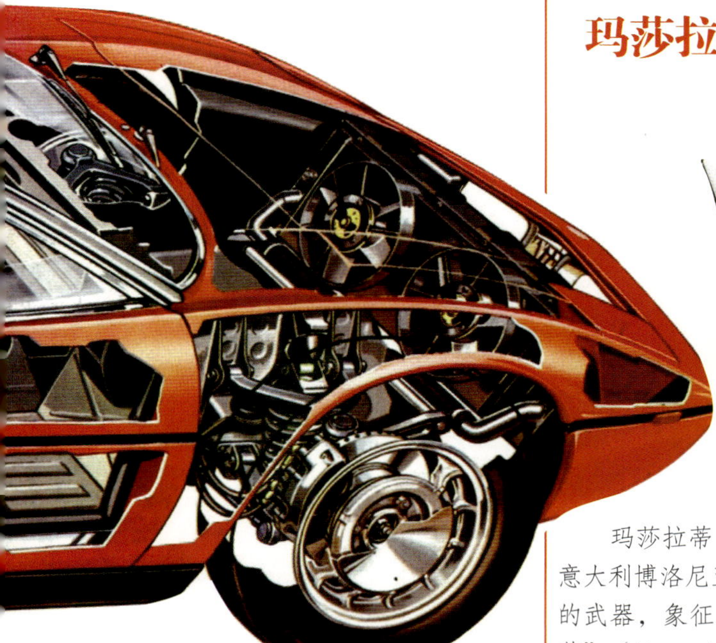

你知道吗？

玛莎拉蒂汽车标志

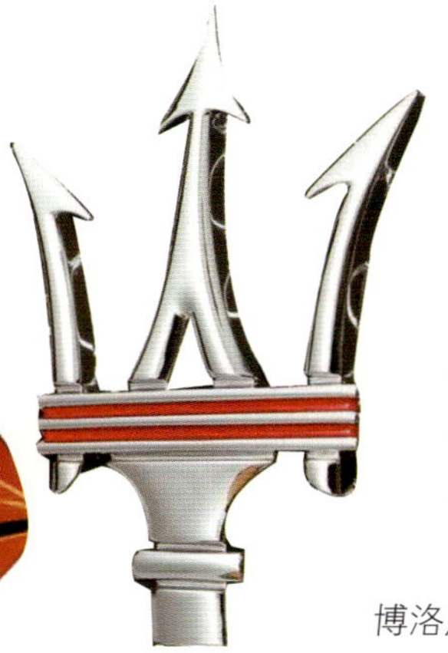

博洛尼亚 Maggiore 广场上的海神尼普顿雕像

玛莎拉蒂（Maserati）车标是一个三叉戟，它取材于矗立在公司所在地意大利博洛尼亚Maggiore广场上的海神尼普顿（Neptune）雕像，是海神使用的武器，象征玛莎拉蒂汽车技术先进、力量大、速度快。公司名"玛莎拉蒂"（Maserati）则取自玛莎拉蒂公司创始人阿尔菲里·玛莎拉蒂（Alfieri Maserati）的名字。

293

图解汽车大百科 精装珍藏版

↓菲亚特（Fiat）X1/9是由博通（Bertone）设计的一款后中置发动机双门跑车。它在1972—1982年由菲亚特生产了14万辆后，又在1982—1989年间转为博通生产，又生产了1.95万辆。

此车发动机横置在驾驶舱后面，后轮驱动。此车的前部和后部都有行李舱，目的是为了能满足美国在20世纪60年代制定的安全法规。

将发动机放置在车辆后部后，车前部就被设计成一个行李舱

后中置发动机汽车居然还能设置一个后行李舱

1972年菲亚特（Fiat）X1/9双座跑车

"跳灯"设计

1972年菲亚特（Fiat）X1/9双座跑车

1972年菲亚特（Fiat）X1/9双座跑车

1970—1979年

↑1978年，保时捷（Porsche）推出新款911，并命名为"911SC"。它采用3.0升水平对置6缸发动机，纵置在车后部，最初最大功率180马力，后来增至188马力，到1981年最后又增至204马力。它配备5速手动变速器，典型的后置发动机、后轮驱动传动布局。

1978年保时捷（Porsche）911 SC 3.0 Coupe

将V8发动机横置在后轴之上，可以提高传动效率，但这种布局方式确实非常罕见

1971年兰博基尼（Lamborghini）Urraco

↑↓阿尔派（Alpine）A110是法国阿尔派（Alpine）汽车公司在1961—1977年间制造的一款跑车，它采用雷诺的1.6升直列4缸发动机，最大功率138马力，采用后置发动机、后轮驱动方式，配备5速手动变速器，最高车速210千米/时。此车曾在1973年参加世界拉力锦标赛（WRC），并取得其中6站的胜利。

↑兰博基尼（Lamborghini）Urraco是一款2+2座位布局的跑车，它最早亮相于1970年的都灵汽车展上，但直到1973才开始生产，到1979年停产时总计只生产了791辆。Urraco采用三种排量的V8发动机，最大排量3.0升，最大功率250马力，横置在车后部，0—100千米/时加速只需5.6秒，最高车速260千米/时。

阿尔派汽车标志

1973年法国阿尔派（Alpine）A110拉力赛车

经典名车
超级跑车（1970—1979）

1978年兰博基尼（Lamborghini）康塔什

→↑兰博基尼（Lamborghini）康塔什（Countach）是一款V12中置发动机超级跑车，它是楔形车身的经典之作，也是意大利著名设计大师马赛罗·甘迪尼（Marcello Gandini）的代表作之一，它翘起的双翅又使它在超级跑车中非常显眼。

康塔什作为兰博基尼缪拉（Miura）的替代产品，最早于1971年在日内瓦车展上亮相，立即震惊世界车坛，1974年正式投入生产。康塔什被认为是20世纪70年代世界上跑得最快的道路版汽车，它的第一代名为LP 400，其4升V12发动机被纵向安装在后部，可产生375马力的功率，0—100千米/时加速只需5.4秒，最高车速309千米/时。

康塔什（Countach）一词源于意大利的俚语Coon-tash，意为难以相信的奇迹，像是"天啊""上帝呀"之意。据说费鲁西奥·兰博基尼（Ferruccio Lamborghini）第一眼看到康塔什时赞叹道：Coon-tash! 名字由此而来。

康塔什一直生产到1990年才停产，由全新的兰博基尼魔鬼（Diablo）车系代替。

楔形车身造型设计的代表

剪刀式车门引人注目

20世纪70年代世界上跑得最快的道路版汽车

1978年兰博基尼（Lamborghini）康塔什 LP400 S

1970—1979年

←杰森（Jensen）是英国一家小型汽车公司，专门手工打造个性化的超级跑车。拦截机（Interceptor）就是这家公司在1966—1976年间打造的一款双门四座跑车，它采用美国克莱斯勒的6.3升V8发动机，前置发动机、后轮驱动，并在后轴上装有限滑差速器。1971年起，又改用克莱斯勒7.2升V8发动机，最大功率330马力，配备4速手动或3速自动变速器，总产量6408辆。

1971年杰森（Jensen）拦截机（Interceptor）S4

杰森（Jensen）汽车标志

→↑法拉利迪诺（Ferrari Dino）246 GT最早亮相于1969年11月的都灵车展，用来取代迪诺206 GT。它的车身由宾尼法利纳设计。后来在1972年日内瓦车展上，带有可拆卸黑色顶板的迪诺246 GTS也亮相了。

迪诺246 GTS采用2.4升V6发动机，发动机横置在车后部。为了降低生产成本，很多部件都来自菲亚特，但这丝毫没有影响迪诺的表现。迪诺246GTS发动机的最大功率195马力，0—100千米/时加速时间8秒，最高车速可以达到235千米/时。

1972年法拉利 迪诺（Ferrari Dino）246 GTS 敞篷跑车

1972年法拉利 迪诺（Ferrari Dino）246 GTS 敞篷跑车

经典名车
跑车（1970—1979）

↑保时捷（Porsche）924是在1976—1988年间生产的一款双门跑车，采用2+2座位布局，它替代914成为保时捷的入门级车型。保时捷924是保时捷第一款水冷、前置发动机车型。与其他众多汽车厂商不同，保时捷一贯喜欢采用风冷式发动机，而且是后中置或后置。同时，924还是保时捷采用全车系自动变速器的第一款车型。

1976—1985年保时捷（Porsche）924型跑车

保时捷928是第一款采用V8发动机的保时捷车型，而且采用保时捷极罕见的前置发动机布局方式

1978年保时捷（Porsche）928 GTS 跑车

1970—1979年

英国TVR汽车标志

1971—1979年英国TVR 3000M 跑车

← TVR是英国一家制造小众跑车的制造商，它的车身都由玻璃钢打造，其早期的汽车型号都与发动机排量有关，比如使用1.6升和2.5升发动机的车型就分别编号为1600型和2500型。左图这款编号3000M的车型就是指采用3.0升发动机的M系列跑车。这台3.0升发动机采购自英国福特，配备4速手动变速器，从1973年开始生产，但到1974年就停产了，仅生产了654辆。

→阿斯顿·马丁（Aston Martin）V8 Vantage于1977年面世时号称"英国第一辆超级跑车"，就因为它的最高车速达到了惊人的270千米/时，0—96千米/时加速只需5.3秒，比法拉利德通纳（Daytona）快了0.1秒。此车与阿斯顿·马丁旗下品牌拉贡达（Lagonda）共享一台5.3升V8发动机，但采用高性能凸轮轴，加大了压缩比，扩大了进气门，并且采用更大的化油器以提高功率输出。

1977年面世时号称"英国第一辆超级跑车"

1977年阿斯顿·马丁（Aston Martin）V8 Vantage跑车

↓ 保时捷（Porsche）911是为替代保时捷356而打造的，但它在1963年正式推出时仍采用风冷式后置发动机，只是排量由1.6升增至2.0升。直到10年后，也就是1973年，才推出911S 2.7款，将发动机排量提高到2.7升，并采用博世的电子喷射技术，将最大功率提高到173马力。

↑ 保时捷（Porsche）928生产于1978—1995年间，用来替代大名鼎鼎的911车型。它集动力、操控与优美造型于一身，各种性能都优于911，但它终究无法取代常青树911。928还是保时捷第一款采用V8发动机的车型，而且是保时捷很少采用的前置发动机布局方式。它的发动机排量从4.5升到5.4升不等，配备5速手动或3速、4速自动变速器。

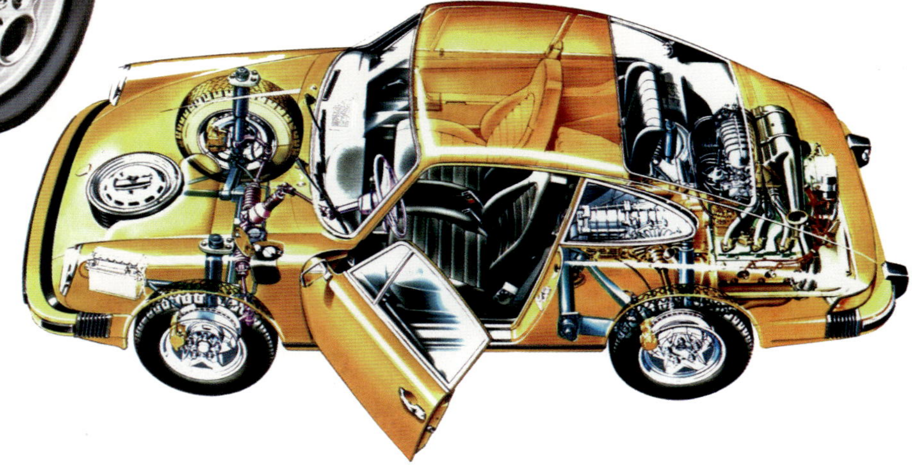

1973—1977年保时捷（Porsche）911 S 2.7跑车

299

图解汽车大百科 精装珍藏版

第一代宝马3系

→1968年宝马（BMW）推出的2002车型受到了欧美消费者热烈的追捧，这款车的操控性广受赞誉。1975年5月，用于取代2002车型的宝马3系面世，内部代号为E21，这就是第一代宝马3系。

第一代3系只有双门轿跑版和双门敞篷版两种车型，在上市之初采用了1.6升、1.8升和两种功率调校的2.0升发动机，其中高功率版2.0升发动机的最大功率达到125马力。

1975年宝马320（E21）轿跑车

→梅赛德斯-奔驰（Mercedes-Benz）C111是指以C111平台为基础的一系列概念车。第一款C111于1969年推出，采用玻璃钢车身、3个燃油直喷转子发动机，后来又于1970年增至4个转子发动机，最大功率369马力，最高车速290千米/时。第二款和第三款C111则转而采用柴油发动机，3.0升涡轮增压直列5缸柴油发动机，最大功率230马力，加上车身风阻系数超低，仅为0.191，因此驱动C111概念车达到322千米/时的高速，从而打破多项速度纪录。

超低风阻系数仅0.191

1978年梅赛德斯-奔驰C111-III柴油概念车

→法拉利（Ferrari）512S Modulo是一款概念车，由意大利宾尼法利纳设计，它采用法拉利512的动力系统和底盘，重新打造超低风阻的车身，于1970年的日内瓦汽车展上亮相。此车造型的亮相之一是车后背上的24个洞，可以透视隐藏在下面的法拉利5.0升V12发动机（因此车型号中有"512"）。此V12发动机可输出550马力的功率，驱动法拉利512S Modulo在3.1秒内完成从静止到96千米/时的加速，最高车速更是高达350千米/时。

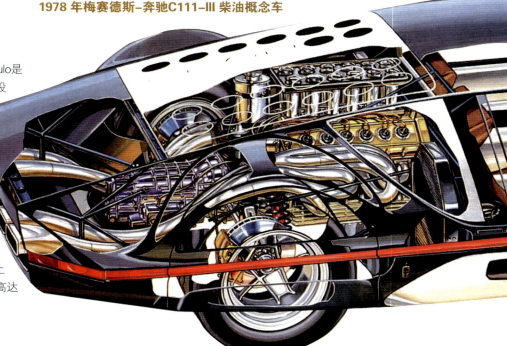

1970—1979年

1978—1981年宝马M1（E26）超级跑车

后方视野必须通过百叶窗

意大利风格的德国跑车

1978—1981年宝马M1（E26）超级跑车

宝马第一款后中置发动机车型

1978—1981年宝马M1（E26）超级跑车

最高车速高达 350 千米/时

←↑宝马汽车的运动部门（BMW Motorsport）成立后，首先就想以宝马3.0升V10发动机进军1979年度的世界跑车锦标赛，但要想参加此赛必须达到最低产量400台的标准，为此宝马找到意大利的兰博基尼进行合作，车身由乔盖托·乔治亚罗（Giorgetto Giugiaro）设计，而原型车打造、性能调校和整车制造等都交由兰博基尼完成。然而在合作执行中兰博基尼遇到财务危机，虽然原型车已打造出来，但性能测试调校及量产生产一拖再拖，最后迫使宝马不得不中断与兰博基尼的合作，带着兰博基尼制造的7辆原型车，重新联合其他部件商于1978年推出量产版的超级跑车M1。这也是宝马第一款后中置发动机车型，第二款是数十年后的混合动力跑车i8。因此，不论是从外观造型还是从底盘设计上，都能看出M1具有明显的意大利风格，甚至极具兰博基尼的特点。

宝马M1的内部代号为E26，它配备3.5升直列6缸发动机，公路版的最大功率273马力，最高车速260千米小时；赛车版M1采用涡轮增压发动机，最大功率高达850马力，堪称恐怖。

1978年公路版的宝马M1被正式推向了市场，不过它的表现并没有想象中的火爆，主要原因就是售价过高，当时宝马M1公路版的售价高达3.5万英镑。到1981年停产前，M1共生产453辆，从而成为现代宝马汽车中最稀有和最有吸引力的车型之一。

1970年法拉利（Ferrari）512 Modulo概念车

经典名车
双门车型（1970—1979）

1970年菲亚特（Fiat）124 敞篷轿车

↓福特Maverick是一款紧凑级轿车，它有两门与四门款。它从1970年投产，一直生产到1977年。当初设计此车的目的是对抗大众甲壳虫以及丰田和本田的小型轿车，但发动机排量并不小，从2.8升到5.0升不等，而且采用后轮驱动。好在此车当初售价较低，只有1995美元，因此取得较大成功。此车从1973年起开始在墨西哥生产，直到1979年才停产。

Maverick 意为"标新立异"，现在它又作为福特一款SUV的名称，中文名为"翼虎"。

↑菲亚特（Fiat）124敞篷跑车采用单体式车身，前置发动机，后轮驱动，2+2座位布置方式。它由宾尼法利纳设计，在1966—1980年间由菲亚特生产，从1983年起又转为宾尼法利纳制造，到1985年停产。此车总产量高达20万辆，其中75%销往美国市场。

1973—1979 年福特（Ford）Maverick 双门轿跑车

→瑞典萨博（Saab）99是一款紧凑型轿车，生产于1968—1984年间，同时在瑞典和芬兰生产，总产量58.8万辆。此车有2门、3门、4门和5门款，直列4缸发动机呈45°倾斜纵置在前端，前轮驱动。

1972年萨博（Saab）99型轿车

1970—1979年

←丰田在1966年推出初代卡罗拉（Corolla），并于1972年增添了双门轿跑车款，并命名为卡罗拉Levin。就是说，Levin是卡罗拉的双门轿跑款，它并不是一个独立的车系。卡罗拉Levin从1972年开始生产，一直生产到2000年。

卡罗拉Levin有双门款和三门款，最初采用前置发动机、后轮驱动形式，后来改为前置发动机、前轮驱动形式。Levin在古英语中意为"闪电"，现在丰田把在中国广汽丰田生产的美国版卡罗拉称为雷凌（Levin）。

1977年丰田卡罗拉（Corolla）Levin GT

←庞蒂克（Pontiac）GTO制造于1964—1974年间。虽然此前已有"肌肉车"（Muscle Cars）这一说法，但庞蒂克GTO被公认为是第一款真正意义上的肌肉车，它功率强劲，车身线条有力。

1974年庞蒂克推出第3代GTO，它采用5.7升V8发动机，最大功率200马力（150千瓦）。据当时的汽车杂志所做的测试，第3代GTO的0—96千米/时加速时间为7.7秒。第3代GTO只生产一年就停产了，一直到2004年才推出第4代GTO。

1972年庞蒂克（Pontiac）GTO双门轿跑车

→↓斯柯达（Skoda）110R是一款后置发动机、后轮驱动的轿跑车，它在1970—1980年间由捷克斯洛伐克的AZNP制造，总产量56902辆。

斯柯达110R采用1.1升直列4缸发动机，配备4速手动变速器，0—100千米/时加速时间为18.5秒，最高车速145千米/时。

1970—1980年斯柯达（Skoda）110R双门轿跑车

图解汽车大百科 精装珍藏版

经典名车
四门轿车（1970—1979）

进入20世纪70年代，汽车造型由流线形逐渐趋向"方盒子"化，尤其是四门三厢轿车造型，见方见棱，连前照灯、尾灯等都是方形设计。不仅如此，而且不同品牌汽车的外观造型同质化较为严重，可以说20世纪70年代是汽车设计最不出彩的年代。

1975—1981 沃克斯豪尔（Vauxhall）Cavalier

↑沃克斯豪尔（Vauxhall）骑士（Cavalier）是一款大型家用轿车，它从1975年开始生产，直到20年后即1995年才停产，是一款非常成功的轿车。此车有双门、3门掀背和4门轿车等车身形式，20年间共发展了三代车型，其中第一代采用多款发动机，排量从1.3升到2.0升不等。

沃克斯豪尔标志

现在用标志　　20世纪70年代标志

英国沃克斯豪尔（Vauxhall）汽车标志是一只狮身鹫首兽图案，狮身鹫首兽是希腊神话中半狮半鹫的怪兽。车标中狮身鹫首兽前爪高擎一面旗帜，旗上有沃克斯豪尔英文名的第一个大写字母"V"。此车标寓意沃克斯豪尔汽车勇猛无比、飞驰天下。

↓欧宝（Opel）参议员（Senator）是一款全尺寸豪华轿车，它从1978年生产到1993年停产，共生产了两代车型。由于欧宝只是美国通用汽车的国际分公司之一，因此此车以美国雪佛兰Senator、韩国大宇Imperial、英国沃克斯豪尔（Vauxhall）Royale的名义制造和销售。此车采用前置发动机、后轮驱动，车长4.81米。发动机有多款，其中采用3.0升直列6缸发动机的车型，最高车速高达215千米/时，0—100千米/时加速时间为8.5秒。

1978—1982年欧宝（Opel）参议员（Senator）

1970—1979年

世界第一次在量产车型上采用涡轮增压技术

1976年萨博（Saab）99四门轿车

←萨博（Saab）99是在1968年推出的，但在1976年推出的99涡轮增压版却开辟了汽车新时代，它采用的2.0升涡轮增压发动机是世界上第一次在大批量生产车型上采用涡轮增压技术。这台发动机有效克服了车用涡轮增压技术中压力振动、旋转部件冷却等技术瓶颈，在排量不变的情况下将功率提升了25%，转矩更是猛增了45%。可以说，萨博99定义了涡轮增压时代。

你知道吗？

萨博汽车标志

瑞典萨博（Saab）汽车标志中间是一个头戴皇冠的"鹫头飞狮"。"鹫头飞狮"是北欧神话传说中的一个英武人物，皇冠代表权利，皇冠下是狮子和怪禽组合而成。

SAAB是瑞典文字Svenska Aeroplan Artie Bolaget的缩写，意为"瑞典飞机有限公司"。

1947年第一辆萨博汽车上的标志

1963—1964年萨博汽车标志。由于萨博是生产战斗机起家，因此在SAAB下面保留一个双螺旋桨发动机飞机的图案

1970年雪铁龙（Citroen）GS轿车

↑↓雪铁龙（Citroen）GS是一款小型家用轿车，制造于1970—1986年间，中间没有换代。雪铁龙GS在1970年推出后，由于其拥有较先进的技术、领先的舒适性和安全性以及较佳的空气动力学特性，因而获得1971年欧洲年度车型的称号。

雪铁龙GS有多款发动机，包括4款水平对置4缸风冷发动机，以及1款转子发动机。所有车型均采用前置发动机、前轮驱动方式，有4门及5门掀背式以及旅行轿车等款式。

1971年欧洲年度车型

1970年雪铁龙（Citroen）GS轿车

图解汽车大百科 精装珍藏版

经典名车
豪华汽车（1970—1979）

→XJ系列是英国捷豹（Jaguar）汽车的旗舰车型，是全尺寸豪华轿车，是英国皇家及首相的官方用车。它最早于1968年推出，一直到今天都在生产XJ系列车型。XJ系列采用直列6缸发动机的称为XJ6型，采用V8发动机的称为XJ8型，而采用V12发动机的称为XJ12型。右图是1979年推出的第三代XJ车型，一直生产到1992年。它采用3.4升和4.2升的直列6缸发动机（称为XJ6），以及5.3升的V12发动机（称为XJ12）。

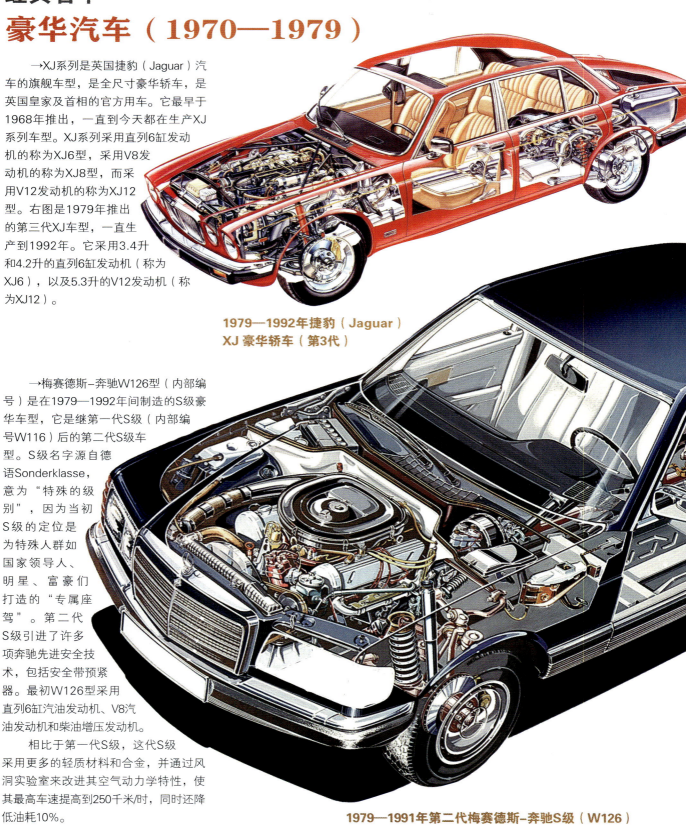

1979—1992年捷豹（Jaguar）XJ 豪华轿车（第3代）

→梅赛德斯-奔驰W126型（内部编号）是在1979—1992年间制造的S级豪华车型，它是继第一代S级（内部编号W116）后的第二代S级车型。S级名字源自德语Sonderklasse，意为"特殊的级别"，因为当初S级的定位是为特殊人群如国家领导人、明星、富豪们打造的"专属座驾"。第二代S级引进了许多项奔驰先进安全技术，包括安全带预紧器。最初W126型采用直列6缸汽油发动机、V8汽油发动机和柴油增压发动机。

相比于第一代S级，这代S级采用更多的轻质材料和合金，并通过风洞实验室来改进其空气动力学特性，使其最高车速提高到250千米/时，同时还降低油耗10%。

1979—1991年第二代梅赛德斯-奔驰S级（W126）

1970—1979年

1973—1990年劳斯莱斯幻影（Phantom）VI Landaulette款

你知道吗？

Landaulette 车身形式

Landaulette或Landaulet是指一种车身形式，这种车身的前部是硬顶，从车前看与普通车顶无异，但车顶的后部却是可以打开的软篷。这种车身形式常用于超级豪华轿车上，以方便坐在后排的乘员开阔视野和与大自然融为一体。一些检阅车也采用这种设计形式，以方便后排乘员可以站立在行驶的汽车上。

2012年迈巴赫 Landaulette 款

↑劳斯莱斯幻影（Phantom）VI制造于1968—1990年间，共有22年的制造历程。它基于幻影V设计，在1968—1978年间采用6.23升V8发动机，在1979—1990年间采用6.75升V8发动机，轴距3.7米，车长整6米。在22年间幻影VI的总产量只有374辆。

S级名字源自德语Sonderklasse，意为"特殊的级别"，因为当初S级的定位是为特殊人群如国家领导人、名星、富豪们打造的"专属座驾"

↓宝马E23（内部编号）是第一代7系豪华轿车，由当时的宝马首席设计师Paul Bracq操刀打造。它制造于1977—1987年间，然后被E32（内部编号）替代。在10年间第一代7系共生产了28.5万辆。第一代7系只有四门款，前置发动机、后轮驱动，只采用直列6缸发动机，排量从2.5升到3.5升不等。第一代宝马7系的悬架结构为前麦弗逊独立悬架、后半拖曳臂非独立悬架，并采用前置发动机、后轮驱动布局。

第一代7系豪华轿车

1977—1987年第一代宝马7系（E23）

1976年林肯大陆（Lincoln Continental）豪华轿车

←1970年，林肯大陆（Lincoln Continental）推出第五代车型。其外形被重新设计，轴距达到3.231米，车长更是增加到5.918米。最大的变化是侧后门由原来向后开的"自杀门"（Suicide Doors）改为了向前打开的门。它采用6.6升和7.5升的V8发动机，配备3速自动变速器。在今天看来，此车不仅车身庞大，而且发动机排量超高。

第五代林肯大陆一直生产到1979年才被第六代车型所替换，并在1975年曾进行过一次改款。

经典名车
越野汽车（1970—1979）

→梅赛德斯-奔驰G级越野车是由奥地利的麦格纳-斯太尔（Magna Steyr）公司制造、梅赛德斯-奔驰销售的一款中型豪华越野车。它由梅赛德斯-奔驰于1973年开始设计并进行样车测试，从1979年开始在奥地利生产，一直到今天其基本造型都没有变化，其"方盒子"外观设计是其两大特点之一，另一个特点是装备有三把差速锁（前、中、后），使其拥有非常高的越野能力。

其实奔驰G级越野车是在伊朗原国王（当时是戴姆勒-奔驰公司的大股东）的建议下开发的，其初衷是为军队提供一种能在沙漠等恶劣环境下使用的车辆。

车身"大梁"

1979年梅赛德斯-奔驰 280 GE（W460）

陆地巡洋舰（Land Cruiser）的中文名现已变更为"兰德酷路泽"

1979年丰田陆地巡洋舰（FJ41L）

→↑陆地巡洋舰（Land Cruiser）是由日本丰田汽车公司生产的一款四轮驱动汽车。其研发工作始于1951年，于1954年投产，有硬顶、软顶甚至多功能货车等衍生车款。陆地巡洋舰因其全尺寸、非承载式车身、四轮驱动等技术特点以及高可靠性和耐用性受到广泛欢迎。丰田陆地巡洋舰（Land Cruiser）最初的编号是用BJ和FJ（1951—1955），后来换代时采用J20、J30、J40（1960—1984）、J50（1967—1980）、J60（1980—1989）、J70（1984年至今）、J80（1990—1997）、J100（1998—2007）、J200（2007年至今）来代表每代车型，而每代车型中更细分的车款则用FJ41、FJ55、FJ62、FJ75等来区分。

陆地巡洋舰J40采用3.9升和4.2升直列6缸汽油发动机以及5款柴油发动机，最初配备3速手动变速器，后来又改为4速和5速手动变速器。为了保证越野能力，轴距只有2.285米，车长仅3.84米。

越野性能较高的车辆一般都采用非承载式车身，也就是有"大梁"的车身

1973 年丰田陆地巡洋舰（Land Cruiser）软顶越野车（BJ40L）

1970—1979年

1972年铃木吉姆尼（Jimny）
（LJ20）微型四驱车

←日本铃木吉姆尼（Jimny）是一款微型四驱车。第一代吉姆尼从1970年开始生产，两门车身，最初的LJ10车采用0.359升排量的两缸二冲程风冷式发动机，最大功率也只有25马力（18千瓦），最高车速仅75千米/时。

1972年吉姆尼进行改款，其型号也改为LJ20，发动机改为水冷，功率增大到28马力，最高车速提高到80千米/时。

1971—1985年路虎（Land Rover）系列III越野车

1971—1985年路虎
（Land Rover）系列III越野车

←↑英国路虎（Land Rover）系列III与系列IIA型的车身造型及动力系统没有大的区别，但销量却提高很多。路虎系列III从1971年开始生产到1985年被路虎90替换，共生产44万辆。系列III也是路虎史上寿命最长的车型。系列III采用2.6升直列6缸和3.5升V形8缸汽油发动机，还有两款柴油发动机车型。路虎系列III的轴距只有2.235米，车长3.617米，车宽仅1.676米。

1978年大众Iltis 军用四驱车（183型）

←德国大众（Volkswagen）183型越野车又称Iltis（德语"臭猫"），是一款由德国大众汽车制造的军用四轮驱动车辆。此车从1978年开始制造，到1988年停产，共制造9647辆，主要都配备给德国军方。它采用1.7升直列4缸汽油发动机和1.6升直列4缸柴油发动机。汽油机的压缩比只有8.2：1，可以使用较低辛烷值的汽油。四轮驱动档位通过装置在地板上的一个操纵杆操作。

1978年大众（VW）Iltis 军用四驱车（183型）

经典名车
掀背汽车（1970—1979）

1976年英国罗孚（Rover）3500五门轿车

↑↓罗孚（Rover）3500是五门掀背式轿车，它采用3.5升V8发动机，最大功率102千瓦，配备3速自动变速器。此车风阻系数为0.39，0—100千米/时加速时间12.4秒，最高车速175千米/时。此车在1976—1986年间生产，总产量32.9万辆。

1972年蓝旗亚（Lancia）Beta掀背轿车

↑蓝旗亚（Lancia）Beta是蓝旗亚被菲亚特在1969年收购后推出的第一款新车型。Beta有多种车身形式，采用1.3升到2.0升不同排量的多款4缸发动机，从1972年生产，一直到1984年才停产。

1976年英国罗孚（Rover）3500五门轿车

1975—1988年欧宝（Opel）Manta双门轿跑车

1970—1979年

1978年菲亚特Ritmo 五门掀背款

↑菲亚特Ritmo是一款小型家用车，有三门掀背款、五门掀背款以及两门敞篷款。此车从1978年开始生产，一直到1988年才被菲亚特Tipo替换。此车也在西班牙和埃及组装，加上在意大利本土的产量，其总产量高达179万辆。

1972年雪铁龙GS Camargue概念车

↑雪铁龙（Citroen）GS Camargue是一款概念车，1972年在日内瓦车展上亮相。此车由博通为雪铁龙设计，双门轿跑车，2+2座位设计，这也是博通与雪铁龙的首次合作。正因这次成功合作促使后来博通为雪铁龙设计出更成功的掀背车型雪铁龙BX。

1974年萨博（Saab）99 Combi Coupe

Combi 意为"旅行轿车"，Coupe 意为"轿跑车"，Combi Coupe 组合在一起就是"旅行轿跑车"

←↑萨博（Saab）99Combi Coupe是一种很特别的车身造型，它结合掀背式轿车与旅行轿车的车身造型，不仅后背呈流线形，而且行李箱空间较大，因此此车称为Combi Coupe，其中Combi意为"旅行轿车"，Coupe意为"轿跑车"。如果要给这样的车型起名子，可以称为"旅行轿跑车"。

1974年萨博（Saab）99 Combi Coupe

←欧宝（Opel）Manta是制造于1970—1988年间的一款后轮驱动的轿跑车。它采用1.2升、1.6升和1.9升发动机，配备3速自动或4速手动变速器。其掀背式造型非常优美，车身线条流畅。由于后掀背较大，因此当行李箱盖打开时会高高举起。

掀背式旅行轿车的装载能力非常强

经典名车
微型汽车（1970—1979）

→↓大众甲壳虫（Beetle）自推出后每年都在改进，而且针对不同市场会推出不同配置的车款。

1971年，发动机排量由1.5升增大到1.6升，最大功率提升到60马力。通过改进，设在车头部的行李箱空间也增大了近50%。麦弗逊前悬架也进行了改进。

1972年，甲壳虫汽车的后风窗面积增大了11%，前制动盘的直径也有所增大，以提高汽车的安全性能。

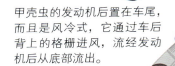

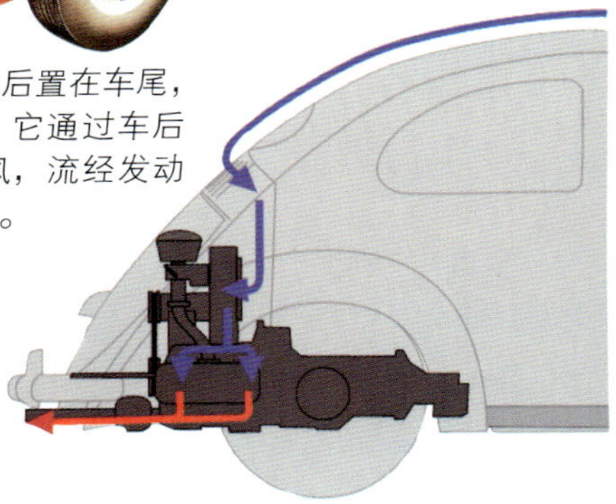

甲壳虫的发动机后置在车尾，而且是风冷式，它通过车后背上的格栅进风，流经发动机后从底部流出。

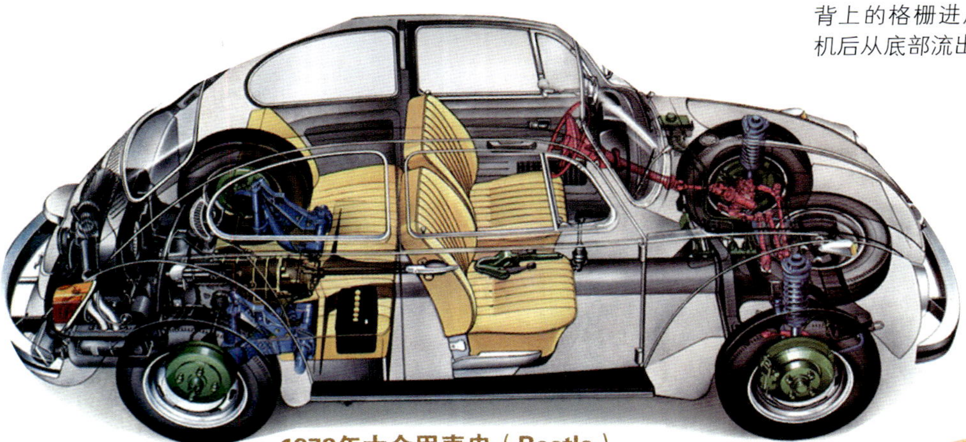

1972年大众甲壳虫（Beetle）

→20世纪70年代，全球爆发能源危机，欧洲市场对精致小车的需求日益增长。在此环境下，福特推出了一款更加贴近普通消费者的前置前驱微型车嘉年华（Fiesta）。嘉年华最早于1976年推出，第一代生产到1983年。它在西班牙、英国和德国生产。最初嘉年华采用0.95升和1.1升发动机，每种排量的发动机还分有高功率与低功率款，最高车速为145千米/时。

嘉年华成为当时欧洲最受欢迎的微型轿车之一。目前，它在欧洲、巴西、阿根廷、墨西哥、委内瑞拉、中国、印度、泰国和南非等地制造及销售，迄今它的全球累计销售总量已超过了1500万辆。

1976年福特嘉年华（Fiesta）

1970—1979年

1972年菲亚特（Fiat）126超微型轿车

←菲亚特126是在1972年都灵车展上亮相的一款超微型车，以替换之前的菲亚特500。此车堪称"神车"，它后来在波兰以126P的名义生产和销售，直到2000年才最终停产。

菲亚特126是由菲亚特500改进而来的，因此它也采用后置风冷发动机、后轮驱动。最初推出时其发动机排量仅为0.6升，而且只有两个气缸。1977年将发动机排量增至0.652升，但最大功率仍为23马力，只是最大转矩由39牛·米提高到43牛·米。菲亚特126的轴距只有1.84米，车长3.054米，净重580~619千克。菲亚特126及在波兰生产的126P的总产量接近600万辆。

→1971年4月，菲亚特推出了127微型轿车，它是菲亚特850的继任者。作为菲亚特首款前置前驱小型掀背车，它的诞生迅速得到了消费者的一致好评。

菲亚特127配备一台0.903升直列4缸发动机，有两门款和三门掀背款车型。车长只有3.645米，净重688千克。

1972年，菲亚特127还获得了欧洲年度最佳汽车的称号。

菲亚特127一直生产到1983年，才被菲亚特Uno所替换。

1971—1977年菲亚特（Fiat）127

←大众Polo是由博通参与设计的一款微型轿车，它与奥迪50是共平台，两款车之间的差别非常小，但奥迪50一直卖得不好，而大众Polo却非常畅销。

Polo采用0.8升、0.9升、1.1升和1.3升排量的发动机，配备4速手动变速器，有两门款和三门掀背款两种车身造型。第一代Polo从1975年开始生产，到1979年换代。

1975年大众（VW）Polo微型轿车

1973—1982年大众（VW）Brasilia轿车

←大众Brasilia是一款后置发动机的紧凑级轿车，它于1973—1982年间在巴西生产并销售。它是在巴西为替代甲壳虫车型而推出的车型。它与甲壳虫车型一样采用1.6升排量的水平对置风冷式发动机，而且也是后置发动机、后轮驱动。此车差不多是最后一款将发动机放置在车尾的小型轿车。

1980—1989年
奇葩争艳

方盒子式汽车仍占主流,但奇葩汽车层出不穷。

汽车简历（1980—1989）

1980年 日本汽车年产量达到1140万辆，首次超过美国，成为世界上最大的汽车生产国。

1981年 福特在其轿车两侧装上机翼，改装了3辆"会飞的汽车"。

1981年 日本研制出原地转向汽车。

1981年 路特斯独特的双底盘赛车被禁赛。

1981年 德劳瑞恩（DeLorean）汽车是第一款，也是唯一一款不锈钢车身的汽车。

1982年 奥迪100汽车的风阻系数仅为0.30，为当时最低。

1982年 大众甲壳虫汽车累计总产量超过福特T型车产量。

1983年 理查德·诺布尔的喷气式"推力2号"汽车创下1019千米/时的最高车速纪录。

1983年 宝马的4缸F1赛车最大功率达到1000马力。

1984年 中国汽车行业第一家合资企业北京吉普汽车有限公司成立。

1985年 第一届太阳能汽车赛在瑞士举行。

1985年 中德合资上海大众汽车有限公司成立。

1985年 为对抗日本廉价轿车的入侵，美国通用汽车公司成立土星分部。

1986年 宝马展出Z1型赛车，车身采用塑料车身，升降车门。

1987年 五十铃在东京车展上展出陶瓷柴油发动机。

1987年 韩国汽车年产量达到97.6万辆。

1988年 丰田汽车公司在美国的工厂投产。

1988年 庆祝法拉利汽车40周年的法拉利F40推出。

1989年 大众开发成功电力、柴油混合动力汽车。

经典名车

赛车（1980—1989）

→保时捷（Porsche）924GTP赛车是在道路版跑车924的基础上为参加1980年的勒芒耐力赛改造的，总产量只有3辆。主要改进项目包括加宽车体，将车重由1180千克降低到945千克，将涡轮增压器的增压值加倍从而将最大功率由210马力提升到320马力。保时捷924GTP采用源自奥迪的2.0升直列4缸发动机，博世燃油喷射系统，配备5速手动变速器，齿轮齿条式转向器，前纵置发动机、后轮驱动，最高车速282千米/时。

1980年保时捷（Porsche）924GTP勒芒赛车

↓保时捷（Porsche）962是为替代956参加国际汽车运动协会（IMSA）GTP赛而设计的，它首秀于1984年的迪通纳（Daytona）24小时耐力赛，但因发动机和变速器故障而退赛。为参加1985赛季的世界耐力锦标赛而重新打造的962C，采用3.0升双增压6缸水平对置发动机，最大功率750马力，并且可以连续运转26小时（包括2小时测试和24小时比赛）。在1985赛季的勒芒赛中取得了亚军。从1986赛季开始，保时捷962开始统治勒芒、迪通纳和IMSA及FIA的多个赛场。

1984年保时捷（Porsche）962C赛车

1980—1989年

↓这是1981年日产（Nissan）公司达塔桑（Datsun）Silhouette IMSA方程式赛车。其中Silhouette有"影子""轮廓"之意，在赛车术语中是指"拥有与量产汽车一样的外观，但机械构造、性能和用途却不同的赛车"，堪称是披着羊皮的狼。打造这种赛车的目的是让量产车与赛车之间有一个明确的联系，以使制造商借助赛车所取得的成绩来提升量产车型的销售，同时也让观众方便识别赛车。

IMSA是International Motor Sports Association的缩写，意为"国际汽车运动协会"，是指曾在北美举行的一种方程式系列赛，现此赛事已停办。

"影子赛车"是指拥有与量产汽车一样的外观，但机械构造、性能和用途却不同的赛车

1981年达塔桑（Datsun）Silhouette IMSA方程式赛车

→↑奥迪（Audi）quattro最早亮相于1980年3月的日内瓦车展，一直生产到1991年。在奥迪quattro出世之前，四轮驱动只能在越野车上见到。奥迪1980年推出的quattro车型，是世界首辆采用四轮驱动的批量生产型轿车，其抓地力要比两轮驱动的轿车高近一倍，从而使轿车的通过性及安全性有质的飞跃。

奥迪quattro采用直列5缸发动机，但其排量在1980年推出时仅为2.1升，到1987年扩大为2.2升。发动机纵置在车前部，四轮驱动。

依靠其非凡的全时四轮驱动，奥迪quattro纵横世界拉力赛场，勇夺1982年世界汽车拉力赛车厂总冠军、1983年车手总冠军，1984年又包揽车手、车厂世界总冠军，一时很难找到对手。

"quattro"一词源自意大利语"四"，现在"quattro"特指奥迪四轮驱动技术和四轮驱动系统。

世界首辆采用四轮驱动的批量生产型轿车

1980年奥迪（Audi）quattro拉力轿车

1980年奥迪（Audi）quattro拉力轿车

317

↑ 为了参加勒芒耐力赛，英国TWR车队与捷豹（Jaguar）合作开发了一辆名为XJR-6的C组赛车，采用6升V12自然吸气发动机，最大功率高达650马力，并采用碳纤维单壳体式车身。此车在1986年银石1000千米耐力赛上获得冠军。

1985年捷豹（Jaguar）XJR-6 耐力赛车

→ 与其他品牌的"影子赛车"（Silhouette Car）一样，意大利蓝旗亚（Lancia）德尔塔（Delta）S4拉力赛车与蓝旗亚德尔塔道路版轿车没有共享任何部件，其机械结构也完全不一样。道路版德尔塔采用前置发动机，而赛车版德尔塔采用中置发动机，并且是第一款采用机械增压和涡轮增压两种增压器的车型，因此虽然赛车版德尔塔的发动机排量只有1.759升，但最大功率竟然高达480马力。采用双增压的主要目的还是为了减轻涡轮增压在低转速时的迟滞现象，从而可以在低转速时也拥有较大的转矩。

赛车版德尔塔S4在1985年和1986年共参加12场世界拉力锦标赛（WRC），总计赢得其中的5场胜利。

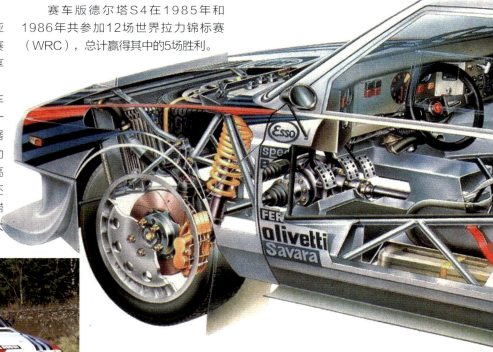

1986年蓝旗亚（Lancia）德尔塔（Delta）S4 拉力赛车

1980—1989年

1983—1985年蓝旗亚（Lancia）LC2 耐力赛车

1983—1985年蓝旗亚（Lancia）LC2 耐力赛车

←↑意大利蓝旗亚（Lancia）LC2是一款由蓝旗亚制造但装备法拉利发动机的耐力赛车，它的最直接对手是保时捷956赛车。此车采用2.6升和3.0升V8双增压中置发动机，配备5速手动变速器，前后都采用双叉臂式悬架，最高车速高达352千米/时，堪称当时跑得最快的汽车。LC2共参加51场比赛，但只赢得其中3场胜利。

故事传奇
四环沉浮 奥迪汽车历史

奥迪的前身——汽车联盟股份公司（Auto Union AG）于1932年由老奥迪、DKW、霍希和漫游者四个独立的汽车制造公司合并而成，四环标志就代表这四个公司。对于今天的奥迪来说，它们是奠基石。

四环之一：霍希公司

19世纪末，德国已经出现一些汽车制造商，其中一个就是于1899年11月14日在科隆建立的霍希公司（Horch）。创始人奥古斯特·霍希（August Horch）是汽车工程方面的先驱者，他在自己创办公司之前，在曼海姆的卡尔-奔驰公司担任了三年汽车制造部经理的职务。在德国，霍希是将铸铝技术用于汽车发动机和变速器壳制造以及制作万向轴及高强度钢齿轮的第一人。

四环之一：奥迪公司

因与董事会和监事会之间存在分歧，奥古斯特·霍希于1909年离开了由他创立的霍希公司，随即在茨维考成立了另一家汽车公司。由于"霍希"的名字已被原来的公司使用，且已被注册为商标，因此霍希将他的名字翻译成拉丁文"Audi"（"Audi"和"Horch"的词义同为"听"），于是新公司有了奥迪（Audi）这个名字。

1910年，第一辆奥迪牌汽车出现在市场上。1912年至1914年之间，在世界上公认的最艰难的长距离汽车拉力赛——国际奥地利阿尔卑斯汽车拉力赛中，奥迪汽车连连夺冠，赢得特别赞誉。第一次世界大战后，奥迪首创汽车方向盘左置技术，并将变速杆移至汽车中部，使得驾驶更为方便。从此，奥迪在众多汽车品牌中脱颖而出。

1923年，第一辆6缸奥迪汽车问世。该车有一个空气滤清器，这在当时是开先河之举。几年后，空气滤清器成为汽车的必备装备。同时，奥迪在德国汽车制造厂家中率

奥古斯特·霍希（1868—1951）

先应用了奥迪独家设计制造的液压四轮制动系统。

四环之一：DKW公司

乔尔根·斯卡夫特·拉斯姆森出生于丹麦，曾在米特韦达学习工程。1916年他开始进行蒸汽驱动的汽车实验。尽管没有通过这些实验制造出一些特别的车型，公司却由此确定其名称为DKW（"蒸汽驱动汽车"的德文Dampf Kraft Wagen缩写）。

四环之一：漫游者公司

1885年，机械技工约翰·巴珀提斯特·温克霍芬和理查德·阿道夫·杰尼克，在开姆尼斯开了一家自行车修理行。不久，他们看到自行车需求量很大，就开始自己生产自行车。他们生产的自行车取名为漫游者（Wanderer）。1896年，公司

↓1926年秋季，霍希（Horch）公司在柏林汽车展上推出霍希8型汽车。此车由保罗·戴姆勒（汽车发明人戈特利布·戴姆勒的儿子）开发，它采用8缸直列发动机，是全德国第一例。其先进的技术、高水平的性能和极佳的可靠性，使其成为当时全德国汽车工业品质的典型代表。

1934年霍希（Horch）8型敞篷轿车

1980—1989年

1932年四家汽车公司组成汽车联盟

奥迪标志演变

由于奥迪是由多家公司合并而成的，因此它的标示要追溯到原来的公司。

1932年，包括原奥迪公司在内的四家汽车公司（Audi、Horch、DKW、Wanderer）联合组成一家公司，名为汽车联盟公司（AUTO UNION），公司开始使用四连环的标志。

1969年，汽车联盟与NSU汽车公司合并，成立AUDI NSU汽车公司。

1985年，重新命名为奥迪汽车公司，正式使用四连环标志。

1969年汽车联盟与NSU汽车公司合并，成立AUDI NSU汽车公司

1985年重新命名为奥迪汽车公司，正式使用四连环标志

改名叫"漫游者有限公司"。

漫游者公司1902年制造出第一辆摩托车。造汽车的想法虽由来已久，但直至1913年方成为现实，其较早推出的双座汽车取名叫帕比辰（Puppchen），正是这辆汽车开辟了一个跨越几十年的新时代。

四合一：汽车联盟

1932年6月29日，在萨克森国家银行的主导下，奥迪公司、霍希公司、DKW合并成立了汽车联盟（Auto Union）。同时，它们与漫游者签订了购买和租赁合同，将漫游者公司汽车部纳入到汽车联盟麾下。新公司的总部设在开姆尼斯。

合并后，汽车联盟成为德国第二大汽车生产厂家。公司的四环标志象征着四个创始公司之精诚团结。它们各自的品牌名称——霍希、奥迪、DKW和漫游者予以保留。在集团内部，这四个品牌定位在四个特定的市场：霍希生产顶级豪华汽车，奥迪生产高档轿车，DKW负责生产摩托车和小型轿车，漫游者生产中型轿车。

战争与清算

第二次世界大战的爆发终止了汽车联盟自身的发展，最后一辆民用汽车是在1940年制造的。从那以后，汽车联盟被迫按官方指示进行生产，其生产的车辆只用于军事。

汽车联盟维持了16年，其最后的三年几乎只是等待被清算。在那之前的六年中，战争几乎使其汽车经营处于瘫痪状态。

1945年，第二次世界大战结束后，汽车联盟被苏联占领军没收，公司的精英遂转移到巴伐利亚，并于1949年在英戈尔施塔特建立了新汽车联盟，以复兴四环标志所代表的生生不息的传统。

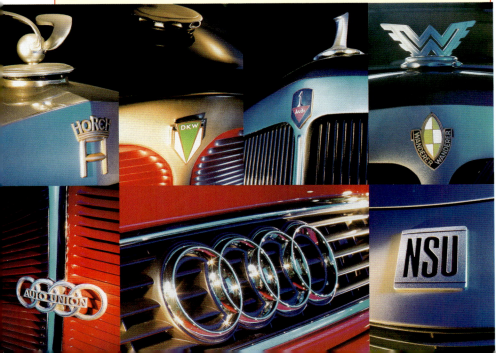

1965年，新汽车联盟的一款新产品，也是战后生产的第一款四冲程发动机汽车投放市场。为纪念这一历史性的时刻，人们煞费苦心地琢磨着给新产品取个好名字，于是传统品牌——奥迪开始重新闪亮。

被戴姆勒-奔驰收购

1954年，新汽车联盟因巴伐利亚大罢工额外支出92万德国马克。导致汽车联盟陷入财务危机，钢铁巨人Friedrich Flick趁机收购了汽车联盟股份公司的部分股权。1957年，Flick建议戴姆勒-奔驰并购汽车联盟。那时，他拥有新汽车联盟40%的股份，拥有戴姆勒-奔驰25%的股份。他的想法得到了瑞士富豪Ernst Gohner的支持，他拥有新汽车联盟41%的股份。

1958年4月24日，戴姆勒-奔驰公司仅以4100万马克的价格收购了汽车联盟88%的股份。一年以后，1959年，新汽车联盟剩下的股份也出售给了戴姆勒-奔驰公司。这次收购使戴姆勒-奔驰公司再次成为联邦德国最大的汽车制造商。

又被转卖给大众汽车

1958年底，新汽车联盟在英戈尔施塔特有3700名员工；一年以后，员工数量增至5700人，新汽车联盟发展比较顺利。但从1962年起，新汽车联盟的生产和销售却都处于低迷状态。特别是1964年，新汽车联盟面临严峻的财政危机。戴姆勒-奔驰公司尽管实力强大，但由于新汽车联盟的财政问题难以解决，因此，新汽车联盟又被转售给了德国大众汽车公司。

从1964年起，新汽车联盟的所有权分几个阶段出售给了大众汽车股份公司。截至1966年，大众汽车公司共花了2.97亿德国马克而拥有新汽车联盟的全部股份。

不得已与NSU合并

新汽车联盟被大众汽车收购后免遭了破产，但大约3万辆未出售的DKW汽车成了垃圾。这时大众汽车公司的甲壳虫系列成了新汽车联盟的救星：从1965年5月至1969年7月，在英戈尔施塔特大约组装了34.8万辆大众甲壳虫系列汽车。

从1965年8月，新奥迪汽车投放市场以后，新汽车联盟开始慢慢走出困境。然而好景不长，1966年和1967年，德国突然遭遇经济大萧条。为了应对经济危机，1969年3

1968年推出的奥迪100取得了巨大成功，原计划生产10万辆的奥迪100卖出了80万辆。奥迪100重新确立了奥迪品牌的地位，"四环标志"重新绽放出光芒

1968年奥迪100（C3）轿车

1980—1989年

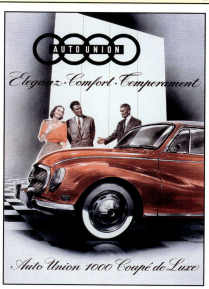

1983—1987年奥迪200 quattro四驱轿车

月,新汽车联盟与NSU汽车公司于1969年1月1日正式合并。合并后奥迪和NSU汽车的产量稳步增长,直到1973年的石油危机初露端倪。1974年,全球经济的衰退对汽车市场也产生了负面冲击,公司不得不大幅度裁员。

终于走上正道

1977年3月,最后一辆NSU R80汽车离开生产线,这标志着具有一百多年历史的NSU品牌完成了使命。从那以后,新汽车联盟所有生产的汽车都是奥迪品牌。

1980年,奥迪独家技术——quattro全时四驱系统推出,第一批量产全时四驱轿车引起了轰动。随后,奥迪通过参加赛车活动,考验quattro全时四驱系统的各项性能。1982—1984年,奥迪quattro四驱汽车在世界拉力赛赛场捷报频传。

1985年1月1日,奥迪-NSU汽车股份公司重新命名为奥迪汽车股份公司。

1986年秋天,全电镀车身的新奥迪80型汽车投放市场,这种技术能保证汽车10年不生锈。1988年,奥迪第一辆3.5升V8发动机和四气门豪华型轿车——V8型轿车首次亮相,标志着奥迪开始重返顶级豪华轿车市场。

在1993年秋天东京汽车展上,奥迪展示了世界第一辆采用全铝车身框架结构(ASF)的汽车,宣布了一个全新汽车时代的开始。

1994年3月,作为奥迪V8型轿车的改进车型,全铝车身的奥迪A8首次公开亮相。随着奥迪A8的问世,奥迪对车型系列的命名开始改变。同年夏天,奥迪A6投放市场,而新款奥迪A4也于当年11月投放市场。

1995年秋天,奥迪亮出了另一张王牌——TT跑车,该车型成功地将独特设计与现代时尚特征和成熟的技术结合在一起。从此,奥迪在大众汽车集团的庇护下,走上了稳步发展道路,并在德国豪华汽车制造业中站稳了脚跟。

开始在中国组装奥迪

1986年,奥迪公司与中国进行首次正式接触,开始在长春与一汽共同进行一项技术可行性研究。在此后两年中,奥迪轿车的技术开发工作继续进行,并于1988年授予一汽生产许可证,当年共组装了499辆汽车。

经典名车
跑车（1980—1989）

为了庆祝1987年法拉利40周年大庆，将新车命名为F40

↓法拉利F40是一款中置发动机、后轮驱动的双门超级跑车，生产于1987—1992年。它是为替代法拉利288 GTO而研发的，采用3.0升V8发动机，本来按照法拉利的命名方式，新车应叫308GTO，但为了庆祝1987年法拉利40周年大庆，就将新车命名为F40。

F40的车身由宾尼法利纳设计。发动机配备两个涡轮增压器后，最大功率由原来的240马力提升到478马力，配备5速手动变速器，0—100千米/时加速时间为4.7秒，最高车速321千米/时。

1987年法拉利（Ferrari）F40超级跑车

1984年法拉利（Ferrari）特斯塔罗萨（Testarossa）

↑法拉利（Ferrari）特斯塔罗萨（Testarossa）是从1984年开始投产的一款超级跑车，它是替代法拉利Berlinetta Boxer的车型。它由宾尼法利纳（Pininfarina）设计。1991年又推出特斯塔罗萨的改型车特斯塔罗萨512 TR和特斯塔罗萨F52 M，并一直生产到1996年。尽管一辆F512 M的售价高达22万美元，但F512 M、512 TR和特斯塔罗萨三款车共售出1万辆，从而成为法拉利最畅销的车型之一。

特斯塔罗萨采用4.9升水平对置12缸发动机，并采用后中置发动机、后轮驱动方式。特斯塔罗萨F512 M是法拉利最后一款采用后中置12缸发动机的车型。

水平对置12缸发动机

特斯塔罗萨的12缸水平对置发动机每气缸4气门，因此一台发动机共有48个气门。发动机采用干式油底壳，最大功率390马力。特斯塔罗萨可以在5.3秒内完成从静止到100千米/时的加速，最高车速290千米/时。

"Testarossa"在意大利语中是"红头"的意思。

1980—1989年

←↓法拉利Mondial是一款中置V8发动机高性能跑车，它的车身由宾尼法利纳（Pininfarina）设计，它有双门款和敞篷款，在1980—1993年间生产。它是法拉利少见的2+2座位车型，直到2008年推出California及2016年推出的GTC4 Lusso才采用2+2四座位设计。

取Mondial这个名字是向20世纪50年代非常成功的车型法拉利500 Mondial致敬。

据称，Mondial敞篷款是仅有的一款采用四座、后中置发动机、全敞篷式设计的车型。

1980年法拉利（Ferrari）Mondial 8 双门硬顶款

1980年法拉利（Ferrari）Mondial 8 敞篷款

1980年法拉利（Ferrari）Mondial 8

↓M系列是宝马运动部门根据量产车型标准款开发的运动车型，如M3就是根据3系标准款重新设计的运动车型，它将3系标准款的发动机、操控系统、悬架系统、制动系统、空气动力学车身部件、轻量化部件以及内饰和外观附件进行运动化加强设计，使之运动性能有所提高，然后冠以M系参加比赛或进行销售。

第1代M3于1985年推出，它是在1986款3系（E30）标准款基础上打造的，采用宝马S14型发动机，2.3升直列4缸发动机可输出300马力的最大功率；1990年又改用2.5升改进型发动机，最大功率高达380马力。第1代M3在1992年停产。

第1代宝马M3

1985年宝马M3 DTM版（E30）

经典名车
奇葩车（1980—1989）

全不锈钢车身，全球独一无二、空前绝后

由于发动机放置在车后部，因此车头较轻，前后重量分配比为35：65

1981—1983年德劳瑞恩（DeLorean）DMC-12超级跑车

↓↑德劳瑞恩（DeLorean）是一家神秘的美国汽车公司，它只制造了一款车型，即DeLorean DMC-12超级跑车。此车制造于1981—1983年间，由于其车身覆盖板采用不锈钢板、鸥翼式车门，使其成为独一无二的超级跑车，并因此在《回到未来》电影中作为时间机器而被人熟知。

德劳瑞恩DMC-12采用后置发动机、后轮驱动，其发动机是PRV（Peugeot Renault Volvo的简称，即标致、雷诺、沃尔沃合作生产）的2.85升V6发动机，最大功率170马力。其实它原本更想采用雪铁龙的转子发动机。

DMC-12的外观造型由意大利的乔治亚罗设计，而其车身结构则由英国的路特斯（Lotus）设计，包括那个鸥翼式的车门。

DMC-12的制造工厂设在北爱尔兰，生产非常不顺利，1976年就设计出了原型车，但直到1981年才正式投产。正当生产和销售刚走上正轨时，德劳瑞恩公司创始人约翰·德劳瑞恩（John DeLorean）因涉嫌贩毒而被捕，随即公司轰然破产。虽然随后被证实他是清白的，但这一切都太晚了，DMC-12的生产再也无法恢复了。DMC-12总计只生产了8583辆。

约翰·德劳瑞恩原是美国通用汽车的设计师，许多肌肉车都出自他手，包括著名的庞蒂克GTO等。

车门上集成了太多的东西，包括电动机、门锁、玻璃和扬声器等

DMC 汽车标志

1981—1983年德劳瑞恩（DeLorean）DMC-12超级跑车

1980—1989年

↓ Thrust 2是一款用于创造陆上速度世界纪录的喷气式汽车，由英国SSC项目公司打造。它在1983年创造了1047.49千米/时的最高陆上速度纪录（打破了之前的1019.468千米/时的纪录），并将此纪录一直保持到1997年，直到被Thrust SSC喷气汽车打破（最高速度1228千米/时）。

Thrust2由英国罗尔斯·罗伊斯（Rolls-Royce）的一台喷气发动机驱动。

"劳斯莱斯"和"罗尔斯·罗伊斯"均由英文Rolls-Royce翻译而来。罗尔斯·罗伊斯公司是欧洲最大的航空发动机生产商。就是罗尔斯·罗伊斯公司将旗下的汽车品牌"劳斯莱斯"在1999年卖给了宝马。

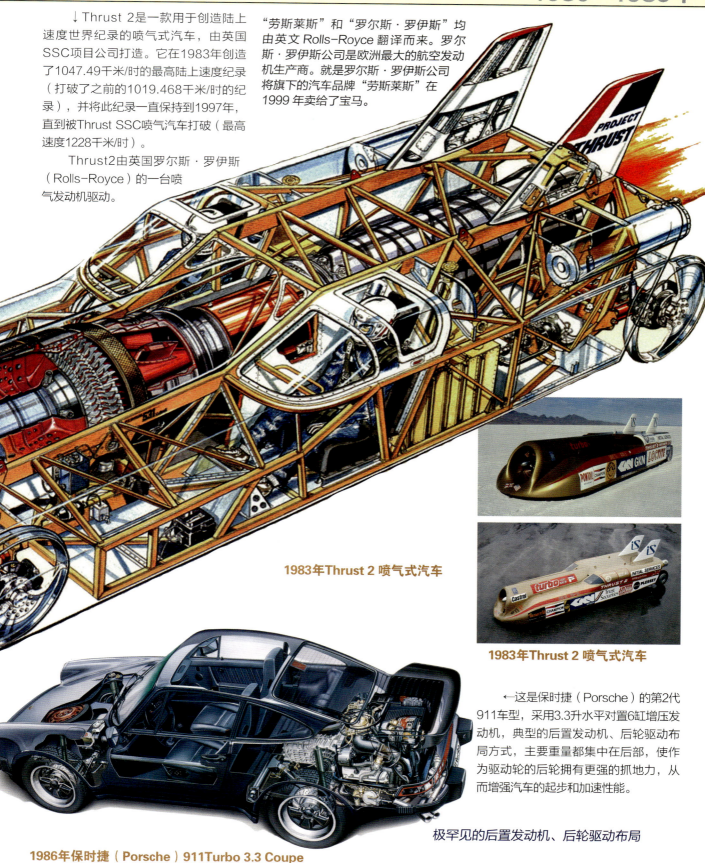

1983年Thrust 2 喷气式汽车

1983年Thrust 2 喷气式汽车

←这是保时捷（Porsche）的第2代911车型，采用3.3升水平对置6缸增压发动机，典型的后置发动机、后轮驱动布局方式，主要重量都集中在后部，使作为驱动轮的后轮拥有更强的抓地力，从而增强汽车的起步和加速性能。

极罕见的后置发动机、后轮驱动布局

1986年保时捷（Porsche）911Turbo 3.3 Coupe

经典名车
轿车（1980—1989）

→丰田第7代皇冠（Crown）生产于1983—1987年。它采用2.0升、2.8升和3.0升的直列6缸汽油发动机，以及两款2.4升的柴油发动机，配备4速自动变速器，采用四轮ABS（防抱死制动系统）。这一代皇冠有两款车身，其中最长款的车长为4.86米，轴距都是2.72米。

1983—1987年丰田皇冠（Crown）Royal Saloon（S120）轿车

↓菲亚特（Fiat）Croma是一款五门掀背轿车，别看它的外形像是四门轿车，其实它的后风窗连同行李箱盖可以一同掀开，因此称其为5门轿车。在这同一平台上共诞生四兄弟，除了菲亚特Croma，还有萨博9000、蓝旗亚Thema以及阿尔法·罗密欧164。菲亚特Croma的车身造型由乔治亚罗（Giorgetto Giugiaro）设计，方方正正，具有非常强的时代特征。

1985—1989年菲亚特（Fiat）Croma 五门轿车

菲亚特Croma的后风窗连同行李箱盖一同向上掀开，因此称其为五门轿车

1980年大众帕萨特（B2）旅行轿车款

1980年大众帕萨特（B2）五门车款

←→这是第2代帕萨特，因此又称其为B2，也就是大众B级平台第2代车型。第2代帕萨特生产于1981—1989年间。此代比第1代车型稍长些，最大的变化是前照灯，并且与其同平台姊妹车型奥迪80的外形特征的区别也是越来越大。第2代帕萨特在1985年进行了一次小改款。上海大众引进生产的第1代桑塔纳就是源自大众帕萨特第2代（B2）车型。

1980年大众帕萨特（B2）四门车款

1980—1989年

→菲亚特乌诺（Uno）是一款微型家用轿车，它是用来替代菲亚特127的，于1983年正式推出。其车身长度只有3.645米，轴距2.362米，车重711千克到910千克。别看它方方正正的，但它的风阻系数只有0.34，使其在保证较大内部空间的前提下还能节省燃油。乌诺由乔治亚罗工作室设计，采用0.9升到1.5升排量的4缸发动机。

1989年，乌诺又推出改款车型，车身造型也焕然一新，不那么方方正正了。由于广受欢迎，乌诺直到1995年才在意大利停止生产，但后来又在巴西生产到2013年。

1989—1995年菲亚特乌诺（Uno）三门款

1987年阿尔法·罗密欧（Alfa Romeo）75型1.8 Turbo

←可能是其方方正正的车身造型最符合20世纪80年代的时尚趋势，因此阿尔法·罗密欧（Alfa Romeo）75型在商业上取得了巨大成功，从1985年开始销售到1992年停产共售出38.7万辆。

75型也是阿尔法·罗密欧被菲亚特收购前推出的最后一款车型。此车只有四门轿车款，前置发动机、后轮驱动，发动机排量从1.6升到2.4升不等，共有8款发动机可以选择。

1986年丰田佳美（Camry）四门轿车（第2代）

Charade 在中国叫"夏利"

1988年大发（Daihatsu）Charade

↓本田第1代思域（Civic）诞生于1972年，最早是一款双门小型轿车。1.169升的发动机横置在前部，前轮驱动。

1983—1987年间制造的是第3代思域。2016年推出的是第20代思域。

↑丰田Camry（中文曾用名：佳美，后改为：凯美瑞）是从1982年开始生产的一款中级轿车，号称是继卡罗拉（Corolla）之后的丰田第二款"世界之车"，因为它也畅销多个国家和地区。

1986年推出第2代Camry（内部编号V20），配备1.8升、2.0升直列4缸发动机，以及2.0升和2.5升的V6发动机。变速器为5速手动或4速自动，车长4.5米。发动机横置在前部，有前轮驱动和四轮驱动款。

↑日本大发（Daihatsu）Charade是一款微型轿车，它制造于1977—2000年间。其实它在中国更出名，1986年9月引进在天津生产，取名"夏利"，成为在中国最畅销的轿车之一，到2009年停产时在中国共生产了250多万辆。

第3代Charade于1987年亮相，1988年就引进中国生产。此车采用0.993升3缸汽油发动机，配备4速手动变速器，两厢五门式车身。

1983年本田 思域（Civic）轿车

经典名车
掀背轿车（1980—1989）

→萨博（Saab）第1代900车型从1978年开始生产，到1993年停产。萨博900是前置发动机、前轮驱动的紧凑型轿车，并搭载纵置式45°倾斜的直列4缸发动机，双叉臂式前悬架，拖曳臂式的后悬架。在全盛时期，萨博900轿车因为其舒适性、安全性、实用性而大受欢迎。

就像其前身萨博99一样，萨博900的个性非常鲜明，很少有前驱车使用纵向发动机，更少使用双叉臂悬架设计。萨博900有着大弧度的前风窗玻璃，提供最佳的驾驶视野，这也是得益于萨博有着制造飞机的基因。

1980年萨博（Saab）900Turbo轿车

↓本田City最早于1981年推出，此车在欧洲称"Jazz"，在中国称飞度（Fit）。本田City采用1.231升直列4缸发动机，1982年又为此发动机增加了涡轮增压器，最大功率提升到100马力，0—100千米/时加速时间为8.6秒。后来又为增压器配置了中冷器，优化了进气效率，并配备更大的增压器，进而使最大功率提升到110马力。

1982年本田雅阁（Accord）掀背款

1982年本田 City 采用增压发动机

1982—1986年本田City Turbo

1980—1989年

→大众（VW）Polo是从1975年开始生产的一款微型轿车，1981年推出第2代车型，到1994年才推出第3代Polo，期间在1990年曾做过一次小改款。到1983年，Polo的累计产量达到100万辆，1986年又达到200万辆。它在与福特嘉年华（Fiesta）等对手的竞争中处于领先位置。第2代的Polo拥有许多先进科技来降低燃油消耗，比如采用机械增压技术、自动起停技术以及"超速档"设计等。

1981年款大众Polo Coupe

←标致（Peugeot）205最初于1983年推出，一直生产到1998年，总产量高达520万辆。但作为性能版的205GTI则发布于1984年，采用1.6升汽油发动机，后来又于1986年改为1.9升汽油发动机。205采用麦弗逊前悬架、扭力梁式后悬架，使得205拥有较大的乘坐和行李箱空间，这可能是保证205畅销的最主要原因之一吧。

1986年标致（Peugeot）205 1.9 GTI

↓福特（Ford）在1980年推出的福睿斯（Escort）轿车是第3代车型，第1代始于1968年。福睿斯一直是福特在欧洲对抗大众高尔夫的车型，但一直未能胜出。第3代福睿斯有了大变化，不仅改为前轮驱动，而且还是四轮独立悬架，彻底去掉了前代车的板式弹簧。此车采用1.3升和1.6升顶置凸轮轴发动机，以追求高科技和高效率为设计目标。鉴于其出色性能，福特福睿斯推出后立即获得了1981年的"欧洲年度车型"称号。

↑第1代本田雅阁（Accord）在1976年登场，在1981年停售，同年在日本和欧洲推出第2代雅阁。1982年在北美推出第2代雅阁，并首次在美国的本田车厂开始生产，随即成为美国最畅销的日本汽车，并将此纪录保持长达15年。

1980—1986年福特（Ford）福睿斯（Escort）Coupe

←奥迪Sport quattro是在1985年末推出的一款性能四驱车，此车采用直列5缸涡轮增压发动机，可以输出350千瓦的最大功率，0—100千米/时加速只需3.1秒，这对于一款四轮驱动的汽车来讲，其性能确实相当惊人。

1985年奥迪Sport quattro（Type 85）

经典名车
越野汽车（1980—1989）

→1974年，美国吉普（Jeep）推出切诺基（Cherokee）车型，到1984年又推出第2代车型，先后在美国、中国、委内瑞拉、阿根廷和埃及生产，并且在中国一直生产到2013年。在中国生产的吉普2500就是源自切诺基车型，"2500"是指它的发动机排量为2500毫升。

第2代切诺基车型是典型的SUV设计，不再是一辆纯粹的越野车。它采用多款发动机，排量有2.5升、2.8升和4.0升不等，发动机前置，有后轮驱动和四轮驱动可供选择。

1988年吉普切诺基（Jeep Cherokee）

↓揽胜（Range Rover）是路虎（Land Rover）的旗舰车型，也是一款全尺寸SUV，它最早诞生于1970年。它的换代速度非常缓慢，第1代车型一直生产到1996年才换代。第1代揽胜采用3.5升、3.9升和4.2升汽油发动机，都是V8型和自然进气，另外还有4款柴油发动机。整体造型依旧延续着经典的方正外观设计。

揽胜是典型"英式"豪华代表，彰显英国贵族的风格，如优质的皮革、上等真木装饰、厚厚的羊毛地毯、珠光宝气的金属装潢等。

路虎（Land Rover）汽车标志

1987年路虎揽胜（Range Rover）全尺寸SUV

1980—1989年

→日产途乐（Patrol）最早从1951年就开始生产了，到1980年时推出的是第3代车型途乐160。途乐是日产品牌下越野性能最强的车型。就是从第3代途乐160开始，途乐配备两档位的分动器，可以切换高速四驱与低速四驱行驶模式。第3代途乐采用2.8升和4.0升两款直列6缸发动机以及3.3升柴油发动机。变速器则有4速和5速手动变速器以及3速自动变速器供选择。另外，在北美市场还提供带限滑差速器的车型。

1982年，途乐160越野车第一次参加了巴黎-达喀尔越野赛之旅。

1983—1987年日产途乐（Patrol）越野车

←吉普牧马人（Jeep Wrangler）最早亮相于1986年芝加哥车展。牧马人是迄今最能继承吉普越野精神的车型，或者说是吉普车型中越野性能最强的车型，因为它仍采用分时四驱方式，并且分动器有高低档位。编号YJ的牧马人生产于1987—1995年，算是第1代牧马人车型；编号TJ的牧马人是第2代车型，生产于1997—2006年。编号LK的牧马人是第3代车型，生产于2007年。

1987年 吉普牧马人（Wrangler）（YJ）

→20世纪70年代后期，美国军方对各种军车渐渐不满意，决定研制"多用途高机动性的四轮驱动车辆"（High Mubility Multipurpose Wheeled Vehicle，缩写为HMMWV，俗称Humvee），除了运送人员外还可承担架设机枪、救护伤员、发射导弹等老吉普车无法担当的军事任务。

当时有三家公司向军方投标，并提供了HMMWV的设计蓝图。经过近10年的激烈角逐，AMG公司（AM General）率先于1981年2月将样车交付给军方测试中心——内华达汽车测试中心进行全面测试。1982年4月又被送往陆军各指定地试用。当AMG提供的样车完成各种测试后，赢得了7万辆的供应合同。1985年1月2日，AMG公司的第一辆M998型HMMWV正式下线，并成为美国新一代的标准军用车辆。

1990年，HMMWV在"沙漠风暴"行动中出尽风头，美国总统布什在沙特阿拉伯的美国军营中，就是一边吃着摆在HMMWV发动机盖上的火鸡，一边鼓舞美军斗志。此后HMMWV备受注目，纷纷要求向民间销售。

HMMWV军车有多款车型，其中标准型采用一台功率为150马力的6.2升V8柴油机，3速或4速自动变速器，助力转向，泄气保护轮胎，并可以选装轮胎气压中央调节装置。该型车全长4.7米，离地间隙410毫米，四轮独立悬架，公路最大速度113千米/时，最大行程480千米，最大爬坡度60°，最小转弯半径7.62米，涉水深0.76米。

1984年美国HMMWV 军车（M1025型）

333

1990—1999年
合纵连横

汽车业进入收购兼并重组时期,英国汽车品牌被瓜分。

图解汽车大百科 精装珍藏版

汽车简历（1990—1999）

1990年 世界汽车总年产量超过5000万辆。

1990年 通用汽车开发出一次充电就可以行驶190千米的电动车。

1992年 美国AMG公司正式生产销售根据美国军车HMMWV打造的民用版车型，并取名悍马（Hummer）。

1992年 法拉利跑车第500次参加F1大奖赛。

1993年 迈凯伦碳纤维车身F1赛车推出。

1994年 中国政府公布"汽车行业产业政策"，确定汽车工业为支柱产业。

1994年 著名赛车手赛纳在F1意大利分站比赛中身亡。

1997年 安迪·格林驾驶"推力SSC"号喷气式汽车，创下超音速的1221千米/时陆地最高车速世界纪录。

1998年 大众和宝马公司分别购得宾利及劳斯莱斯汽车品牌。

1998年 在当年巴黎国际车展上，大众汽车向世人展示了世界第一辆采用18缸发动机的汽车布加迪EB118概念车。

1999年 中美合资上海通用汽车公司成立，并生产别克汽车。

经典名车
赛车（1990—1999）

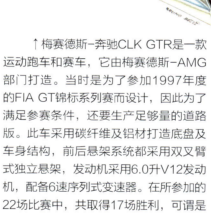

↑梅赛德斯-奔驰CLK GTR是一款运动跑车和赛车，它由梅赛德斯-AMG部门打造。当时是为了参加1997年度的FIA GT锦标系列赛而设计，因此为了满足参赛条件，还要生产足够量的道路版。此车采用碳纤维及铝材打造底盘及车身结构，前后悬架系统都采用双叉臂式独立悬架，发动机采用6.0升V12发动机，配备6速序列式变速器。在所参加的22场比赛中，共取得17场胜利，可谓是战绩卓著。

1997年梅赛德斯-奔驰CLK GTR AMG

↓1993年，福特根据第5代欧洲福特福睿斯车型推出福睿斯（Escort）RS Cosworth拉力赛车，并且曾在1993—1998年间参加世界拉力锦标赛（WRC）。它最显著特征是其"鲸尾"式后扰流板。其另一个卖点是其采用2.0升Cosworth涡轮增压发动机，最大功率高达169千瓦，0—100千米/时加速只需5.7秒，最高车速220.5千米/时。

1993年欧洲福特福睿斯（Escort）RS Cosworth拉力赛车

1990—1999年

↓阿尔法·罗密欧（Alfa Romeo）155 V6 T1是用于参加1993—1996年间德国DTM大赛而打造的赛车，它采用高转速的2.5升V6发动机，在11500转/分时输出360千瓦的最大功率，并采用四轮驱动系统，因此曾在赛场上无敌手。它在1993年赛季中就取得22场比赛中的11场胜利。到1994赛季，看似遇到了强大的奔驰赛车，但阿尔法·罗密欧155 V6 T1又取得了11场胜利。此车最高车速为300千米/时，并曾创纪录地取得了38场胜利。

1996年阿尔法·罗密欧（Alfa Romeo）155 V6 T1型赛车

↓贝纳通（Benetton）B192是为参加1992年度F1大赛而打造的赛车，它采用碳纤维硬壳式构造，前后都采用双叉臂式悬架，采用福特3.5升V8发动机，纵向中置，配备贝纳通6速手动变速器。只是此车的参赛成绩不佳，在所参加的13场比赛中只获得1场胜利。

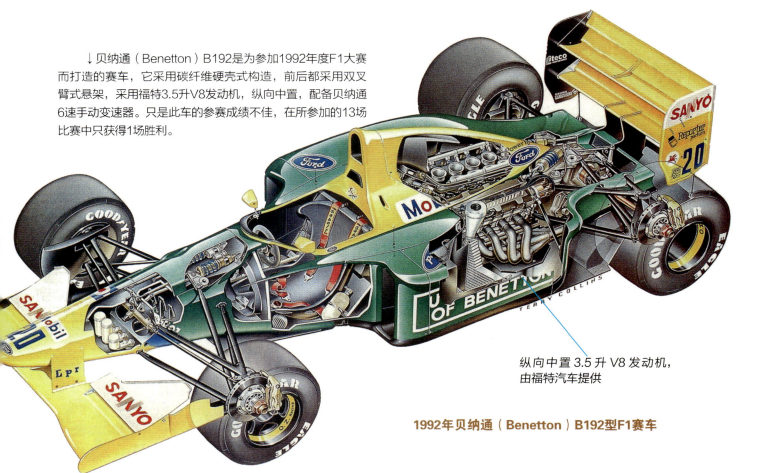

纵向中置3.5升V8发动机，由福特汽车提供

1992年贝纳通（Benetton）B192型F1赛车

经典名车
超级跑车（1990—1999）

↓在1998年巴黎国际车展上，大众汽车向世人展示了世界第一辆18缸发动机的轿车——布加迪（Bugatti）EB118概念车。该轿车由意大利Italdesign设计公司设计，采用W18型发动机，每6个气缸为1组，共3组气缸，相邻两组之间夹角为60°，总排量6.3升，最大功率555马力，全时四轮驱动。"118"即"第一辆18缸轿车"之意。EB118超级跑车一直没投产，现在可能仅存两辆，每辆EB118都价值连城。

1990年兰博基尼 魔鬼（Lamborghini Diablo）超级跑车

↑兰博基尼魔鬼（Lamborghini Diablo）诞生于1990年，由博通设计公司的首席设计师甘迪尼（Gandini）操刀，勾勒出"魔鬼"身条。魔鬼沿用了兰博基尼康塔什（Countach）的大部分机械结构与动力系统，其中基本款采用5.7升V12发动机，双顶置凸轮轴，电脑控制的多点电子燃油喷射，最大功率为362千瓦，后中置发动机，后轮驱动，0—100千米/时加速时间为4.5秒，最高车速325千米/时。

世界第一款18缸轿车

1998年布加迪（Bugatti）EB118超级跑车概念车

→布加迪（Bugatti）EB110是一款中置发动机、四轮驱动的超级跑车，制造于1991—1995年。之所以将此车命名为EB110，是为了纪念布加迪品牌创始人 埃托雷·布加迪（Ettore Bugatti）诞生110周年，EB就是其名字的缩写。

此车采用3.5升V形12缸4涡轮增压发动机，配备6速手动变速器，0—100千米/时加速仅需3.2秒，最高车速348千米/时。

1991年布加迪（Bbugatti）EB110超级跑车

布加迪EB系列标志

1990—1999年

曾是世界上最快的量产汽车

1992年迈凯伦（McLaren）F1超级跑车

← ↓ 迈凯伦（McLaren）F1超级跑车生产于1992—1999年间，蝶式车门设计，后中置发动机、后轮驱动，采用宝马的6.1升V12发动机，配备6速手动变速器，碳纤维车身重量仅1180千克。此车一经推出就成为当时世界上跑得最快的量产汽车，最高车速达到386.4千米/时。迈凯伦F1在不同时期有多种型号，其中XP5型的0—100千米/时加速只需3.2秒，最高车速达到398千米/时。

此车只有一个座位，且位于中间，这样可以提供更佳的驾驶视野。迈凯伦F1超级跑车的总产量只有106辆。

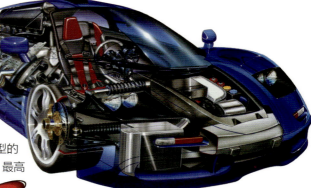

迈凯伦（McLaren）汽车标志

1992年迈凯伦（McLaren）F1超级跑车

"跳灯"设计成为其外观造型亮点

←马自达RX-7是一款转子发动机双门跑车，生产于1978—2002年。其车名中的"R"是指转子发动机（Rotary），"X"是代表未来的象征符号，而"7"则是马自达的车型系列代码，如马自达3、马自达5、马自达6等。

1991年，马自达推出第3代RX-7跑车。此代车型采用1.3升双涡轮增压双转子发动机，配备5速手动和4速自动变速器，后轮驱动。前照灯为典型的"跳灯"。后来随着世界各国对汽车排放要求日趋严格，2002年马自达不得不终止RX-7的生产。

1991—2002年马自达（Mazda）RX-7转子发动机跑车

↓法拉利（Ferrari）550马拉内罗（Maranello）是一款前置V12发动机、后轮驱动的双座超级跑车，生产于1996—2002年间。这也标志着法拉利在23年后再次推出前置发动机、后轮驱动的双座12缸跑车。上一次是在1973年推出365 GTB/4 Daytona，后来被中置发动机车型Berlinetta Boxer所取代。

车身由宾尼法利纳（Pininfarina）设计，风阻系数为0.33。此车采用5.5升发动机，所以车名为550。

法拉利550马拉内罗超级跑车的0—100千米/时加速时间为4.2秒，最高车速320千米/时。

车名中的马拉内罗（Maranello）是意大利的一个地名。

1996—2002年法拉利（Ferrari）550 马拉内罗（Maranello）超级跑车

经典名车
运动轿车（1990—1999）

1998年奥迪（Audi）TT双门硬顶款

1999—2003年奥迪TT敞篷款

→↑奥迪（Audi）TT跑车于1998年首次上市。作为运动型轿车，TT型以它几乎和概念车版相同的漂亮外形和出色的性能在市场上取得了很大的成功。TT的车名来自纪念奥迪车厂前身之一NSU车厂的摩托车在英国曼岛TT比赛的常胜纪录。

第一代TT车型前轮驱动版的后悬架为扭力梁半独立式，四轮驱动版后悬架则为双A臂独立式。第二代TT车款则改为四轮独立悬架系统。

第一代TT早期的前驱版本有车主抱怨高速转弯时不稳定并发生车祸，奥迪调整TT的悬架系统并在车尾加上后扰流板，使TT在高速行驶时提升尾部的上升力，增加行驶稳定性。

第1代TT采用1.8升涡轮增压发动机和3.2升V6自然吸气发动机。车身有双门硬顶款和敞篷款两种形式。

↓1993年，福特汽车最终完全控股阿斯顿·马丁（Aston Martin），进而投入大笔资金于1994年在英国创建了新工厂，并在这年推出DB7运动轿车。DB7有双门硬顶款及敞篷款两种车身形式。它采用3.2升直列6缸机械增压发动机和5.9升V12自然吸气发动机，前置发动机、后轮驱动。1995年，阿斯顿·马丁创纪录性地生产了700辆汽车DB7。1998年，第2000辆DB7诞生。2002年时达6000辆，比过去生产的DB系列的总和还多。1999年，DB7系列的新成员V12 Vantage问世。到2003年被DB9替换时，生产了10年的DB7总产量达到7000辆。

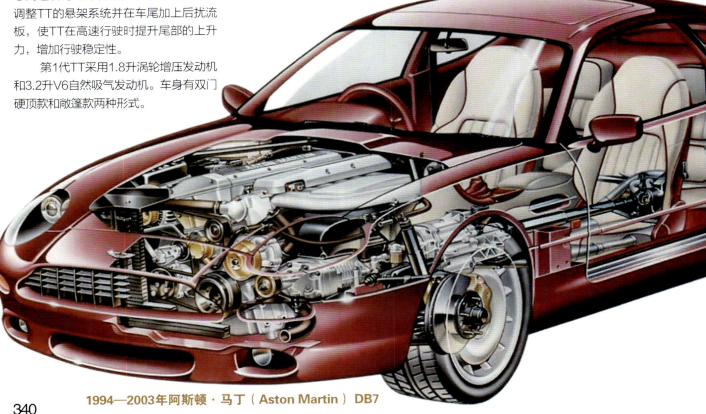

1994—2003年阿斯顿·马丁（Aston Martin）DB7

1990—1999年

1994年福特野马（Mustang）跑车

↑↓第4代福特野马（Mustang）于1994年正式推出，并一直生产到2004年。为了重新设计这代野马跑车，福特共投入了7亿美元，重点改进野马的操控性能和舒适性，但上一代的掀背式车身被放弃。动力性能也得到加强，基本款采用3.8升V6发动机，最大功率108千瓦。1998年推出的野马GT则采用4.9升V8发动机，而野马Cobra R车型更是采用5.8升V8发动机。所有车款配备5速手动或4速自动变速器。尽管入门款的售价从之前的10810美元涨到13365美元，但这代野马的销量仍然在同级车中处于领先位置，因为拥有野马已成为当时年轻人的一种信仰。

卡特汉姆汽车标志

↓英国卡特汉姆（Caterham）Super 7 JPE是一款后轮驱动的双门敞篷跑车。它采用2.0升自然吸气发动机，双顶置凸轮轴，直列4缸，最大功率186千瓦，采用干式油底壳，配备5速手动变速器，车辆很轻，整车净重只有539千克，0—96千米/时加速时间3.5秒，最高车速235千米/时。

1992年卡特汉姆Super 7 JPE

↓蓝旗亚德尔塔（Lancia Delta）HF是一款前置发动机、四轮驱动的道路版性能轿车，其五门掀背式车身由乔治亚罗设计，造型方方正正，因此风阻系数不算低，为0.415。采用2.0升涡轮增压发动机，双顶置凸轮轴，最大功率154千瓦，配备5速手动变速器，最高车速216千米/时。

1998年福特野马（Mustang）GT跑车

1991年蓝旗亚德尔塔（Lancia Delta）HF

经典名车
敞篷跑车（1990—1999）

→保时捷（Porsche）Boxster最早于1996年推出，它是保时捷最畅销的车型之一。它与保时捷911的最大不同是将发动机放置在车辆的中部、后轴的前面，因此称为后中置发动机，而911都是采用纯粹的后置发动机，将发动机放置在后轴后面。

Boxster的另一个特点是从1996年开始推出时就采用水冷式发动机，而保时捷911直到1998年才改为水冷式发动机，此前都是风冷发动机。

第1代Boxster有2.5升和2.7升两款水平对置6缸发动机供选择，最大功率分别为150千瓦和162千瓦。2.7升款最高车速为249千米/时，其0—100千米/时加速时间为6.6秒（手动变速款）。

1996年保时捷（Porsche）Boxster

↓路特斯（Lotus）Elise是一款双座、中置发动机、后轮驱动的跑车，1996年正式推出，至今仍在生产。它的车身采用玻璃纤维（俗称玻璃钢）手工打造，铝制底盘结构，整车只有725千克重，在1.8升直列4缸发动机驱动下，0—96千米/时加速仅需5.8秒，最高车速240千米/时。

Elise的车名取自当时路特斯汽车老板女儿的名字，当时路特斯的老板也是布加迪的老板。

1999—2003本田 S2000（AP1）

↑本田S2000敞篷跑车最早以概念车的身份亮相于1995年的东京车展，但直到1999年才正式上市，到2009年因金融危机而被迫停产。此车的名字取自它的2.0升发动机的排量。

第1代S2000生产于1999—2003年间，底盘编号AP1。它采用前置发动机、后轮驱动，直列4缸发动机采用了双顶置凸轮轴（DOHC）和可变气门（VTEC）等先进技术，可输出177~184千瓦的最大功率。本田号称这台发动机是"世界最高水平的高性能四缸自然吸气发动机"。

1999—2001年路特斯（Lotus）Elise 111S

1990—1999年

→标致（Peugeot）206CC最早亮相于2000年的巴黎车展，其中CC是Coupe Cabriolet的英文缩写，意为轿跑车/敞篷车两用车型。它的硬顶可以打开，随时由一款硬顶轿跑车变成一款敞篷跑车。这个由5组液压泵控制的电控操纵系统，只需半分钟就可以将车顶盖收纳到行李箱内。而且不需要停车操纵，只要车速不超过10千米/时，就可开关车顶。

1998年标致206CC硬顶敞篷车

世界销售量最大的双座敞篷跑车

"跳灯"设计

1990年马自达 MX-5 敞篷跑车

1993年萨博（Saab）900S敞篷轿车

→梅赛德斯-奔驰SLK硬顶敞篷跑车诞生于1996年，它是当时世界唯一批量生产的硬顶敞篷跑车。

其车名SLK源自德文Sportlich（运动化）、Leicht（轻量化）和Kurz（小尺寸）。

SLK的最大特点是采用了电动液压收放的硬顶，这也开创了跑车采用可收放硬顶的先河，让当时还在为隔热、隔声等密封问题所困扰的软顶敞篷车主们艳羡不已，同时硬顶也为驾乘者提供了更好的安全防护。只要按下中控台上的顶篷控制按钮，硬顶车篷就会在液压机构的操纵下自动打开或关闭。

你知道吗？

马自达汽车标志

1991年启用的标志

1992年启用的标志

1997年启用的标志

←马自达MX-5是世界上销售量最大的双座轻型敞篷跑车，并多次得到吉尼斯世界纪录的确认。它于1990年开始投入生产。第1代MX-5造型充满复古味道，并采用当时跑车上很流行的"跳灯"设计。MX-5 BBR Turbo款配备1.6升涡轮增压发动机，最大功率112千瓦，后轮驱动，最高车速211千米/时。

←1993年推出的萨博（Saab）900是全新一代车型，它完全放弃了原来的前纵置发动机布置方式，而是改用通用汽车的GM2900平台，采用更为合理的前横置发动机、前轮驱动方式。双门，2+2式座位设计，可折叠软篷。这代萨博900车型到1997年终结后被萨博9-3车型所替代。

当时世界唯一批量生产的硬顶敞篷跑车

1996年梅赛德斯-奔驰SLK级（R170）

经典名车
豪华轿车（1990—1999）

→丰田世纪（Century）是特为日本市场推出的一款豪华轿车，它在日本是丰田的绝对旗舰车型，而雷克萨斯LS则是日本之外市场的旗舰车型。世纪自1967年投产后，直到1997年才进行重新设计推出第2代车型。第2代世纪采用5.0升V12发动机，配备4速自动变速器，车身总长5.27米。

世纪车名是为了纪念丰田工业创始人丰田佐吉诞生100年而命名的。

1997年丰田世纪（Century）（GZG50）豪华轿车

1991年丰田皇冠（Crown）（S140）

↑丰田皇冠（Crown）自1955年推出后，发展迅速，到1991年时已是第9代，这代皇冠的底盘编号为S140，在此底盘上的车型包括基本型以及Deluxe、Super Deluxe、Super Saloon、Royal Saloon、Royal Saloon G等，动力系统更是包括2.0升、2.5升、3.0升和4.0升汽油发动机，以及2.4升柴油发动机。皇冠Majesta虽然仍与皇冠共享S140底盘，但它的车身比皇冠更大，装置也更豪华，并且与雷克萨斯共享4.0升V8发动机，还可选配许多昂贵的电子装备，如GPS导航系统等。

1997—2000年雷克萨斯（Lexus）LS 400

↑1989年最初推出雷克萨斯（Lexus）品牌时的第一款车型就是LS400，到1994年又推出第2代LS400。1997年，小改款的LS400推出，它的发动机增加了可变气门正时（VVT-i）技术，使其最大功率提高到216千瓦，改进了加速性能和燃油经济性。更重要的是，LS400上配备的激光主动巡航控制系统，是此技术第一次应用在量产车上。

1998—2001年宝马（BMW）750iL（E38）豪华轿车

↑第3代宝马（BMW）7系的底盘编号为E38，在1994年推出，1998年进行中期改款。其旗舰车型750iL装备与劳斯莱斯Silver Seraph共享的5.4升V12发动机，最大功率240千瓦，轴距3.32米，车长5.378米。

宾利（Bentley）汽车标志

→英国宾利（Bentley）欧陆（Continental）R是一款大型超级豪华轿跑车，制造于1991—2003年。此车也是自1965年以来不与劳斯莱斯（Rolls-Royce）共享车身的第一款宾利车型。在1991年推出时，欧陆R是当时世界上最昂贵的量产轿车，售价高达27.99万美元。虽不与劳斯莱斯共享车身，但它仍采用劳斯莱斯的6.75升涡轮增压V8发动机，最大功率287千瓦，0—96千米/时加速时间3.0秒，最高车速241.4千米/时。此车总产量1290辆。

1991—2002年宾利欧陆（Continental）R超级豪华轿车

1990—1999年

→底盘编号W210的梅赛德斯-奔驰（Mercedes-Benz）E级轿车是第2代E级车型，生产于1995—2002年间。从这代车型开始，E级轿车采用"四眼式"前照灯，并且也是第一次用V6发动机替代原来的直列6缸发动机。奔驰E320轿车采用新款的3.2升V6发动机，最大功率164千瓦，前置发动机、后轮驱动，配备4速自动变速器，0—96千米/时加速时间为6.9秒。

1995—2002年梅赛德斯-奔驰（Mercedes-Benz）E级轿车（W210）

→宝马（BMW）525iX是第3代5系（E34）中唯一一款四驱车型。525iX配备有电控四驱系统和中央差速器，通常情况下其前后轮动力分配比为36∶64，当车轮出现打滑时，电脑会根据情况调整前后轮动力分配。

宝马525iX是在第3代宝马5系中率先采用V8发动机的车型，也是在5系车型中率先采用稳定控制系统（ASC）、循迹控制（ASC+T）和6速手动变速器的车型。宝马525iX仅生产了9366辆。

1991—1995年宝马（BMW）525iX（E34）四驱轿车

1993年凯迪拉克（Cadillac）Fleetwood Brougham总统座驾

↑1993年，凯迪拉克（Cadillac）Fleetwood Brougham的总统系列车型成为克林顿总统的官方座驾。与以前都由独立的改装公司进行改装不一样的是，1993年的Fleetwood Brougham总统系列车型完全由通用汽车公司自行设计和制造，这样打造的总统座驾其安全性和机密性也更高，进而还为凯迪拉克Fleetwood Brougham系列多增加一款超级车型。

345

经典名车
越野汽车（1990—1999）

→兰博基尼（Lamborghini）早在1977年就曾开始研制越野车，而且一直想获得美军的采购合同。但提供给美国军方测试的样车在加利福尼亚沙漠中被撞毁，从而导致美国军方将目光转向美国本土公司。但兰博基尼并没放弃开发越野车，并于1986年推出量产越野车LM002型。

此车采用兰博基尼的5.2升V12发动机，并可以使用低标号汽油，还配备有一个巨大的散热器，以及多重燃油过滤和空气滤清装置，以便LM002能适应沙漠的恶劣环境。

自重将近3吨的LM002的0—100千米/时加速仅需7.7秒，最高车速可以达到208千米/时，这样的性能表现，在当时的越野车中独一无二。

LM002的制造成本非常高昂，销售量也较低，在1993年停产时仅生产了328辆车。

1986年兰博基尼（Lamborghini）LM002越野车

↓路虎发现（Discovery）是一款中级豪华SUV。发现第1代系列Ⅰ车型于1989年推出，而系列Ⅱ车型则于1998年上市，直到2004年被发现第2代车型（发现3）所替代。

发现第1代系列Ⅱ采用4.0升和4.6升V8汽油发动机，以及2.5升直列5缸柴油发动机，配备4速自动或5速手动变速器。在2001年早些时候，系列Ⅱ在应用了ACE（Active Cornering Enhancement，主动转弯增强系统）、ETC（Electronically Traction Control，电子牵引力控制系统）、HDC（Hill Descent Control，陡坡缓降系统）后，将中央差速器锁也去掉了，路虎认为有了这些电子控制系统后，差速器锁已有点多余。

1998年路虎发现（Discovery）第1代系列Ⅱ车型

HUMMER 1990—1999年

悍马汽车标志

1992年悍马（Hummer）H1 Wagon

1993年吉普大切诺基（第1代）

1999年吉普大切诺基（第2代）

→↓吉普大切诺基（Jeep Grand Cherokee）是在1993年推出的一款中型豪华SUV。当时其他同类对手还在使用非承载式车身，而大切诺基已采用承载式车身。第1代大切诺基曾采用4.0升直列6缸、5.2升V8以及5.9升V8发动机（最大功率183千瓦），其中1998年推出的5.9升款大切诺基号称是"世界最快SUV"。

1999年推出的第2代大切诺基，曾被北京吉普汽车有限公司引进生产。

↑悍马（Hummer）H1是美国AMG公司（AM General）根据美国军车HMMWV研发的一款民用越野车。此车生产于1992—2006年，也是第一款民用版悍马汽车。此车装备5.7升V8汽油发动机，以及6.2升、6.5升和6.6升V8柴油发动机，配备4速自动变速器。H1与军车HMMWV共享很多部件，如制动系统、车桥以及车身面板等，而且两车还是共线生产。H1的最大涉水深度为0.76米，最小离地间隙0.41米，可以攀爬72%或37.5°的坡道，并装备有中央轮胎充气系统（CTIS）。

1993年吉普大切诺基（Jeep Grand Cherokee）（第1代）

2000—2009年
经典复兴

迈巴赫、布加迪、劳斯莱斯等开始走上复兴之路。

汽车简历（2000—2009）

2002年 戴姆勒-奔驰推出复兴后的迈巴赫超级豪华轿车。

2003年 特斯拉在美国硅谷成立，准备制造纯电动跑车。

2003年 宝马收购劳斯莱斯品牌后推出第一款劳斯莱斯车型：幻影。

2003年 保时捷推出其第一款SUV车型卡宴。

2004年 迈克尔·舒马赫驾驶法拉利赛车赢得他的第七个F1车手总冠军，创下世界纪录。

2005年 布加迪威航以407千米/时的速度赢得"世界最快量产汽车"的称号。

2007年 丰田超越美国通用汽车成为世界最大的汽车制造商。

2007年 戴姆勒-奔驰将克莱斯勒汽车公司卖出。

2007年 通用汽车/欧宝汽车在德国测试燃料电池汽车HydroGen3。

2008年 韩国现代汽车成为世界第四大汽车制造商，仅次于丰田、通用和大众。

2008年 印度塔塔汽车收购英国捷豹路虎。

2008年 特斯拉第一款纯电动跑车上市。

2009年 中国大陆汽车产销量分别为1379.10万辆和1364.48万辆，超越美国成为世界最大汽车生产国和最大汽车市场。

经典名车

豪华轿车（2000—2009）

车门防撞钢梁

2005年梅赛德斯-奔驰S级（W221）轿车

↑ 梅赛德斯-奔驰S级轿车的名字源自德语"Sonder Klasse"，意为"特别的级别"。S级最早始于1972年底盘编号W116的车型。到2005年推出的S级是第5代车型，底盘编号W221。这代S级装备了红外线夜视辅助系统以及最新的预碰撞安全系统。第5代S级采用2款柴油发动机和5种排量的汽油发动机，最强动力是6.0升V12发动机，最大功率463千瓦，配备7速自动变速器。2009年中期改款时又将空气悬架作为标准配置。

→ 奥迪（Audi）A8是一款从1994年开始推出的全尺寸豪华轿车，2002年推出第2代车型，当时是采用大众集团的D3平台，最强动力是6.0升W12汽油发动机，最大功率331千瓦，0—100千米/时加速时间5.1秒，最高车速250千米/时。

2003年奥迪 A8 4.2 quattro（D3）

2000—2009年

2002年第4代宝马7系豪华轿车

↑宝马（BMW）第4代7系生产于2002—2008年，底盘编号有E65、E66、E67和E68。7系是宝马的旗舰车型，其顶配旗舰车型760Li于2006年推出，采用6.0升V12发动机。

2003年劳斯莱斯幻影（Phantom）超级豪华轿车

↑劳斯莱斯幻影（Phantom）是一款在2003年推出的经典超级豪华轿车。宝马在获得劳斯莱斯品牌后在2003年推出的第一款车型就是幻影，它也是第7代幻影。车身大部分部件由铝材打造，采用宝马的6.75升V12发动机，最大功率338千瓦，车重2485千克，车长5.83米，0—100千米/时加速时间5.9秒。

↓ 2007年雷克萨斯（Lexus）推出LS600h L，这是一款油电混合动力车型，它采用5.0升V8发动机，最大功率327千瓦，其0—100千米/时加速时间为6.3秒，最高车速被限定为250千米/时，综合百公里油耗9.3升。

雷克萨斯（Lexus）标志

2007年雷克萨斯（Lexus）LS 600h L 混合动力汽车

←2003年推出的捷豹（Jaguar）XJ系列是一款前置发动机、后轮驱动的四门豪华轿车，它是基于X350平台打造的第3代XJ系列车型，生产于2003—2006年间。其中采用3.0升V6发动机的称为XJ6，采用3.5升和4.2升V8发动机的称为XJ8车型。而采用4.2升机械增压V8发动机的称为XJR车型，其0—100千米/时加速时间只需5.3秒，最高车速限制为250千米/时。

2003年捷豹XJ8系列（X350）豪华轿车

→迈巴赫（Maybach）57和迈巴赫62是迈巴赫品牌复兴后在2002年推出的车型，其中车名中的57和62分别是指车身长度分别为5.7米（5.728米）和6.2米（6.165米）。迈巴赫57和62型采用5.5升V12和6.0升V12发动机，前置发动机、后轮驱动，配备5速自动变速器。迈巴赫62S的0—96千米小时加速时间为4.5秒。由于销售不佳，迈巴赫所有车型于2013年全部停止销售。

2002年迈巴赫（Maybach）62（W240）轿车

→威兹曼（Wiesmann）是德国一家豪华汽车改装公司，主要改装宝马的车型，员工只有60多人，大多数是身怀绝技的高级技师。每辆车都是手工打造而成，车身颜色、方向盘、内饰等都是按照客户的要求量身定制，年产量只有一百多辆。其中威兹曼GT MF4采用宝马的4.8升V8发动机，复古式车身采用碳纤维打造。

威兹曼汽车标志

2003年德国威兹曼（Wiesmann）GT MF4

2000—2009年

2006年红旗旗舰 CA7460豪华轿车

↑在1995—2006年间，中国一汽曾用奥迪100来制造红旗CA7200/CA7220轿车（又称红旗世纪星和红旗明仕）及福特的林肯Town Car来制造红旗CA7460轿车（又称红旗旗舰）。到2006年，一汽又利用丰田皇冠Majesta来制造红旗HQ3（又称红旗盛世）。

红旗旗舰基本型车长5.481米，加长豪华版车长达到6.831米，轴距为4.34米。红旗旗舰的车身外形与林肯Town Car近似，只是在前脸和尾灯处等细部做了改进，使其更具民族风格。

2003年宾利欧陆（Continental）GT 双门轿车

→宾利欧陆（Continental）GT是从2003年开始制造的一款高性能豪华轿车，它与大众辉腾（Phaeton）共享大众集团的D1平台。第1代车型采用大众集团的6.0升W12双涡轮增压发动机，最大功率412千瓦，配备6速自动变速器，在4.8秒内可完成0—100千米/时加速，最高车速318千米/时。

2008年光冈女王（Mitsuoka Hiniko）

2008年光冈嘉路（Mitsuoka Galue）

←↑光冈是日本一家专业从事豪华汽车改装的公司，主要以英菲尼迪和日产天籁等豪华车型为基础，然后将其重新打造成复古式的超级豪华车型，主要车型有号称"日本劳斯莱斯"的嘉路（Galue）以及女王（Hiniko）、大蛇（Orochi）等，在中国市场的售价从85万元到218万元不等。

2008年光冈大蛇（Mitsuoka Orochi）

光冈汽车标志，源自古汉字"车"

353

经典名车
跑车（2000—2009）

→科尼赛克（Koenigsegg）汽车公司专门制造超级跑车，它们在2004年推出的CCR超级跑车采用福特的4.6升V8发动机，但经他们调校后能产生601千瓦的最大功率。CCR采用后中置发动机、后轮驱动，配备6速手动变速器，据科尼赛克称，CCR可以在3.2秒内从静止加速到100千米/时，它的理论最高车速可以达到395千米/时以上。为了验证这一理论速度，在2005年2月28日，科尼赛克的技术人员和车手在意大利纳多（Nardo）赛道测试，当时创下387.87千米/时的最高速度纪录，一举打破由迈凯伦F1超级跑车保持8年之久的"世界最快量产车速度纪录"。然而，在同年的4月份，CCR的这一纪录就被布加迪威航（Bugatti Veyron）以407千米/时的速度打破。科尼赛克CCR在2004—2006年间生产，总产量14辆。

柯尼赛科标志

2004年柯尼赛科（Koenigsegg）CCR超级跑车

2004年瑞典柯尼赛科（Koenigsegg）CCR超级跑车

↑宝马Z4是替代Z3的车型，第1代Z4（底盘编号E85）诞生于2002年，在美国的宝马工厂生产。Z4采用多款发动机，排量从2.0升到3.2升不等。车身形式有敞篷和双门硬顶两种。动力最强悍的Z4 M采用3.2升直列6缸发动机，最大功率256千瓦，0—100千米/时加速时间为5.0秒，最高车速被限定在251千米/时。2009年，第2代Z4（底盘编号E89）推出，这次将软顶车篷换成了可折叠的硬顶。

2002年宝马Z4 3.0i 敞篷跑车（E85）

↓帕加尼（Pagani）是意大利超级跑车制造商，公司创始人为奥拉西欧·帕加尼（Horacio Pagani）。1999年产的帕加尼Zonda C12，采用奔驰的6.0升V12发动机，因此称为C12。Zonda意为安第斯山脉之风，后来很多人就将帕加尼Zonda跑车称为风之子。

2002年，帕加尼又推出Zonda C12 S 7.3型超级跑车，这次采用惊人的7.3升V12发动机，此发动机由奔驰AMG部门特别打造，最大功率高达414千瓦，配备6速手动变速器。帕加尼声称Zonda C12 S 7.3的最高车速达到335千米/时。

一辆帕加尼Zonda C12 S 7.3超级跑车的售价超过50万美元，在2002—2005年间生产，总产量18辆。

帕加尼汽车标志

2002年帕加尼Zonda C12 S 7.3超级跑车

2000—2009年

日产GT-R标志

2007年日产GT-R（R35）超级跑车

↑日产在2007年推出的GT-R超级跑车是日产天际线（Skyline）GT-R跑车的继任者，因为天际线GT-R曾在赛场和道路上取得过巨大成功，所以日产将GT-R发展成为一个独立车系，并已发展成为日产甚至日产高性能跑车的象征，被车迷们誉为"日本汽车战神"。

GT-R采用3.8升V6发动机，最大功率357千瓦，四轮驱动，6速序列式双离合变速器。日产声称GT-R可以达到311千米/时的最高车速。据实际测试，GT-R的0—100千米/时加速可以在3.2秒内完成。

↓C12 Zagato是荷兰世爵（Spyker）推出的第二款车型，它是一款全铝车身的中置后驱豪华超级跑车。此车于2007年推出，采用大众集团的6.0升W12发动机，最大功率500马力。这款发动机也在奥迪A8上使用。C12 Zagato的0—96千米/时加速时间为3.8秒，最高车速313千米/时，售价49.5万欧元。

2000年世爵（Spyker）C8 Aileron超级跑车

↑荷兰世爵（Spyker）C8超级跑车于2000年推出，它采用奥迪4.2升V8发动机，最大功率从290千瓦到460千瓦不等，后中置发动机、后轮驱动，最高车速从300千米/时到345千米/时不等。

2007年世爵（Spyker）C12 Zagato 超级跑车

→布加迪威航（Bugatti Veyron）EB16.4是由大众汽车集团研制的一款中置发动机超级跑车，它在2005年曾以407千米/时的速度赢得"世界最快量产汽车"的称号。

2009年推出的威航运动款（Super Sport）更是创下430.9千米/时的量产汽车世界最高速度纪录。但在2014年又被科尼赛克One：1以极速440千米/时超越。

布加迪威航EB16.4名字中的EB是指布加迪品牌创始人埃托雷·布加迪（Ettore Bugatti）的名字缩写，16是指采用8.0升W16缸发动机，4是指采用4个涡轮增压器。布加迪威航的最大功率高达1001马力，配备7速双离合变速器，它的0—100千米/时加速时间只有2.5秒，0—200千米/时加速时间7.3秒，100千米/时—0的制动距离只有31.4米。

2005年曾以407千米/时的速度赢得"世界最快量产汽车"的称号

2005年布加迪 威航（Bugatti Veyron）EB16.4超级跑车

→梅赛德斯-奔驰SL级是一款敞篷跑车，最早在1954年推出。SL是德语Sportlich-Leicht（运动、轻量）的缩写，据说此车型的诞生源于美国汽车进口商Max Hoffman的建议。2001年推出的SL级，底盘编号为R230，它已是第5代SL级，敞篷车顶已进化为可折叠的金属硬顶，发动机也减少到四款，排量最小的是3.7升V6，最强劲是6.0升V12发动机。

2009年中期改款时SL级又增加了6.2升V8发动机。这代SL级到2012年时才被第6代SL级（底盘编号R231）换代，直到今天。

2001—2012年梅赛德斯-奔驰SL 500（R230）敞篷跑车

→法拉利（Ferrari）612 Scaglietti制造于2004—2010年，它是法拉利456M的替代者。法拉利612 Scaglietti是法拉利车型阵营中为数不多的前置发动机、后轮驱动车型，并且是可以乘坐4位成人的超级跑车。法拉利612 Scaglietti是继360 Modena之后的法拉利第二款全铝车身跑车，它采用5.7升V12发动机，最大功率397.2千瓦，最高车速超过320千米/时，0—100千米/时加速时间为4.2秒。

612 Scaglietti由宾尼法利纳（Pininfarina）设计，并以伟大的汽车设计师塞尔吉奥·斯卡拉帝（Sergio Scaglietti）的名字命名。斯卡拉帝是一名车身制造商，掌握着铝材料车身制造技术，擅长对铝材的运用，他曾在20世纪50年代和60年代期间设计出法拉利数款知名车型。

2011年，法拉利612 Scaglietti被法拉利FF所替代。

2004年法拉利（Ferrari）612 Scaglietti

2000—2009年

←梅赛德斯-奔驰SLR迈凯伦（Mercedes-Benz SLR McLaren）是2003—2010年间奔驰与迈凯伦合作设计制造的一款超级跑车，其中SLR是德语Sport Leicht Rennsport（运动、轻量、竞赛）的首字母。此车采用蝶式车门设计，配备5.4升机械增压V8发动机，最大功率460千瓦，5速自动变速器，0—100千米/时加速时间3.8秒。SLR的最大设计亮点是在车尾部装有一个可以自动升起的扰流板，根据车速，它可以自动升起10°；如果需要，驾驶人可通过开关将扰流板升起30°，以便增强尾部的下压力，提高行驶稳定性以及制动性能。

2003年梅赛德斯-奔驰SLR 迈凯伦

→兰博基尼（Lamborghini）在1998年被奥迪收购，由奥迪汽车设计师操刀设计的第一款新车型Murcielago于2001年上市，但仍采用兰博基尼的传统结构及中置6.2升 V12发动机，四轮驱动，0—100千米/时加速时间3.8秒，最高速度332千米/时。2006年推出的Murcielago LP 640敞篷跑车采用6.5升V12发动机，其0—100千米/时加速3.1秒，最高车速336千米/时。

很多人将Murcielago翻译为蝙蝠，Murcielago这个词本身在西班牙语中确实是蝙蝠的意思，但是兰博基尼的每一款车都是用一头凶猛的著名公牛来命名的，Murcielago也不例外，它其实是一头斗牛的名字。

2006年兰博基尼（Lamborghini）Murcielago LP 640-4

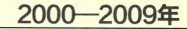

萨林（Saleen）汽车标志

↓萨林（Saleen）S7是一款手工打造的美国超级跑车，甚至被认为是第一款美国超级跑车。它生产于2000—2006年，后中置发动机、后轮驱动，蝶式车门，采用福特的7.0升V8自然吸气发动机，0—96千米/时加速时间3.3秒，最高车速估计为354千米/时。2005年，萨林S7双增压车型推出，仍采用福特的7.0升V8发动机，但增加两个涡轮增压器，最大功率提升到1000马力，0—96千米/时加速时间仅需2.8秒。

2006美国萨林（Saleen）S7 双增压超级跑车

经典名车
越野汽车（2000—2009）

2007年吉普牧马人（Jeep Wrangler）越野车

↑吉普牧马人（Jeep Wrangler）是一款中级四轮驱动越野车，也是吉普车型中越野性能最强的车型。2007年推出的JK系列牧马人是第3代牧马人，它采用3.6升V6发动机和3.8升V6发动机。牧马人拥有极强的越野能力，不仅仍采用分时四驱，而且它的接近角为44.3°，离去角40.4°，纵向通过角25.4°，最小离地间隙257毫米。

2002年大众途锐（Touareg）大型SUV

↑大众途锐（Touareg）是自2002年开始生产的一款大型SUV。途锐与保时捷卡宴（Cayenne）、奥迪Q7共平台，三款SUV共享许多部件和设计。第1代途锐采用3.2升和3.6升VR6发动机，4.2升V8发动机，以及6.0升W12发动机。此车配备有两档位的分动器，中央差速器锁以及空气悬架，可以将最小离地间隙从160毫米提升到300毫米。

↓卡宴（Cayenne）是保时捷（Porsche）推出的第一款四驱SUV车型，第1代卡宴（底盘955型）生产于2003—2006年，第2代（底盘957型）生产于2007—2010年。卡宴与大众汽车的途锐（Touareg）共平台，都具有十分强悍的越野性能，并同时保持保时捷的操控性能。其车名Cayenne本来是指红心辣椒，但据保时捷的解释，Cayenne代表痛快、冒险心、生存的喜悦。第1代卡宴有多款车型，其中卡宴Turbo采用4.8升V8双涡轮增压发动机，0—100千米/时加速只需5.6秒。

2003年保时捷卡宴（Cayenne）（955）

2000—2009年

→Q7是奥迪在2005年推出的一款全尺寸豪华SUV，它与大众途锐（Touareg）及保时捷卡宴（Cayenne）共用大众集团的PL71平台。2010年曾进行过中期改款，到2015年被第2代Q7替换。第1代配有3款汽油发动机和3款柴油发动机，其中4.2升V8 FSI汽油发动机的最大功率260千瓦，这款车型的0—100千米/时加速时间7.4秒。Q7采用托森中央差速器，可以连续调节减振阻尼的空气悬架。Q7是奥迪推出的第一款SUV，随后又推出Q5、Q3等SUV车型。

2005年奥迪 Q7 4.2 quattro 豪华SUV

2009年路虎发现（Discovery）4豪华SUV

↑路虎发现（Discovery）4是在2009年推出替代发现3的车型，其车身结构没有变化，外观稍有变化。其实发现3和发现4都属于发现第2代车型，因此发现4相对发现3而言，只相当于中期改款，并不是换代。2016年推出的发现5才是发现第3代车型。

2008年雷克萨斯（Lexus）LX 570（J200）豪华SUV

↑雷克萨斯（Lexus）LX是一款全尺寸SUV，第1代LX于1996年推出，1998年推出第2代LX（底盘编号J100），第3代LX（底盘编号J200）于2007年推出。2008款LX570采用5.7升V8发动机，最大功率286千瓦，配备托森中央差速器。LX570采用了四轮主动悬架高度控制系统（AHC）和适应式可调悬架系统（AVS）。高速行驶时，AHC系统可将车身前轮位置降低20毫米，后轮位置降低15毫米，以降低车辆重心，确保车辆高速行驶时的稳定性；在越野行驶状态下，AHC系统则可自动将车身前部升高50毫米，后部升高60毫米，从而提升车辆的通过能力。

2002年路虎揽胜（Range Rover）豪华SUV

↑揽胜（Range Rover）是路虎的旗舰车型，也是一款全尺寸豪华SUV，在2002—2012年生产的是第3代车型。由于这个时候路虎正被宝马控股，因此这代揽胜使用了许多宝马的部件，包括4.4升V8发动机等。宝马7系（E38）及5系（E39）上的许多电子系统也应用到这代揽胜上。

2003年北京吉普Jeep 2500

↑2003年5月，北京吉普汽车公司推出了Jeep 2500。从历史传承角度上说，Jeep 2500的原型是1984—2001年间为美国本土设计的吉普切诺基（Cherokee）。北京吉普对这款车型进行了国产化改造，因而与美国本土的切诺基有很大的不同。车名中的2500是指其发动机排量为2500毫升。

←悍马（Hummer）H2是一款全尺寸SUV，它生产于2002—2009年，4门6座或7座，一开始采用6.0升V8发动机，到2008年改款时又改用6.2升V8发动机，并将原来的4速自动变速器改为6速自动变速器。虽然净重3000千克，但其0—96千米/时加速时间仅为9.5秒。

2002年悍马（Hummer）H2全尺寸SUV

经典名车
SUV汽车（2000—2009）

→本田CR-V最早于1995年推出，它是根据本田思域（Civic）轿车平台开发的轻型SUV。本田声称，CR-V是英文"Compact Recreational Vehicle"（紧凑型休闲车辆）的缩写。2002年、2007年分别推出第2代、第3代CR-V车型。

2007年本田（Honda）CR-V

2009年丰田（Toyato）RAV4

↑丰田RAV4是从1994年开始制造的一款轻型SUV，其车名RAV4据称是英文Recreational Active Vehicle with 4-wheel drive（休闲四驱车辆）的缩写。丰田在2000年、2005年和2013年分别推出第2代、第3代和第4代RAV4。

2005年铃木超级维特拉（Grand Vitara）

↑日本铃木超级维特拉（Grand Vitara）诞生于1988年，它是日本轻型SUV中少有的采用分动器的四驱车，因此它的越野性能要比同级车更高。超级维特拉在1997年、2005年和2015年分别推出第2代、第3代和第4代车型。

左右对称全时四轮驱动系统

→日本斯巴鲁森林人（Subaru Forester）从1997年开始生产，在2002年、2008年和2014年分别推出第2代、第3代和第4代车型。森林人采用的左右对称全时四轮驱动系统（Symmetrical AWD）与水平对置发动机（Subaru Boxer）是其两大技术亮点。

2005年斯巴鲁森林人（Subaru Forester）

→梅赛德斯-奔驰M级是一款中级豪华SUV，初产于1997年，现已更名为GLE级。2005年推出的M级是第2代产品，底盘编号W164，采用的汽油发动机最小排量为3.5升，最大排量为6.2升，都配备7速自动变速器。其中配备6.2升V8发动机的M级仅用5.0秒就可完成0—100千米/时加速。

2005年梅赛德斯-奔驰M级（W164）

2000—2009年

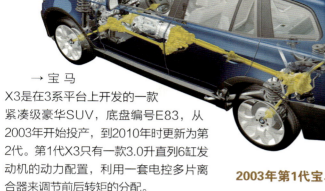

→宝马X3是在3系平台上开发的一款紧凑级豪华SUV，底盘编号E83，从2003年开始投产，到2010年时更新为第2代。第1代X3只有一款3.0升直列6缸发动机的动力配置，利用一套电控多片离合器来调节前后转矩的分配。

2003年第1代宝马X3（E83）

1999年宝马X5（E53） 中级豪华SUV

↑第1代宝马X5（底盘编号E53）诞生于1999年，当时路虎（Land Rover）正归宝马所有，因此在研发X5时从路虎揽胜（Range Rover）L322型上"借鉴"了许多技术，特别是陡坡缓降系统（HDS）和越野模式发动机管理系统。

←长城哈弗（Great Wall Haval）从2005年开始生产，后来不仅发展成中国市场销量最大的SUV，出口国外，而且哈弗已发展成一个独立的品牌，并拥有多款车型。

2005年长城哈弗（Haval）

2006年铃木吉姆尼（Jimny）

↑第1代铃木吉姆尼（Jimny）从1970年投产，到1998年时推出的是第3代车型，车身造型更为圆润，但越野性能仍然较强。2007年4月21日，吉姆尼登顶南美洲智利奥霍斯-德尔萨拉多山，以行驶至海拔6688米创下汽车行驶最高海拔的吉尼斯世界纪录。

→大众汽车途观（Tiguan）是从2007年开始生产的一款紧凑型SUV，它与高尔夫共用大众PQ35平台。它的全时四驱系统采用一套电控液压多片离合器来分配前后动力。2009年途观开始引进到上海生产。途观曾是中国市场上最畅销的合资品牌SUV。

2008年大众途观（Tiguan）

↓梅赛德斯-奔驰GL级是一款从2006年开始生产的全尺寸豪华SUV，3排、7个座位设计，它是奔驰的旗舰SUV车型。第1代GL级的底盘编号为X164，到2012年时被第2代GL级（底盘编号X166）所取代。2015年时GL级更名为GLS级。

2000年款大发特锐（Terios）

↑↓大发特锐（Daihatsu Terios）是一款微型SUV，最早投产于1997年，并曾引入中国生产，但销量极低。第1代车型采用0.659升3缸发动机和1.3升4缸发动机。2006年推出第2代车型，采用1.5升发动机。

2006年大发特锐（Terios）微型SUV

2006年梅赛德斯-奔驰GL级（X164）

361

2010年以后
奔向未来

混合动力汽车和电动汽车迅速增长，自动驾驶技术开始上路。

汽车简历（2010年以后）

2010年 谷歌公司开始研制自动驾驶汽车。

2010年 中国吉利汽车集团收购瑞典沃尔沃轿车。

2010年 通用汽车在中国大陆的销量超过在美国本土的销量。

2012年 特斯拉Model S纯电动跑车推出，最长续航里程达480千米。

2014年 丰田推出首款量产型燃料电池汽车。

2014年 宝马第一款量产纯电动汽车i3上市，纯电动款的最大续航里程为160千米。

2015年 特斯拉在其汽车上装备自动驾驶技术。

2015年 中国新能源汽车销量达到33.11万辆，成为世界最大的新能源汽车市场。比亚迪成全球最大新能源汽车制造商。

2016年 2016年中国汽车产销分别完成2811.9万辆和2802.8万辆，连续八年蝉联全球第一。

经典名车
豪华汽车（2010年以后）

2014年中国一汽红旗L5（CA7600A）超级豪华轿车

↑红旗L5是目前最豪华的中国自主品牌轿车，它搭载6.0升V12发动机，最大功率300千瓦，配备6速手自一体变速器，采用四连杆独立前悬架和多连杆独立后悬架，同时配备双向充气式液压减振器。红旗L5轿车售价500万元，是中国政府用于接待外国元首的礼宾用车。

2013年中国一汽红旗H7豪华轿车

↑中国一汽红旗H7豪华轿车于2013年上市，采用3.0升和2.0T发动机，前置后驱，前双叉臂、后多连杆式悬架。红旗H7长5.095米，具有座椅加热、通风与按摩功能，还配备8升容量的冷暖箱。红旗H7还采用ACC（自适应巡航控制系统）、LDW（道路偏航预警）、FCW（前防撞预警）等科技装备。

↓第6代宝马7系于2015年亮相，它采用了碳纤维复合材料、铝材以及塑料进行组合后，其车身减重40千克。空气悬架和动态悬架控制系统成为7系的标准配置，并采用了手势操控技术。宝马750Li xDrive采用4.4升V8涡轮增压发动机，最大功率330千瓦，0—100千米/时加速时间4.5秒，最高车速250千米/时。

2015年宝马7系豪华轿车

→奥迪A8是一款四门全尺寸豪华轿车，1994年开始投产，到2010年时推出第3代A8，2014年时推出中期改款车型。A8采用多款发动机，最小排量为2.0T涡轮增压发动机，最大排量为6.3升W12发动机，最大功率368千瓦，0—100千米/时加速时间为4.4秒，最高车速被电子限制在250千米/时。

2014年奥迪A8豪华轿车

2010年以后

2010年劳斯莱斯古斯特（Ghost）

↑劳斯莱斯古斯特（Ghost）是一款定位低于幻影（Phantom）的豪华轿车，2010年开始生产。它采用6.6升V12双涡轮增压发动机，配备8速自动变速器，最大功率420千瓦，0—100千米/时加速时间为4.9秒，而最高车速限速在250千米/时。

↓劳斯莱斯曜影（Dawn）是基于劳斯莱斯魅影打造的双门4座敞篷跑车。曜影采用6.6升V12双涡轮增压发动机，最大输出功率420千瓦，配备8速自动变速器，0—100千米/时加速时间为4.9秒，最高时速250千米/时。

2015年劳斯莱斯曜影（Dawn）超级豪华敞篷跑车

2013年梅赛德斯-奔驰S级（W222）豪华轿车

↑第10代奔驰S级（底盘编号W222）于2013年推出。新一代S级率先提供3种动力系统，包括3.0升V6柴油发动机、4.7升V8汽油机以及配备3.5升V6汽油机的混合动力系统。变速器仍采用上一代的7速手自一体变速器。其中奔驰S500搭载4.7升V8双涡轮增压发动机，最大功率335千瓦，0—100千米/时加速时间为4.8秒，电子限速下最高车速为250千米/时，解除限速后可达307千米/时。

第10代S级可以选装魔术车身姿态控制系统（Magic Body Control），通过位于前风窗上的立体摄像机，新S级可探测到前方凹凸不平的路面，系统通过调整减振器的阻尼来保持车身的水平姿态，从而使得车辆如同行驶在水平路面一样。新S级还标配了主动阻尼系统以及增强版空气悬架系统。

经典名车
纯电动和混合动力汽车（2010年以后）

↓特斯拉（Tesla）Model S纯电动汽车最早于2012年推出，其先进的设计及较长的续航里程，成为汽车业的一个里程碑。特斯拉Model S采用电动机后置、后轮驱动方式。它的蓄电池规格分为三种，分别可以驱动车辆行驶260千米、370千米和480千米。特斯拉Model S的中控台以及仪表板均配备大尺寸液晶显示屏，该显示屏集成车辆行驶模式调节、车辆灯光、车辆用电状况、导航等功能，并可实现分屏显示。特斯拉Model S还配备有Autopilot自动辅助驾驶系统，可以实现一定程度的自动驾驶。

2014年宝马 i3电动汽车

↑宝马i3是在2014年上市的电动汽车，电动机后置、后轮驱动，它有纯电动版和增程版。其中纯电动汽车的最大续航里程160千米。增程版的续航里程为300千米。i3是宝马第一款批量生产的纯电动汽车。

2012年特斯拉（Tesla）Model S 纯电动跑车

特斯拉（Tesla）汽车标志

↓奥迪R8 e-tron纯电动跑车采用两台电动机驱动后轮，最大功率输出为340千瓦，0—100千米/时加速时间为3.9秒，极速被限制在250 千米/时。快充条件下仅用95分钟就可以将电池充满，单次充电续航里程可达451千米，售价为100万欧元。由于销量过低，此车现已停产。

2015年奥迪R8 e-tron纯电动跑车

2010年以后

←第2代雪佛兰沃蓝达（Volt）于2015年推出，仍采用增程式插电混合动力系统，双电动机+1.5升汽油发动机，纯电动模式下可以行驶85千米，总续航里程达到680千米，从静止加速至96千米/时需要8.4秒。

2015年雪佛兰沃蓝达（Volt）插电式混合动力汽车

雪佛兰（Chevrolet）汽车标志

↓世界上最畅销的混合动力汽车是丰田普锐斯（Prius），最早于1997年上市，到2015年又推出第4代普锐斯，仍采用1.8升汽油发动机，综合油耗为每100千米4.5升。

↓宝马i8是一款插电式混合动力跑车，于2014年推出，它采用两台电动机和一台1.5升三缸涡轮增压发动机共同驱动车辆，从静止加速到100千米/时只需4.8秒。

2015年丰田普锐斯（Prius）混合动力汽车

2014年宝马i8插电式混合动力跑车

2016年丰田普锐斯插电式混合动力汽车

↑2016年，丰田根据第4代普锐斯（Prius）打造的普锐斯插电式混合动力第2代车型上市。这代车型仍采用1.8升汽油发动机，电池组则改用锂电池，在纯电动模式下可以行驶35千米，综合油耗为每100千米4.4升。

2015年奥迪A3 e-tron 插电式混合动力汽车

↑奥迪A3 e-tron是一款插电式混合动力汽车，其动力系统由一台1.4TFSI汽油发动机和一台电动机组成，配备锂离子电池组。在发动机与电动机共同工作时，A3 e-tron的最大功率可达150千瓦，0—100千米/时加速需要7.6秒，最高车速为222千米/时。

→丰田Mirai燃料电池汽车最早于2014年开始在日本销售，在燃料全满的情况下可以跑502千米，在9秒内可以从静止加速到96千米/时，充满氢气燃料仅需要3~5分钟。Mirai是日语中"未来"的英文名称。

2014年丰田Mirai燃料电池汽车

2014年丰田Mirai燃料电池汽车

经典名车
概念汽车（2010年以后）

2016年Vision 梅赛德斯-迈巴赫 6概念车

↑梅赛德斯-迈巴赫（Mercedes-Maybach）6概念车是一款纯电动汽车，其车名中的"6"是为了表示这辆概念车全长达到6米，这也是沿袭了迈巴赫一贯以车身长度命名的方式。

2013年别克（Buick）Riviera "未来"概念车

↑别克Riviera"未来"概念车采用双模W-PHEV无线/插电式混合动力系统。它不仅提供有线充电接口，同时还在底盘位置设计了无线感应充电板装置。驾驶人可通过无线的方式完成车辆能源补充，打破了常规有线充电装置的局限性。另外，别克Riviera"未来"概念车还装载智能四轮转向系统，电磁感应主动悬架与空气弹簧。

2014年雷铁龙（Citroen）C4 Cactus Airflow空气混合动力概念车

↑此车采用空气混合动力系统，由汽油机、压缩空气存储系统和气动机组成。整个系统共有3种工作模式，分别是纯空气驱动、纯汽油机驱动以及混合驱动模式。

↓雷诺Trezor概念车为纯j电动汽车，具备自动驾驶技术，拥有最高402千米的续航里程，可在4秒内从静止加速到100千米/时。此车只有一个向上掀的车门，两座，车长4.7米，风阻系数只有0.22。

2016年雷诺（Renault）Trezor概念车

2010年以后

↓欧宝GT概念车采用1.0T三缸涡轮增压发动机，最大功率145马力，后轮驱动，极速可达215千米/时。此车造型前卫，采用银、黑、红三色为主色调，颇具科幻色彩。

2016年欧宝（Opel）GT概念车

2017年瑞士Rinspeed"绿洲"（Oasis）概念车

2016年劳斯莱斯（Rolls-Royce）Vision Next 100 概念车

↑该车配备了一套称作"Voice of Eleanor"的系统，可以实现不需要人为干预的无人驾驶，乘客可以随时获得行车的全部相关信息。而这套系统不仅可以与乘客进行交互，还可以与路上行驶的其他车辆进行交互，避免交通事故的发生。

↑瑞士Rinspeed公司在2017年北美车展上发布一款名为"绿洲"（Oasis）的自动驾驶电动概念车。此车的车顶上配备大面积太阳能充电板以获取更多电能。超大的侧窗玻璃与透明的侧滑门带来良好采光。车内提供小型办公桌、电视等办公和娱乐配置。车内所有功能均通过触摸屏控制操作。另外，此车的转弯半径接近零，可以在极为狭小的地方掉头。

XchangE 概念车可以实现完全自动驾驶

←↑↓这是一款完全自动驾驶汽车，而且它的方向盘可以左右滑动。XchangE概念车采用电控转向技术（Steer-by-Wire），取消了传统的机械转向柱，完全实现电信号传达指令。如果驾驶人想亲自掌控汽车，只要触碰下方向盘即可迅速接管汽车驾驶；同样，如果双手离开方向盘，则就转由电脑操控汽车了。

XchangE 概念车的方向盘可以左右移动

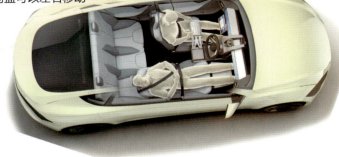

2014年Rinspeed公司XchangE概念车

2016年日产BladeGlider概念车

↑日产BladeGlider概念车采用1+2座椅布局形式。锂离子电池组位于前后车轴之间的座椅下方。两台电动机位于后轴上。车身采用碳纤维材料打造，其0—100千米/时加速时间仅为5秒。

2015年丰田燃料电池FCV PLUS概念车

←丰田FCV PLUS概念车的燃料电池反应堆安装在两前轮之间，氢燃料箱则置于后座下方。另外FCV PLUS概念车还采用轮上电动机驱动，四个车轮分别具有独立的驱动电动机，不仅提升了驾驶安全性，同时也有效提升了车内空间使用效率。

图解汽车大百科 精装珍藏版

经典名车
超级跑车极速排行榜

2011年西尔贝（Shelby Super Cars）Tuatara	443千米/时
2013年轩尼诗（Hennessey）Venom GT	442千米/时
2010年布加迪（Bugatti）Veyron 16.4 Super Sport	431千米/时
2013年轩尼诗（Hennessey）Venom GT Spyder	427千米/时
2011年科尼赛克（Koenigsegg）Agera R	420千米/时
2016年布加迪（Bugatti）Chiron	420千米/时
2013年法拉利（Ferrari）LaFerrari	350千米/时
2016年兰博基尼（Lamborghini）Centenario Roadster	350千米/时

西尔贝汽车标志

2011年美国西尔贝（SSC）Tuatara

↑西尔贝（Shelby Super Cars）Tuatara超级跑车，由意大利籍著名超跑设计师詹森·卡斯特罗塔（Jason Castriota）设计，搭载一款由SSC自主研发的最大动力输出达1350马力的7.0升V 8双涡轮增压发动机，动力将通过一款7速SMG变速器或7速手动H型变速器传输给后轮。据悉，这一动力系统将使得Tuatara的0—100千米/时加速时间仅为2.78秒，最高车速可达443千米/时。

2013年美国轩尼诗（Hennessey）Venom GT

轩尼诗（Hennessey）汽车标志

↑Hennessey是一款名酒的品牌，就是出品X.O的那家公司，并且有个非常美的名字——轩尼诗。这个美丽的名称还是美国一家打造世界顶级超级跑车的厂商名称，并且它来自于公司创始人的姓名，并不是为了沾世界第一名酒的光而抄袭他人的名字。

为了对得起这个名字，轩尼诗（Hennessey）要打造世界上跑得最快的超级跑车，最高速度要超过布加迪SS的431千米/时，达到惊人的442千米/时。不管你信不信，反正我是信了。因为它的最大功率和布加迪SS一样，都是1200马力，但它的体重只有1220千克，而布加迪SS的体重则超过1800千克。也就是说，用同样的动力驱动只有布加迪SS三分之二重量的车辆，轩尼诗Venom GT自然要跑得更快些。

→2013年推出的轩尼诗Venom GT敞篷款，虽然因敞篷而导致风阻稍大，但其极速也达到惊人的427千米/时，暂列世界极速第四。

2013年法拉利（Ferrari）LaFerrari

2013年美国轩尼诗（Hennessey）Venom GT Spyder

2010年以后

2010年布加迪威航（Bugatti Veyron） 16.4 Super Sport

2011年科尼赛克（Koenigsegg） Agera R

2016年布加迪（Bugatti） Chiron

2016年兰博基尼（Lamborghini） Centenario Roadster

←布加迪威航（Bugatti Veyron）刚推出时，它是世界上第一款速度超过400千米/时的量产汽车，然而，后来它这个纪录被其他对手接连刷新，顿时让布加迪因此失色不小。这口气很难下咽，布加迪反正有的是钱，更不缺技术和勇气，发誓要夺回世界最快量产车荣誉称号。他们当然仍以威航为基础，对它进行技术升级和外观改装。原来设置于车顶部后方的导风罩进气口，改为两个嵌入车顶后盖子上的NACA喷嘴负责完成16缸发动机的进气。最下方的通风口由两侧一直延伸到车轮罩内，赋予这款与众不同的全新运动跑车个性鲜明的外观。新设计的车尾翼的亮点在于一个双扩散器，以及中心宽阔的中置排气管，和看起来动感十足的尾气排放装置。

要想跑得更快，最重要的还是得增强发动机的动力。增大16缸发动机的功率主要是通过使用四个更大的涡轮增压器和中冷器实现的。发动机最大功率由原来的1001马力增强到1200马力，相当于增强了20%。

布加迪威航16.4 Super Sport的动力增强，车重减轻，两者叠加的效果就是提高了加速能力和最高车速。虽然0—100千米/时加速时间没有变化，仍为2.5秒，但0—200千米/时和0—300千米/时则分别缩短了0.6秒和2.1秒，最高车速也由原来的407千米/时提高到415千米/时（出于保护轮胎的考虑，该车采用了电子限速，速度上限为415千米/时）。

更让人惊奇的是，为了得到公众的承认，布加迪还按照吉尼斯测试汽车速度纪录的方式，大胆做了一次正式的公开测试，并取消了电子限速。结果，第一次冲击就达到427.933千米/时，在反方向冲击时达到434.211千米/时。根据测试最高车速的规则，要对两个相反方向的车速进行平均，以抵消风速和坡度对车速的影响，最终被吉尼斯确认的布加迪SS最高速度是431.072千米/时。这个成绩也让布加迪重新夺回了世界最快量产汽车的皇冠。然而，这个纪录很快就被轩尼诗（Hennessey） Venom GT以及西尔贝（Shelby Super Cars） Tuatara先后超越。

技术图解
发动机原理

活塞在气缸中上下移动,活塞下行到的最低点叫下止点,上行到上顶点的位置称为上止点。上止点与下止点之间的距离称为行程。当活塞在上止点时,活塞顶端的空间称为燃烧室。

进气行程:

活塞在气缸内自上止点向下行至下止点时,进气门打开,排气门关闭,气缸内可以产生部分的真空,将新鲜的空气和汽油的混合气吸进气缸内。

压缩行程:

进气门和排气门都关闭,活塞由下止点上行移动至上止点,将气缸的混合气压缩,进入气缸中的混合气越多,活塞越接近上止点位置,压缩力越大。在压缩行程内,气缸中混合气的最大压力称为压缩力,将混合气压缩是为了使混合气混合得更均匀,且提高温度易于燃烧,得到较大的动力。

做功行程:

进气门和排气门都关闭后,火花塞跳出高压电火花适时将混合气点燃,使其燃烧并爆发出强大压力,将活塞从上止点推至下止点。

火花塞的高压电火花来自高压线圈,它能将火花能量放大,然后再由控制电脑(ECU)将高压火按顺序分配到各个气缸,从而点燃被压缩的混合气。

排气行程:

活塞自下止点上行至上止点,此时进气门关闭,排气门打开,气缸中已经燃烧过的废气由活塞向上移动时,经排气门和排气歧管排入大气。燃烧过的废气经过消声器的消声后,才不会产生太大的噪声。

这四个行程连续不断,重复不停,周而复始,一直循环下去,发动机产生的动力便源源不断。

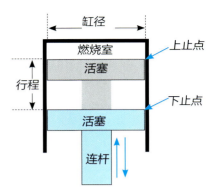

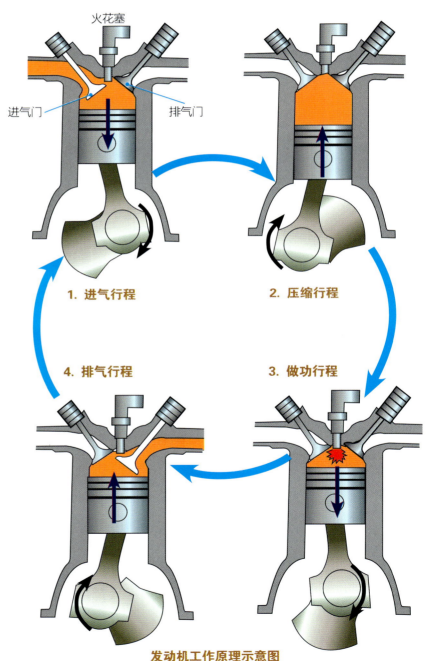

发动机工作原理示意图

技术图解

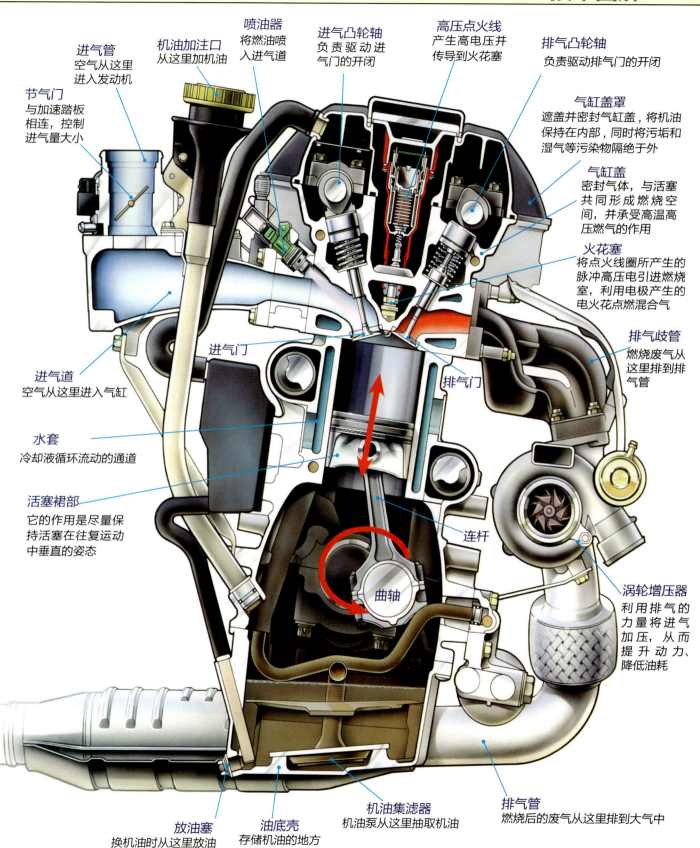

发动机主运动部件示意图

技术图解
名词术语

汽车可以分为载货车和乘用车，也就是拉货和载人的两大种类。其中乘用车又可分为大客车、中型客车、小型客车和微型客车，以及轿车、SUV、MPV、跑车等车型。为了简单明了起见，不妨把日常使用的汽车分成载货车、客车和轿车三大类。

全挂载货车

载货车（Truck）

凡是以拉货车为主的汽车都称为载货车，或货车，包括大型载货车、轻型载货车、皮卡等。

客车（Bus）

凡是以运客为主要目的的汽车都称为客车，包括公共汽车、大型客车、中型客车（中巴）、微型客车（微面）等。

轻型载货车

公共汽车

大型载货车

中型客车

大型客车

旅行轿车（Wagon）

旅行轿车是在三厢轿车基础上开发的衍生车型。它更适合家庭出游时使用，可以装载更多的行李，实用性更强。它在动力和底盘设计上与三厢轿车基本一致，但对舒适性和实用性要求更高。

多用途车（MPV）

MPV是一种以轿车底盘为基础打造的多功能车，发动机盖和前风窗一般成一条斜线。它不仅拥有较强的装载能力，可以是5座或7座设计，而且拥有更灵活的内部空间布局，更适合于家庭出游、小公司商务活动等。这种车型对舒适性和装载能力要求更高。

旅行轿车

SUV

越野车

运动型多功能车（SUV）

SUV车身高大，驾驶视野好，给人强大、安全的印象和感觉。多数SUV为四轮驱动，离地间隙大，通过性能好，适合坏路或恶劣气候条件行驶。轻型SUV常以轿车底盘打造，而重型SUV则一般采用非承载式车身，具有硬朗的悬架设定和刚性更强的车身架构。

越野车（Off Roader）

越野车主要是指通过能力非常强的车型。越野车的造型线条突出，风格硬朗，车身离地间隙较高，具有较大的接近角、离去角，轴距相对较短，动力较强，四轮驱动系统性能卓越。有时很难区分越野车和SUV，但明显以通过能力为第一诉求的车型，如奔驰G级、吉普牧马人、北汽勇士、北汽BJ40等，都是不折不扣的越野车。

MPV

技术图解

轿车（Car）

凡是以个人代步工具、商务接待、家庭使用为主要用途的汽车，都可称为轿车，包括三厢和两厢轿车、SUV、MPV、跑车等。

两厢轿车与三厢轿车

为了更好地描述汽车造型特征，可把汽车按"厢"分类。一般把汽车的发动机舱、驾乘舱和行李箱分别称为汽车的"厢"。

从外形上看，如果这三个厢整合在一起（实际上三个厢都存在），就称为单厢车。如果驾乘室和行李箱在一个厢内（也就是两者是相通的），那么就称为两厢车。如果三个厢从外形上看非常分明，中间的驾乘舱明显高于前端的发动机舱和后面的行李箱，那么就称为三厢车。

单厢车（发动机舱 + 驾乘舱 + 行李箱）

两厢轿车（发动机舱 | 驾乘舱 + 行李箱）

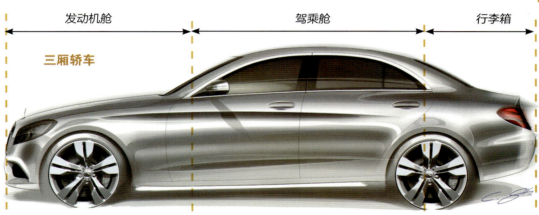

三厢轿车（发动机舱 | 驾乘舱 | 行李箱）

跑车

轿跑车

跑车（Sport Car）

跑车没有严格而明确的概念，但一般来说，跑车更强调拥有超高的性能和更炫目的外观设计，动力强大，操控性高，风阻系数小，悬架硬朗，轮胎大、宽、扁，车身离地间隙较小，行李空间狭小，一般只有两座，产量较小，售价较高，更适合超级汽车发烧友驾驭。

轿跑车（Coupe）

在三厢轿车中有一种后风窗坡度比较小、后背造型非常具备流线形的车型，而且它的后风窗可以和行李箱盖一起打开，这种车型又称快背轿车（Fastback）或遛背轿车。如果这种车型的车身两侧各有一个车门，那么它们就被称为轿跑车（Coupe），也有人称其为"古贝"。

375

车长、车宽、车高、轴距、前悬、后悬、轮距

现在全世界各汽车厂商在汽车车身规格的标注方面基本上都统一了，尤其是车身总长、轴距、轮距、前悬、后悬等规格上都完全一样。但在车身总宽和总高上稍有区别，有的包括后视镜和车顶行李架，有的则不包括。因此，包括后视镜或车顶行李架的一般都要加以注明。在测量车内空间时，由于车门内侧有扶手，座椅又能多方向调节等，在测量内部空间尺寸时也稍有区别。

如果没有特别标明，一般图表上的数字单位是毫米。

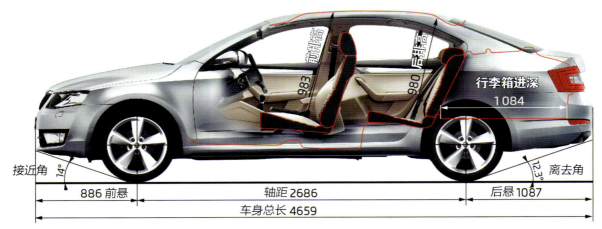

车身尺寸示意图

技术图解

最大侧倾角
汽车能安全通过而不会翻滚的最大侧倾坡度，一般直接用角度表示。

最小离地间隙
指汽车底盘离地面的最小高度。最小离地间隙越大，表明车辆的通过性越佳，越不容易托底，可以通过更大的坡道。

最大爬坡度
汽车能通过的最大坡度，一般有两种表示方式：一是坡道角度，一是坡道的垂直高度与水平距离的百分比。

接近角/离去角/纵向通过角
它们都是体现四驱汽车通过性的重要车身参数。这些角度越大，表明车辆通过坡道的能力越强。

最大涉水深度
指汽车能从水中安全通过的最大深度。

最小离地间隙

最大侧倾角

最大爬坡度

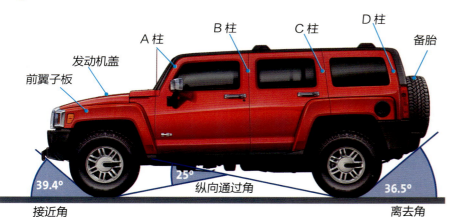

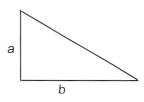

百分比坡度 = $\frac{a}{b} \times 100\%$

两种爬坡度对比表

角度/（°）	百分比（%）
15	26.8
20	36.4
25	46.6
30	57.7
35	70.0
40	83.9
45	100

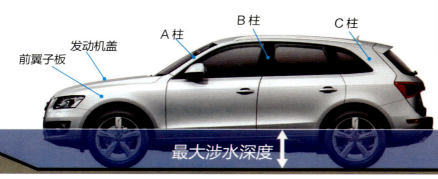

车身尺寸示意图

陈总编爱车热线书系畅销图书